Das geheime Leben der

Säugetiere

David Attenborough

Das geheime Leben der
Säugetiere

Aus dem Englischen von
Marcus Würmli

Scherz

Die Originalausgabe wurde von Domino Books Ltd., Jersey, produziert und unter dem Titel «The Life of Mammals» von BBC Books, London, publiziert. Einzig berechtigte Übersetzung aus dem Englischen von Marcus Würmli.

Abbildung S. 2: Ein junger Orang-Utan, Sumatra

www.scherzverlag.de

Inhalt

Vorwort

Die Säugetiere liegen uns besonders am Herzen, schließlich gehören auch wir zu ihnen. Die meisten Säugetiere haben ein Fell aus Haaren und ziehen ihre Jungen mit Milch auf. Trotz dieser gemeinsamen Merkmale gibt es eine erstaunliche Mannigfaltigkeit mit über 4500 Arten. Säuger zeigen die größte Vielfalt an Formen und Größen im ganzen Tierreich. Der größte Säuger ist gleichzeitig auch das größte Tier, das jemals auf der Erde gelebt hat. Es ist der Blauwal, der mindestens einhalbmal so schwer wird wie der größte Dinosaurier. Die kleinste Art, die Etruskerspitzmaus, ist so winzig, dass sie gegen einen Käfer richtig kämpfen muss. Einige Säuger können fliegen, andere schwimmen und dritte fühlen sich unter der Erde besonders wohl. Um überhaupt eine Übersicht über die Vielfalt der Säuger zu bekommen, müssen wir sie in kleinere Gruppen unterteilen. Wenn wir einen Mungo im Zoo sehen, drängt sich doch die Frage auf, zu welcher Säugergruppe er denn gehört. Ist er eine Katze? Zählt er eher zu den Hundeartigen? Oder handelt es sich um eine Riesenratte?

Die frühen Zoologen teilten die Säugetiere hauptsächlich nach ihrer Ernährungsweise ein. Löwe und Tiger, Katze und Hund fressen Fleisch. So brachte man sie in einer Gruppe unter und nannte sie Fleischfresser oder Carnivora. Pferde und Zebras, Antilopen und Hirsche fressen Pflanzen. Sie sind somit Pflanzenfresser oder Herbivora. Und Ratten, Mäuse und Hörnchen nagen an Nüssen und Samen. Sie zählen somit zu den Nagetieren oder Rodentia.

Es macht durchaus Sinn, die Säugetiere nach diesen einfachen Prinzipien einzuteilen. Natürlich wird der Körperbau eines Tieres von seiner Ernährungsweise beeinflusst und geformt. Jeder, der schon einmal eine Diät gemacht hat, weiß das. Über zahlreiche Generationen hinweg gesehen kann eine Ernährungsumstellung sogar eine ganze Art verändern. Alle Raubtiere haben heute zum Beispiel Krallen für den Fang von Beutetieren und scharfe schneideartige Zähne, mit denen sie Fleischstücke aus ihren Opfern reißen können. Pflanzenfresser verfügen über flache Backenzähne, um harte pflanzliche Gewebe zu zerreiben, und über spezielle Mägen, in denen die langwierige Verdauung stattfindet. Und Nagetiere zeigen zwei Paar lange gekrümmte Zähne vorne im Mund, mit denen sie problemlos Nüsse knacken können.

Diese Einteilung blieb somit bestehen, und modernste molekularbiologische

Untersuchungen haben sogar gezeigt, dass jede dieser Gruppen tatsächlich eine Einheit bildet in dem Sinn, als alle Mitglieder von einem gemeinsamen Vorfahren abstammen. Diese Tiere haben aber nicht nur körperliche Merkmale, sondern auch ihre Lebensweise gemeinsam. Wenn ein Tier Gras frisst, muss es da leben, wo Gras wächst. Das ist im Freien, wo es viel Licht gibt. Ein großes Tier findet dort aber kaum einen Unterschlupf. Es muss somit andere Wege finden, um sich vor Räubern zu schützen. Eine Möglichkeit besteht im Zusammenleben. Wenn man von vielen Artgenossen umgeben ist, verteilt sich das Risiko eines Angriffs auf viele Häupter. Deswegen neigen große Grasfresser dazu, in Herden zu leben. Das wiederum aber verursacht soziale Probleme. Man versetze sich dazu einmal in die Haut eines Männchens: In der nächsten Umgebung leben viele andere Männchen, die für dasselbe Weibchen schwärmen wie man selbst. Das hat zur Folge, dass man um das Weibchen kämpfen muss. Deswegen entwickeln viele männliche Grasfresser Waffen, und sie sind oft besonders kräftig. Weibchen hingegen müssen sich darein fügen, von aggressiven Männchen zu einem Harem zusammengetrieben zu werden. Es besteht allerdings auch die Möglichkeit, dass die Weibchen sich die Partnerwahl vorbehalten. Während der Fortpflanzungszeit müssen dann die Männchen mit besonderen Ritualen um die Weibchen werben. Wenn sich also ein Tier von Gras ernährt, führt das nicht nur zur Ausbildung von Mahlzähnen und mehrkammerigen Mägen, sondern beispielsweise auch zu raffiniert gestalteten Hörnern und komplexen Sozialsystemen.

Säugetiere sind evolutionsbiologisch gesehen sehr unternehmungslustig und anpassungsfähig. Aus den alten Dynastien der Pflanzenfresser, Fleischfresser und auch der Insektenfresser gingen Zweige hervor, die der alten Lebensweise untreu wurden. Oder sie hielten an der alten Ernährungsweise fest, suchten aber ihr Futter in ganz besonderen Lebensräumen. Einige Fleischfresser gingen ins Meer, um dort Fische zu fangen. Pflanzenfresser taten dasselbe auf der Suche nach neuen Futterpflanzen. Das Schwimmen als Fortbewegungsweise führte dabei zu erheblichen Veränderungen des Körperbaus. So ähneln heute Fleisch fressende Robben den Seegras fressenden Seekühen. Die Anpassungen an das Leben im Wasser sind umfassend und führten zu konvergenten Entwicklungen. So ist es durchaus sinnvoll, solche Lebensformen trotz ihrer unterschiedlichen Herkunft als Einheit zu betrachten.

Bei der Benennung der zahlreichen Arten verwendete ich so weit wie möglich Begriffe aus der Umgangssprache. Das bringt gewisse Ungenauigkeiten mit sich, denn manchmal gibt es mehrere Vulgärnamen für eine Art. Eine gewisse Konfusion kann auch beim exakten Gegenteil entstehen, wenn nämlich ein gewöhnlicher deutscher Name für mehrere verschiedene Arten gilt. Falls aber irgendwelche Zweifel über die Identität der im Text beschriebenen Arten bestehen, sollte man das

Register zu Rate ziehen, denn dort findet man neben den Vulgärnamen auch die wissenschaftlichen Bezeichnungen.

Da wir selbst zu den Säugetieren gehören, fällt es uns leicht, mit ihnen zu empfinden. Wir können uns die Gefühle vorstellen, die eine Kuh hat, wenn sie ihr neugeborenes Kalb säugt. Wir können uns auch in einen Löwen hineinversetzen, der träge über seinen Harem wacht, auch in eine Gruppe von Schimpansen bei der sozialen Fellpflege, vielleicht sogar in einen Wal, der mit seinen Artgenossen über weite Entfernungen hinweg Kontakt aufnimmt. Tatsächlich fällt uns dies so leicht, dass wir oft versucht sind zu glauben, wir würden die Säugetiere besser verstehen, als dies in Wirklichkeit der Fall ist. Das vorliegende Buch möchte das instinktive Verständnis für diese Tiere verstärken, indem es die Logik der Prozesse untersucht, die in den letzten hundert Millionen Jahren deren körperliche Merkmale geformt haben. Es soll helfen, die außergewöhnliche Effizienz und die Mannigfaltigkeit der Säugetiere – der komplexesten Tiergruppe auf unserem Planeten – zu verstehen.

1

Eine erfolgreiche Lebensform

Winter in der Arktis. Die Fichtenwälder sind halb im Schnee begraben. Die Äste hängen unter der Last der weißen Pracht schräg nach unten. Auf dem Boden liegt der Schnee weit über einen Meter hoch. Wenn sich die Sonne überhaupt zeigt, steht sie jeden Tag höchstens ein paar Stunden am Himmel, eine trübe rote Kugel direkt über dem Horizont. Dann geht sie unter und verschwindet für weitere 18 Stunden. Und kaum ist sie weg, verstärkt der Frost seinen Würgegriff. Es ist kein Laut zu hören, abgesehen von einem gelegentlichen dumpfen Schlag, wenn Schneemassen von den Ästen rutschen und in einer weißen Wolke am Boden aufstieben. Nur wenige Lebensräume sind lebensfeindlicher. Amphibien würden hier zu einem festen Klotz gefrieren. Auch Reptilien können eine derart extreme und anhaltende Kälte nicht aushalten. Weiter im Süden verstecken sich Frösche, Salamander, Eidechsen und Schlangen im Boden und fallen in eine Winterstarre, bei der alle physiologischen Vorgänge bis zum nächsten Frühling eingestellt sind. Die Winterkälte hier würden sie auf keinen Fall überleben.

Und doch gibt es hier Tiere. Nur einen halben Meter unter der Schneeoberfläche trippelt ein rein weißes Tier von der Größe eines Goldhamsters durch einen Gang. Es ist ein Halsbandlemming. Zusammen mit anderen Mitgliedern seiner Familie hat er eine umfangreiche Wohnung in dieses Schneefeld gegraben. Sie enthält mehrere Räume. Einige sind Schlafzimmer, andere dienen als Esszimmer, in denen halb gefrorene Gräser noch in der Erde wurzeln. Sie können abgeweidet werden. Einige der Verbindungsgänge zwischen diesen Räumen laufen der Bodenoberfläche entlang und die Schneeschicht dient als Dach. Andere Gänge wiederum führen auch zur Außenwelt. Hin und wieder macht sich dort ein Familienmitglied auf die Suche nach pflanzlicher Nahrung – etwa Samen, die über Nacht auf den Schnee gefallen sind.

Es kostet die Lemminge viel Aufwand, um hier zu überleben. Sie müssen einen

Teil der wertvollen Nahrung für die Wärmeproduktion des Körpers aufwenden, damit die biochemischen Vorgänge wie gewohnt ablaufen. Um aber den Aufwand dafür so gering wie möglich zu halten, müssen sie Wärme konservieren. Das tun sie durch Isolierung des Körpers mit einem Fell. Es besteht aus feinen dichten Haaren und bedeckt mit Ausnahme der Augen den gesamten Körper.

Nur eine Gruppe von Tieren hat Haare – die Säugetiere. Haare bestehen aus einem sehr widerstandsfähigen Protein, dem Keratin. Haare wachsen dauernd nach. Die Haarbälge in der Haut sind von Nerven umgeben, sodass jede Bewegung des Haares wahrgenommen wird. Einigen Säugern scheinen die Haare zu fehlen, etwa den Flusspferden, den Walen und den Nacktmullen. Hier handelt es sich um eine sekundäre Entwicklung, um eine spätere Anpassung an besondere Umweltbedingungen. Doch bei genauer Betrachtung kann man feststellen, dass auch diese Tiere immerhin noch einige Haare besitzen, etwa auf den Augenlidern, in den Ohren und an anderen verborgenen Stellen ihres Körpers. Ohne Haare wäre es den weitaus meisten Säugetieren unmöglich, die richtige Körpertemperatur beizubehalten.

Die Fähigkeit, eigene Körperwärme zu erzeugen, ist nicht auf die Säuger beschränkt. Auch Vögel können dies, und deswegen bezeichnen wir beide Tiergruppen als Warmblüter oder als Gleichwarme. Vögel isolieren sich sehr wirkungsvoll mit Federn. Bei nicht wenigen Arten liegt die Körpertemperatur sogar um einige Grad höher als bei den Säugern. Selbst einige Reptilien, die sonst ihre Körperwärme nur von der Sonne beziehen, sind in einem beschränkten Grad zur Gleichwärme fähig. Pythonweibchen legen ihren Körper in Schlingen um die Eier und erzeugen die Wärme, die für deren Entwicklung benötigt wird, durch krampfartige Zuckungen ihrer Muskeln. Sogar Fische können so etwas. Die Muskeln von Räubern wie Haien und Tunfischen, die beim Beutefang auf ihre Schwimmgeschwindigkeit angewiesen sind, zeigen eine deutlich höhere Temperatur als das umgebende Wasser. Trotzdem ist der gleichwarme Körper ein Merkmal aller Säugetiere, und wenn sie diese Wärme verlieren, geht dies für die meisten tödlich aus.

Die Gruppe weist noch ein anderes kennzeichnendes Merkmal auf. Der wissenschaftliche Name Mammalia leitet sich vom Lateinischen ab und bedeutet «Brust». Brüste oder Euter sind aber nicht das eigentliche diagnostische Kennzeichen, da sie vielen Säugern fehlen. Es ist vielmehr das Produkt der weiblichen Milchdrüsen, die Milch also, das charakteristisch ist. Kaum sind die Jungtiere in der gemütlichen Nistkammer geboren, versorgt das Lemmingweibchen sie schon mit Milch. Die Jungen sind blind und scheinbar hilflos. Doch nur wenige Minuten nach der Geburt finden sie die Zitzen auf der Bauchseite ihrer Mutter und saugen die warme nährstoffhaltige Flüssigkeit, die alles enthält, was die Jungtiere für ein schnelles Wachstum brauchen. Die Milch ist neben den Haaren das zweite Hauptmerkmal der Säugetiere.

Wann trat das erste Tier mit diesen beiden wichtigen Eigenschaften auf? Diese Frage ist weder einfach noch direkt zu beantworten, da weder Haare noch Milchdrüsen fossil erhalten bleiben. Auf das Vorhandensein dieser Merkmale bei schon längst ausgestorbenen Arten muss aus der Form der Knochen geschlossen werden. Vor rund 280 Millionen Jahren erschien ein drei Meter langes Reptil mit dem Namen Dimetrodon. Es besaß ein hohes Rückensegel, sodass der Schluss vernünftig scheint, dass es sich um einen Warmblüter handelte. Wenn sich Dimetrodon in die Sonne legte, diente sein Fortsatz auf dem Rücken wohl als Sonnensegel. Das Blut, das in den Kapillaren des Segels zirkulierte, wurde aufgewärmt und transportierte die Wärme zu den übrigen Körperteilen.

Als direkte Folge davon konnte Dimetrodon wohl andere Reptilien erbeuten, die sich langsamer aufwärmten. Auch von den Flugsauriern nimmt man an, dass sie gleichwarm waren. Man hat nämlich in Russland und in Deutschland Fossilien gefunden, die von Haarresten umgeben waren. Wenn die Tiere Haare trugen, dann doch wohl nur als Anpassung daran, dass sie die Wärme konservieren wollten, die sie brauchten, um die Energie zum Flügelschlagen freizusetzen.

Oben: Eisbärin beim Säugen
ihrer Jungen

Vor rund 200 Millionen Jahren bewegten sich kleine spitzmausartige Tiere durch die grobe Waldstreu aus Blättern von Farnen, Cycadeen und Nadelhölzern, die damals in der Pflanzendecke dominierten. Sie ernährten sich von wirbellosen Tieren und jagten altertümliche Tausendfüßler und Ohrwürmer. Manchmal fingen sie sogar kleine echsenartige Reptilien. Fossilien dieser spitzmausartigen Tiere wurden in Südafrika gefunden und Megazostrodon genannt.

Möglicherweise wurde der Körper von Megazostrodon anfänglich sozusagen nur als Nebenprodukt dieser aktiven Lebensweise gewärmt. Wie ein Automotor mehr Wärme produziert, wenn er schneller läuft, so galt dies auch für die Muskeln des kleinen Megazostrodon. Dadurch konnte das Tier schneller laufen, mehr Beutetiere fangen und mehr Jungtiere großziehen. Im Lauf der Zeit prägte sich diese Fähigkeit stärker aus. Schließlich konnten diese Tiere zu jeder Tageszeit eine gewisse Körperwärme konservieren. Das hatte zur Folge, dass sie auch nachts auf Jagd gehen konnten, wenn alle anderen Reptilien zur Untätigkeit verurteilt waren, weil deren Körpertemperatur steil abfiel.

Diese Fähigkeit bedeutete aber für Megazostrodon, seine Verwandten und Nachkommen noch keinen unmittelbaren überwältigenden Vorteil. Weitere 100 Millionen Jahre lang trippelten sie weiter zu Füßen der Dinosaurier umher. Doch dann verschwanden, aus welchem Grund auch immer, die Dinosaurier und die Flugsaurier auf einen Schlag, und ein neues Zeitalter begann. Es gehörte Megazostrodon, seinen Verwandten und Nachkommen. Das Zeitalter der Säugetiere dämmerte herauf.

Und wie konnte die Milch entstanden sein, das zweite Hauptmerkmal der Säugetiere? Hier haben wir mindestens noch zwei lebende Tiere, die uns einen Hinweis darauf geben können. Sie zählen zu den außergewöhnlichsten Säugetieren und bilden deswegen eine eigene Unterklasse, die wir Monotremata, Eier legende Säugetiere oder Kloakentiere, nennen. Beide leben heute in Australien.

Das eine ist glücklicherweise noch ein weit verbreitetes Tier, dem man in ganz Australien begegnet. Der erste Anblick ist wahrscheinlich der eines flachen Schildes mit vereinzelt stehenden Stacheln. Es hat ungefähr die Größe eines Stachelschweins, doch der Körper erscheint kleiner und liegt flach auf dem Erdboden. Wenn man das Tier berührt, schwillt es etwas an und sinkt dann noch tiefer in den Boden ein. Das merkwürdige Tier vertraut allein auf den Schutz seiner Stacheln und hat nicht die Absicht, die verwundbare Unterseite seines Körpers zu zeigen. Und so bleibt sein stacheliger Rücken auch alles, was von ihm zu sehen ist, zumindest bis die Dämmerung hereinbricht. Dann beginnt sich der Ameisenigel in Bewegung zu setzen. Plötzlich steht er auf und macht sich watschelnd auf den Weg. Er sieht nun wie ein sehr großer und außergewöhnlich dicker Igel mit einem kleinen behaarten Gesicht, Knopfaugen und zugespitzter Schnauze aus. Seine Stacheln stehen ziemlich weit

Rechts oben: Ein Ameisenigel rollt sich
zu einer Kugel ein, Australien
Rechts unten: Ein Ameisenigel auf dem Rücken

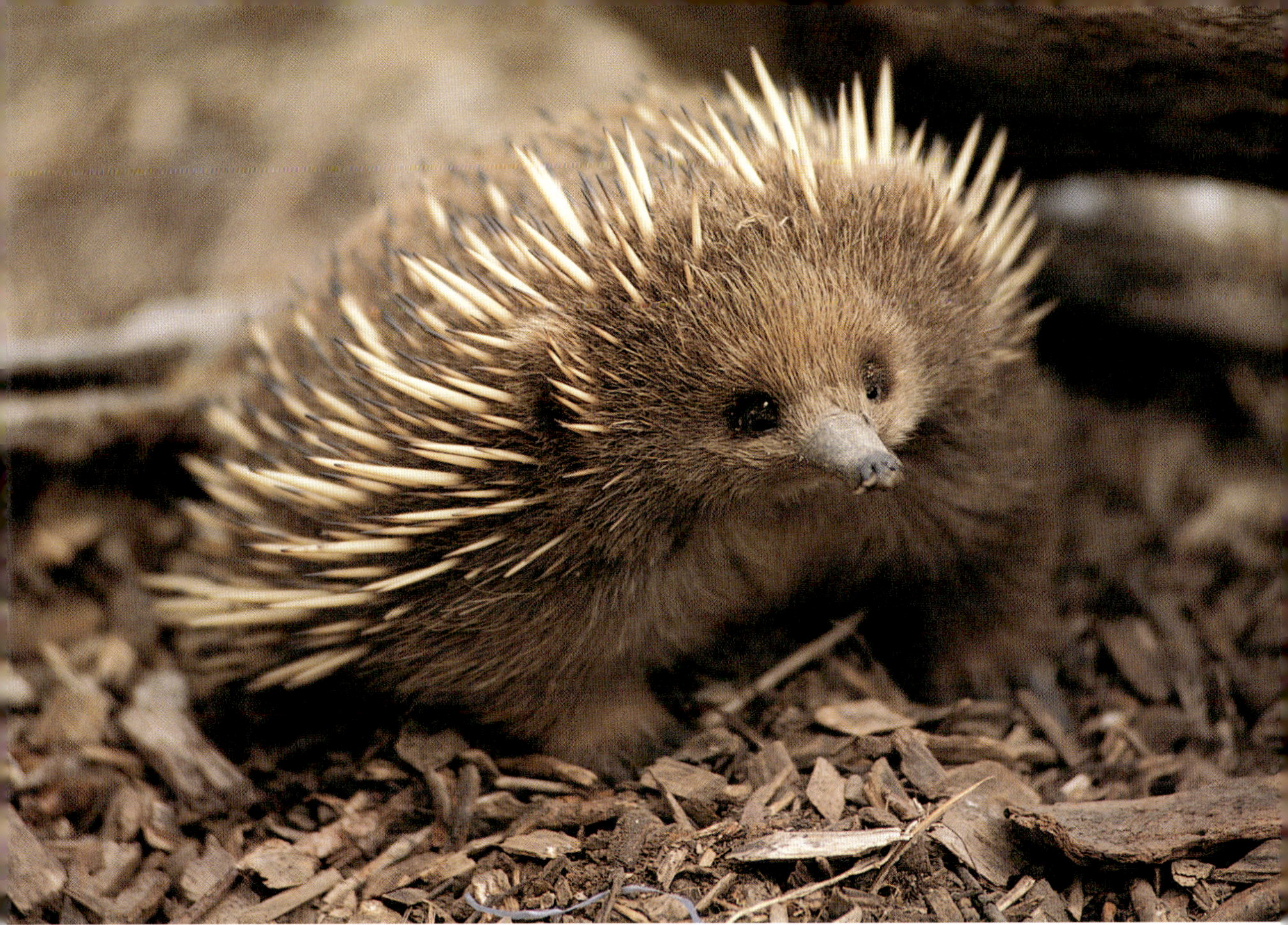
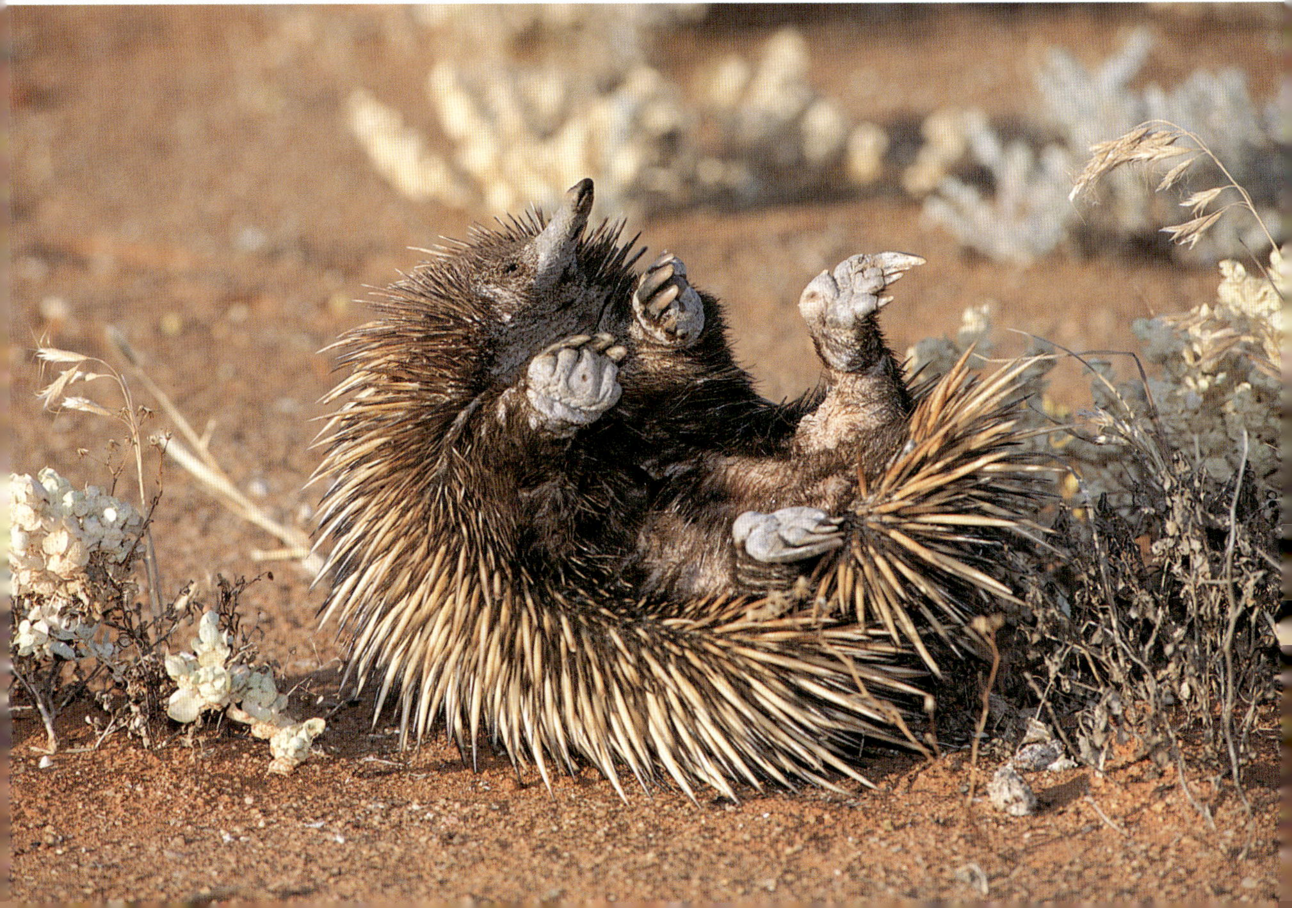

verstreut in einem dichten Fell aus kurzen groben Haaren. Die Unterseite trägt viel längere Haare, und an den Zehen stehen kräftige gekrümmte Krallen. Mit diesen legt er die Termiten und Ameisen frei, die ihm als Hauptnahrung dienen. Der Ameisenigel hat keine Zähne, sondern kaut die Insekten zwischen Reihen aus hornartigen Stacheln auf der Zunge und entsprechenden Hornleisten am Oberkiefer.

In Australien leben vier Unterarten des Ameisenigels. Man unterscheidet sie voneinander durch die Länge der Haare und die Größe der langen Putzkrallen an den Hinterbeinen, mit denen die Tiere ihren Körper zwischen den Stacheln reinigen. Dazu kennt man noch drei weitere Arten, die sich von der australischen Form so weit unterscheiden, dass sie in eine andere Gattung gestellt werden. Sie leben weiter nördlich auf der tropischen Insel Neuguinea. Das auffälligste Unterscheidungsmerkmal gegenüber den australischen Verwandten ist die zylindrische Schnauze, die so lang und dünn wie ein Bleistift ist. Der Mund am Ende der Schnauze ist winzig und reicht gerade aus, dass die Tiere ihre riemenartige Zunge herausstrecken können. Sie fressen Regenwürmer und andere Wirbellose und vor allem auch Ameisen und Termiten.

Ameisenigel zählen gerade schon zu den Warmblütern. Ihre Körpertemperatur liegt bei rund 32 °C und damit rund 5 °C unter der des Menschen. In den kühleren Regionen ihres Verbreitungsgebiets sinkt die Körpertemperatur der Ameisenigel im Winter, und sie werden träge und apathisch. Wo die Kälte nicht so ausgeprägt ist, schaffen sie es, genügend Wärme zu produzieren und aktiv zu bleiben. Im Sommer muss der Körper der Ameisenigel nicht wärmer sein als die Umgebung.

Nach dieser Beschreibung erscheint der Ameisenigel kaum auffälliger als ein ziemlich großer und vielleicht etwas unterkühlter gewöhnlicher Igel. Seine außergewöhnliche Natur zeigt sich erst, wenn er sich fortpflanzt.

Von außen lassen sich Männchen und Weibchen nicht unterscheiden. Beide Geschlechter verfügen hinten am Körper über eine einzige Öffnung, in die die Geschlechtsgänge und der Verdauungskanal münden. Man bezeichnet sie als Kloake. Bei den Reptilien und Vögeln ist die Anordnung ähnlich. Es war dieses Merkmal, das der ganzen Tiergruppe die Bezeichnung Monotremata eingetragen hat. Diese griechische Wortbildung bedeutet wörtlich übersetzt «ein einziges Loch», hört sich aber doch deutlich raffinierter an als die lateinische Entsprechung.

Die Fortpflanzung beginnt mit einer merkwürdigen Balz, über deren Einzelheiten man erst seit kurzem Bescheid weiß. Zunächst produziert das Weibchen eine stark riechende Flüssigkeit. Dadurch wird ein Männchen angezogen, das dem Weibchen folgt. Weitere Männchen stoßen hinzu und innerhalb kurzer Zeit ziehen bis zu einem Dutzend Männchen in einer Kolonne hinter ihm her. Diese bizarre Prozession verfolgt das Weibchen und watschelt bis einen Monat lang hinter ihm her

Rechts: Baby eines Ameisenigels
beim Saugen

durch den Busch. Schließlich bringt das Weibchen die Dinge zu einem Abschluss. Es beginnt nämlich, sich mit den Vorderbeinen in den Boden einzugraben, wobei sein Hinterteil etwas weiter nach oben ragt. Auch die Männchen beginnen nun mit der Arbeit und bauen neben dem Weibchen entweder einen Graben oder um es herum eine kreisförmige Furche. Dann dreht sich ein Männchen um und beginnt damit, seinen Hintermann zu bekämpfen und wegzuschieben. Im ganzen Prozessionszug brechen nun solche Kämpfe aus. Ein Männchen nach dem anderen wird aus dem Graben gedrängt, bis am Ende nur noch eins übrig bleibt. Dieses wendet nun seine Aufmerksamkeit dem Weibchen zu und gräbt neben ihm einen kleinen Gang. Mit seinen Vorderbeinen streichelt er ihre hintere Körperhälfte. Das Weibchen reagiert durch Niederlegen der Stacheln. Wellen von Muskelkontraktionen ziehen über ihren Körper, und der Zeitpunkt der Paarung ist gekommen. Das Männchen steckt seine Schnauze unter ihren Körper und hebt ihn leicht an. Ein merkwürdiger zweiköpfiger Penis, jeder Kopf mit zwei Öffnungen, erscheint aus seiner Kloake. Das Männchen liegt nun parallel zum Weibchen und führt seinen Penis in ihre Kloake ein. Das Paar verbleibt so bis zu vier Stunden lang. Dann trennen sich die beiden und nehmen ihr einzelgängerisches Leben wieder auf.

Die Paarung allein ist schon außergewöhnlich genug. Doch drei oder vier Wochen später geschieht das völlig Unerwartete. Das Weibchen legt ein Ei. Es hat

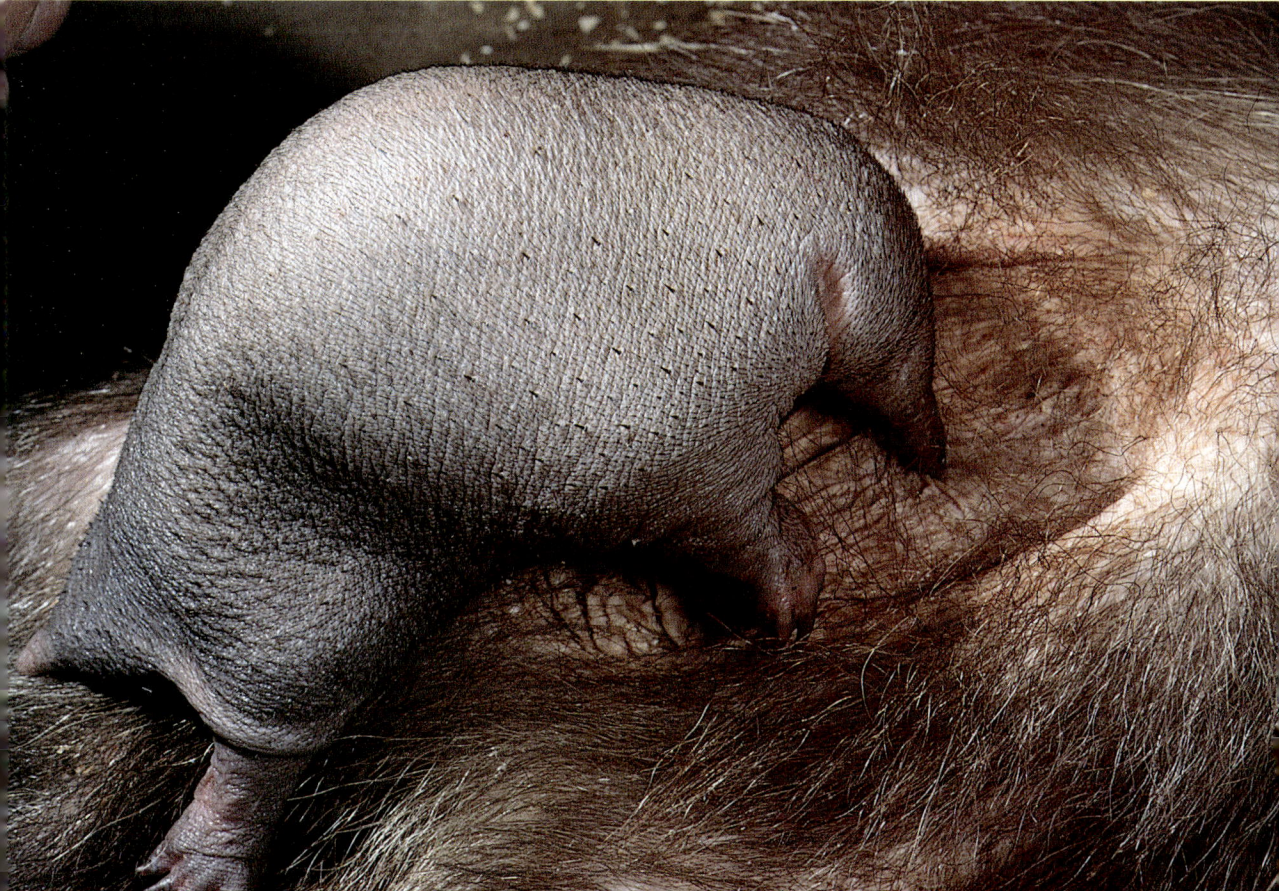

die Größe einer kleinen Traubenbeere und eine weiche klebrige Schale. Die eigentliche Eiablage hat bisher noch kein Zeuge miterlebt. Vielleicht legt sich das Weibchen dazu auf den Rücken, etwas schräg nach vorne geneigt. Irgendwie gelangt das Ei jedoch in eine Vertiefung in ihrem Bauch, ähnlich einem flachen unvollständigen Beutel, in geringer Entfernung von der Kloake. Dort klebt es so fest an den Haaren, dass es an Ort und Stelle verbleibt, selbst wenn sich das Weibchen bewegt. Zehn Tage danach schlitzt ein Jungtier mit einem kleinen Zahn an der Nasenspitze die Pergamenthaut des Eies auf. Viele Reptilien und Vögel haben einen ähnlichen Zahn, den so genannten Eizahn. Schließlich gelingt es dem Jungtier, aus dem Ei zu klettern. Es wiegt nur ein halbes Gramm. Seine Augen sind noch von Haut bedeckt. Doch die Vorderbeine sind immerhin schon so weit entwickelt, dass es damit sein Gewicht ziehen und dem Bauch der Mutter entlangkriechen kann. Es legt das Sechs- oder Siebenfache seiner Körperlänge zurück und erreicht so die im Beutel liegenden vergrößerten Follikel, die eine Art weißen Schweiß abgeben. Es ist Milch.

Das winzige Baby saugt die Milch mit seiner dünnen Schnauze. Sie ist so nährstoffreich, dass das Jungtier schnell wächst. Innerhalb von zehn Tagen verdreißigfacht es nahezu sein Gewicht. Auf seinem Rücken sprießen die ersten Stacheln. Dadurch wird es vielleicht zu einem etwas unbequemen Passagier. Jedenfalls gräbt die Mutter nach ungefähr weiteren zehn Tagen eine Mulde und legt ihr Jungtier dort hinein. In den nächsten acht oder neun Monaten kehrt sie immer wieder dorthin zurück, um ihr Baby zu säugen, bis es so groß geworden ist, dass es selbst auf Nahrungssuche gehen kann.

Nur noch ein Eier legendes Tier auf der Welt ernährt seine Jungen mit Milch. Es lebt ebenfalls in Australien. Es ist das Schnabeltier, ein ungefähr fünfzig Zentimeter langes, pelziges, kurzbeiniges Wesen mit einem merkwürdigen gummiartigen Fortsatz vorne am Kopf, der einem Entenschnabel ähnelt. Wie sich der Ameisenigel mit seiner langen klebrigen Zunge und den zahnlosen Kiefern auf den Fang von Ameisen und Termiten spezialisiert hat, so entwickelte das Schnabeltier eine spezielle Ausrüstung für die Futtersuche im Wasser. Obwohl die Finger und Zehen in scharfen Krallen enden, sind sie untereinander doch durch Schwimmhäute verbunden. Wenn es die Zehen spreizt, werden die Füße zu effizienten Paddeln. Der Schwanz trägt ein dichtes Fell, ist aber flach wie beim Biber. Das Fell bedeckt den gesamten Körper und ist so weich und fein, dass es wirksam vor der Abkühlung im Wasser schützt. So kann das Schnabeltier seine Körpertemperatur leicht konstant halten und sogar in eiskaltem Wasser schwimmen.

Am bemerkenswertesten ist aber, dass es seine Beutetiere mit einem Sinnesorgan aufspürt, das einzigartig ist unter den Säugern. Es hat zwar sehr kleine Augen, die in einer von Muskeln umgebenen Vertiefung liegen, und es verfügt auch über Ohren.

Sie liegen hinter den Augen in derselben Hautfalte. Doch wenn das Schnabeltier taucht, zieht es die beiden Seiten dieser Vertiefung so fest zusammen, dass es in dieser Zeit taub und blind ist. Ohne diese beiden Sinne orientiert es sich nun mit seinem außergewöhnlichen weichen Schnabel. Er ist mit Poren übersät, die zwei Arten von Sinneszellen enthalten. Einerseits nimmt er Gegenstände durch Berührung wahr, andererseits reagiert er empfindlich auf winzige elektrische Spannungen, wie sie von den meisten Lebewesen erzeugt werden.

Das Schnabeltier bewegt zwei- oder dreimal in der Sekunde sein bizarres Fernerkundungsorgan hin und her und sucht während des Schwimmens das Flussbett ab. Wenn es eine Süßwassergarnele, eine Insektenlarve oder ein kleines Weichtier entdeckt, schnappt es schnell zu und stopft sie in eine seiner Backentaschen. Nach ungefähr anderthalb Minuten unter Wasser kehrt es zur Oberfläche zurück. In einer Nacht kann das Schnabeltier die Hälfte seines Körpergewichts an Beutetieren sammeln. Bisweilen treibt es an der Wasseroberfläche und frisst seinen Fang. In der Regel kehrt es aber in seine Höhle am Flussufer zurück. Dort leert es seine Backentaschen und kaut sein Mahl. Es hat allerdings wie der Ameisenigel keine Zähne, sondern Reibplatten auf der Zunge und am Gaumen.

Oben: Schwimmendes Schnabeltier,
Australien

Eines ist klar. Das Schnabeltier ist ein sehr effizienter schwimmender Räuber aus der Gruppe der Säuger. Es hat aber mit den Reptilien mehr Merkmale gemeinsam als jedes andere Säugetier. Seine Schulterknochen erinnern an die eines Therapsiden, eines kleinen Dinosauriers, und seine Samenzellen sind fadenförmig wie die der Reptilien und nicht keulenförmig wie bei den Säugern. Doch das auffallendste Merkmal ist, dass das Schnabeltier wie der Ameisenigel Eier legt.

Die Balz beginnt damit, dass ein Männchen ein Weibchen, das in der Regel etwas kleiner ist, zu jagen beginnt. Er packt ihren Schwanz und sie den seinen. Die beiden schwimmen dann langsam in Kreisen. Das kann mehrere Tage dauern, bis schließlich die eigentliche Paarung stattfindet. In der Zwischenzeit hat das Weibchen eine spezielle Höhle am Flussufer gegraben. Sie ist länger und tiefer als die Höhle, in der es normalerweise mit seinem Partner lebt, und kann mit mehreren abzweigenden Kammern dreißig Meter lang werden. Das Weibchen polstert die Höhle mit Gräsern und Blättern aus, die es bündelweise mit dem nach unten geklappten Schwanz von der Wasserseite her hereinträgt.

Bisher hat noch niemand die Eiablage beobachtet. Doch das Weibchen legt in der Regel zwei Eier und brütet sie aus, indem es seinen Körper um sie herum legt. Nach zehn oder elf Tagen schlüpfen die Jungen und bahnen sich mit einem Eizahn ihren Weg durch die Schale. Als wasserbewohnendes Tier kann die Mutter ihre Babys nicht wie der Ameisenigel in einer beutelähnlichen Tasche herumtragen. Wenn sie sich auf Futtersuche begibt, lässt sie ihre Jungen in der unterirdischen Nistkammer, wobei sie die Öffnung der Höhle mit Erde verschließt. Nach der Rückkehr füttert sie ihre Jungen mit Milch, die auf einer bestimmten Hautpartie austritt und die von vereinzelt stehenden Drüsen in der Haut darunter produziert wird.

Warum diese beiden bemerkenswerten Tiere – teils Reptil, teils Säuger – nur in Australien und sonst nirgendwo überlebt haben, ist eine noch unbeantwortete Frage. Wir wissen aber, dass sich das Schnabeltier schon seit sehr langer Zeit auf jenem Kontinent aufhält. 1985 fand man im nordwestlichen Queensland einen versteinerten vollständigen Schädel eines früheren Schnabeltiers. Das Tier war etwas größer als die heutige Art; seine Beine waren proportional länger, und hinten im Kiefer standen ein paar kleine Zähne.

Der Fundort dieses Fossils, Riversleigh, ist ein von der Sonne durchglühtes felsiges Buschgebiet mit Spinifex-Gräsern und Eukalyptusbäumen. Vor 25 Millionen Jahren lagen hier mehrere seichte Seen. Die Tiere kamen aus dem Busch hierher, um zu trinken, fielen gelegentlich ins Wasser und ertranken. Andere starben in der Nähe, und ihre Kadaver wurden in die kleinen Seen geschwemmt. Im Verlauf der Jahrtausende wurden die Knochen vom Schlamm zugedeckt, der sich auf dem Boden der Seen ansammelte. Als Australien weiter nordwärts driftete und trockener wurde, verschwanden schließlich auch diese seichten Seen.

Rechts: Ameisenbeutler, Australien

Die Gesteine von Riversleigh sind wie ein detailliertes Buch. Sie enthalten die Reste jener Tiere, die in diesem Teil Australiens in den 25 Millionen Jahren bis zur Neuzeit lebten. Sie zeigen uns auch, welche Tiere die Wasserstellen besuchten, in denen einst die altertümlichen Schnabeltiere schwammen. Die Dinosaurier waren zu jener Zeit zwar schon längst verschwunden, doch kamen andere Reptilien vor, Skinke, Geckos, große pythonartige Schlangen sowie zahlreiche Frösche. Dort lebten riesenhafte flugunfähige Vögel, die über 2,70 Meter groß waren. Es kamen auch noch andere Säugetiere vor, und einige unter ihnen würden wir sofort als solche erkennen. Es lebte dort zum Beispiel ein kleines pelziges Tier, das eine lange Schnauze mit Schnurrbart besaß, Ankotarinja. Es sah aus wie der heutige Ameisenbeutler.

Der Ameisenbeutler frisst Insekten und durchstreift den australischen Busch. Er steckt seine Schnauze in Termitenlöcher und Ameisennester und leckt die Insekten

mit seiner langen Zunge auf. Die Knochen von Ankotarinja sind denen eines Ameisenbeutlers so ähnlich, dass man vernünftigerweise den Schluss ziehen darf, dass es sich ähnlich wie dieser verhielt. Es erscheint auch wahrscheinlich, dass es sich auf ähnliche Weise fortpflanzte. Das war zu jener Zeit revolutionär, denn der Ameisenbeutler legt im Gegensatz zu den Schnabeltieren und den Reptilien, die zur Zeit von Ankotarinja lebten, keine Eier mit Schalen. Er gebärt vielmehr Jungtiere in einem sehr frühen Entwicklungsstadium – ohne den Schutz einer Schale.

Das Weibchen scheint von diesem Ereignis wenig Notiz zu nehmen. Aus seiner Kloake treten mehrere winzige rosafarbene Würmchen aus. Sie sind sehr viel kleiner als das Ei eines Schnabeltiers. Dieses enthält eine Menge Dotter als Nahrung für den sich entwickelnden Embryo. Diese kleinen nackten Würmer aber tragen keinerlei Nahrungsreserve mit sich und sterben sehr schnell, wenn sie nicht an eine Nahrungsquelle gelangen. Sie winden sich durch das Fell der Mutter auf der Suche nach den darin verborgenen Zitzen. Doch das gelingt nicht allen. In der Regel hat die Mutter mehr kleine Nachkommen als Zitzen. Diese Jagd nach der Milchquelle ist der erste in einer Reihe von Tests, die ein junger Ameisenbeutler bestehen muss. Diese erste Hürde sorgt von Anfang an dafür, dass nur die kräftigsten Nachkommen überleben.

Die Jungen, die Milch von ihrer Mutter bekommen, wachsen enorm schnell, und bereits nach einer Woche kann man sie schon gut erkennen. Sie erscheinen wie kleine rosafarbene Beeren auf der Bauchseite der Mutter. Ihre Zitzen dienen nicht nur als Nahrungsspender, sondern auch als Anheftungsstellen. Nach einer weiteren Woche bekommen die Jungtiere schon ein Fell. Nach drei Monaten sind sie so schwer geworden, dass die Mutter sie nicht mehr herumtragen kann und sie in einem Nest ablegt, oft in einem hohlen Baum. Sie kann nun ohne ihre Last auf Futtersuche gehen. Jede Nacht kehrt sie jedoch zurück, um ihre Jungen mit Milch zu füttern. Sechs Monate nach der Geburt sind die Jungen voll ausgewachsen und gehen selbst auf Insektenfang.

Die Babys während der frühen Stadien ihrer Entwicklung mit sich herumzutragen bringt ohne Zweifel Vorteile für Mutter und Kind. Die jungen Schnabeltiere in ihrer Eischale liegen verlassen da, wenn ihre Mutter auf Futtersuche geht, und können Opfer von Nesträubern werden. Auf der anderen Seite muss die Mutter regelmäßig zur selben Stelle zurückkehren, um die Eier zu bebrüten und sie, wenn nötig, vor Räubern zu schützen. Trotzdem sehen die jungen Ameisenbeutler, die an der Bauchseite ihrer Mutter hängen, beängstigend verwundbar aus. Andere australische Säugetiere haben deswegen zusätzliche Sicherheitsmassnahmen entwickelt.

Der Koala gehört zu ihnen. Ungefähr 35 Tage nach der Paarung erscheint aus der Kloake der Mutter ein kleines embryonales Baby in leuchtendem Rosa. Die Vorderbeine sind gut ausgebildet, die Hinterbeine jedoch ähneln kleinen Knospen.

Rechts: Koala mit Jungem,
Australien

Es misst nur 19 Millimeter und ist noch blind. Auf dem Bauch seiner Mutter kämpft es sich durch das Fell. Die Mutter befeuchtet ihr borstiges Fell mit etwas Speichel, sodass eine Art Pfad entsteht. Doch das ist die einzige Hilfe, die sie leistet. Nach einigen Zentimetern und Minuten findet das Baby eine Falte in der Bauchhaut der Mutter. Das Junge schlüpft hinein und findet sich in einer warmen feuchten Tasche wieder. In dieser Dunkelheit macht es sich auf die Suche nach einer Zitze, heftet sich mit seinem winzigen Mund daran fest und nimmt seinen ersten Schluck Milch. Der Fachbegriff für diese bewundernswerte Kinderstube ist Marsupium oder Beutel. Alle australischen Säugetiere, die Junge in einem sehr frühen Stadium ihrer Entwicklung gebären, heißen deswegen auch Beuteltiere oder Marsupialia, selbst wenn einige unter ihnen, wie der Ameisenbeutler, gar keinen richtigen Beutel haben.

Es gibt sehr viele Beuteltierarten. Sie haben sich über ganz Australien ausgebreitet und nutzen die unterschiedlichsten Lebensräume. Der Koala beispielsweise ist ein hervorragender Kletterer mit kurzen muskulösen Beinen und Füßen. Er verfügt über ein hoch spezialisiertes Verdauungssystem, das es ihm erlaubt, fast vollständig von Eukalyptusblättern zu leben, die so voller Giftstoffe sind, dass nur wenige Tiere sie fressen können.

Oben: Schmalfuss-Beutelmaus mit Beute, Australien

Rechts oben: Tüpfelbeutelmarder mit Jungen
Rechts unten: Beutelmull mit Beute, Australien

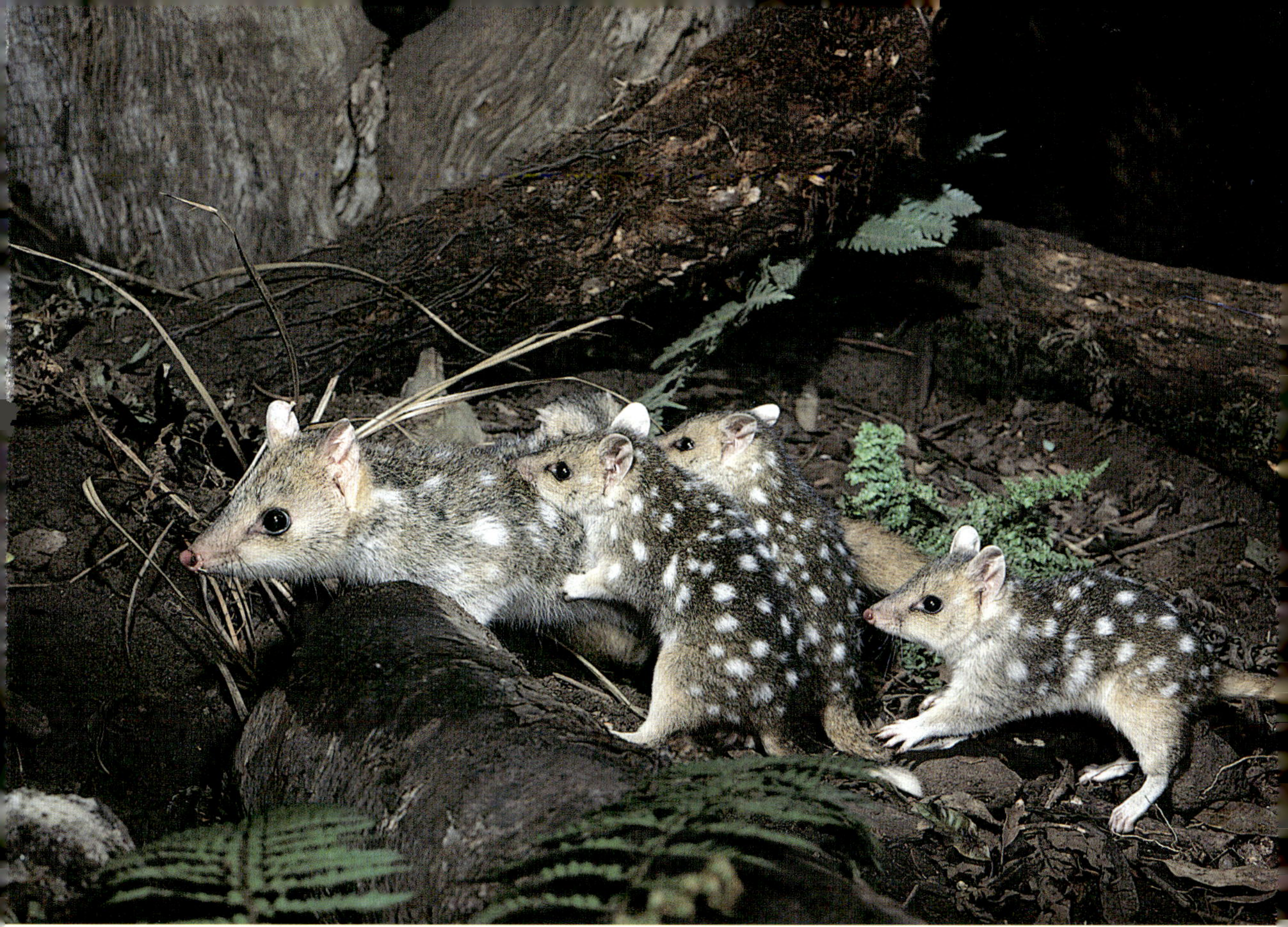

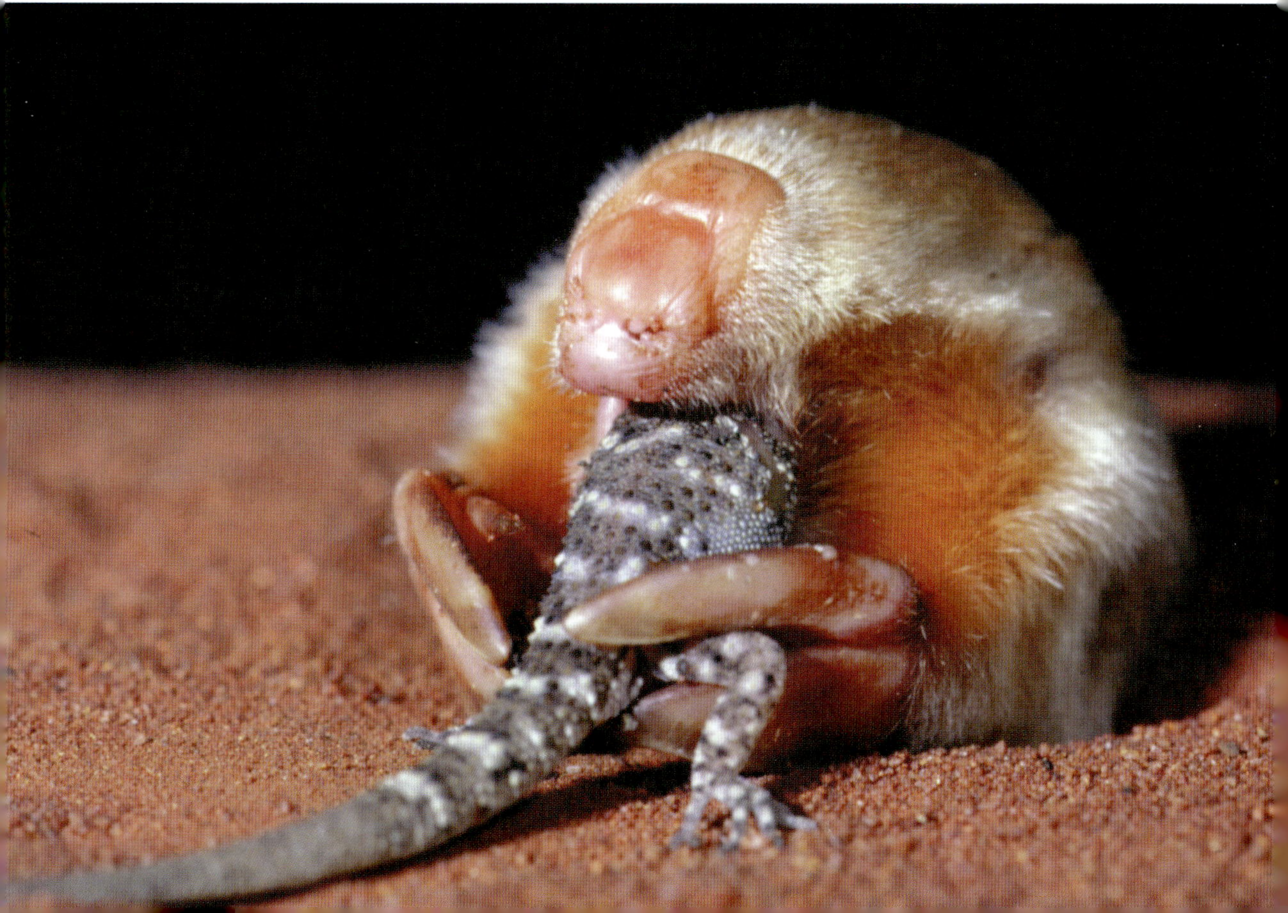

Schmalfuß-Beutelmäuse sind ziemlich klein. Im Gegensatz zu unseren Mäusen sind ihre Zähne jedoch nicht meißelförmig zum Nagen, sondern scharf wie Nadeln. Sie greifen damit kleine wirbellose Tiere an, etwa Insekten, Spinnen und gelegentlich sogar kleine Echsen. Ihre neugeborenen Jungen sind gerade so groß wie ein Reiskorn.

Die katzengroßen Beutelmarder sind mit langen dolchähnlichen Zähnen ausgerüstet, mit denen sie größere Beutetiere erlegen. Sie haben wie die Ameisenbeutler keinen Beutel. Ein Weibchen gebärt bis dreißig Jungtiere, hat aber nur acht Zitzen. Drei Viertel der Babys sterben also innerhalb weniger Minuten nach der Geburt.

Der Beutelmull sieht dem europäischen Maulwurf ähnlich. Er hat seine Augen eingebüßt und trägt am Kopf einen Hornschild, mit dem er sich seinen Weg durch den Boden bahnt. Es kann nicht überraschen, dass sein Beutel nach hinten gerichtet ist. Läge er in der entgegengesetzten Richtung, so würde er sich sofort mit Erde füllen.

Der Honigbeutler ist ein Nektarfresser und hat dazu eine lange Zunge entwickelt, mit der er die süße Flüssigkeit vom Grund der Blütenblätter aufleckt.

Der Plumpbeutler oder Wombat wird ungefähr so groß wie ein Dachs. Er gräbt sich umfangreiche Wohnhöhlen, ernährt sich aber im Gegensatz zu Meister Grimbart hauptsächlich von Gräsern.

Bis vor kurzer Zeit gab es unter den Beuteltieren auch das Äquivalent des Wolfs, den Beutelwolf. Er war etwas kleiner als unser Wolf und trug auf der hinteren Hälfte des Rückens breite schwarze Streifen. Er lebte in den Wäldern des Südens, besonders auf der Insel Tasmanien, die sich vor ungefähr 12 000 Jahren vom Kontinent abtrennte. Vor ungefähr 4000 Jahren brachten Völker aus Asien, die Australien besuchten, um vielleicht mit den Aborigines, die hier schon seit 40 000 Jahren lebten, Handel zu treiben, einen Hund mit, den wir heute Dingo nennen. Die Asiaten blieben nicht, wohl aber die Dingos. Sie verbreiteten sich über den ganzen Kontinent und jagten dieselben Beutetiere, von denen auch der Beutelwolf abhing. Mit zunehmender Zahl der Dingos gingen die Beutelwölfe zurück. Die Dingos allerdings überquerten nie die Bass-Straße, die Tasmanien vom Festland trennt, sodass die Beutelwölfe dort weiterhin ruhig leben konnten.

Dann führten Siedler aus Europa vor zwei Jahrhunderten Schafe ein. Der Beutelwolf jagte Lämmer und wurde deswegen von den Siedlern verfolgt. Auf Grund dieser Verfolgung, der Konkurrenz vonseiten der Dingos und der Tatsache, dass große Waldbereiche für die Schafzucht gerodet wurden, verschwand der Beutelwolf vollständig vom australischen Festland. In Tasmanien konnte er sich noch deutlich länger halten, doch in den 20er Jahren des 20. Jahrhunderts stand auch er kurz vor dem Aussterben. Das letzte wilde Exemplar wurde 1930 gefangen und starb 1936.

Links: Junger Wombat auf dem
Mount Kosciusko, Australien

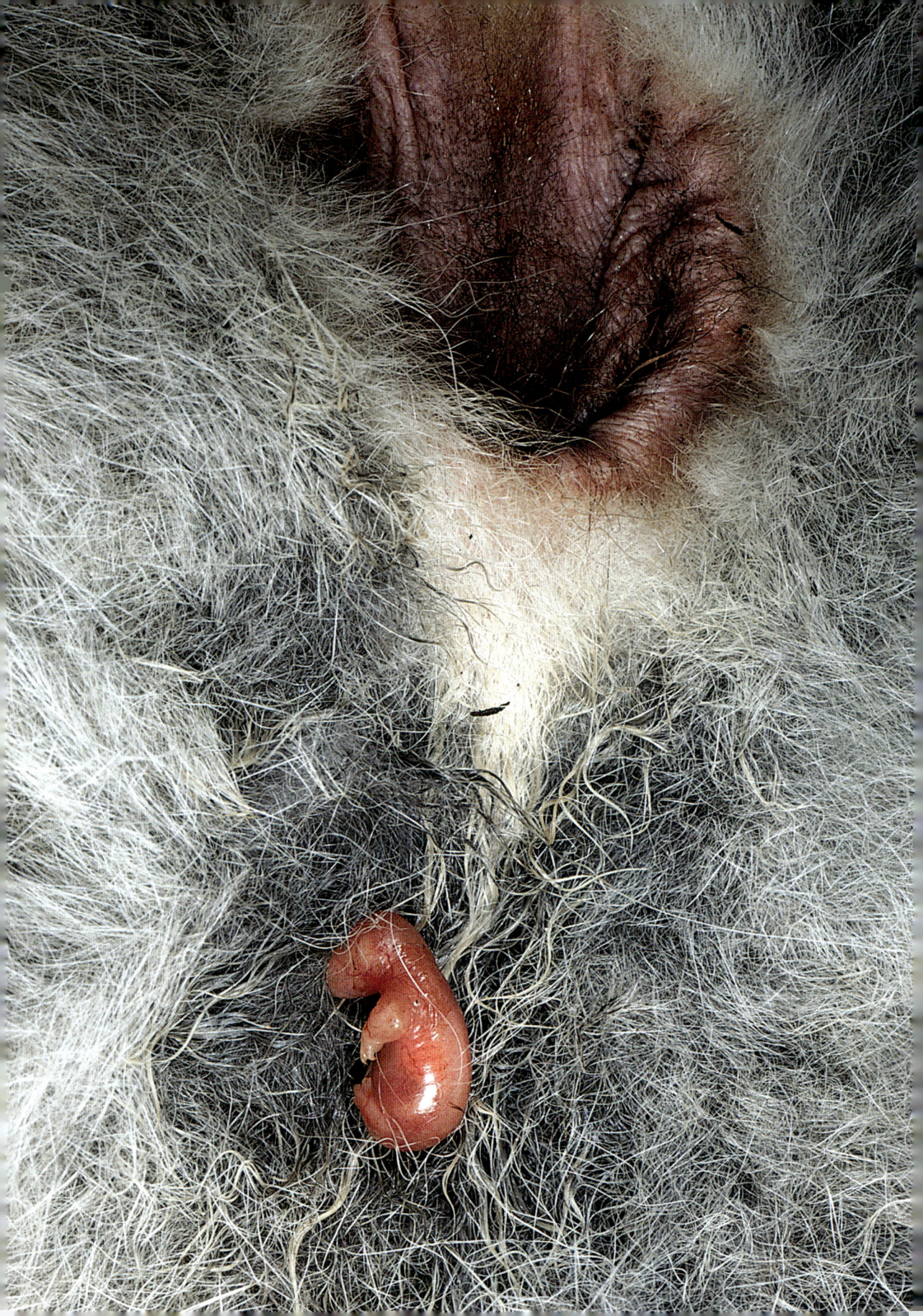

Einige Forscher glauben, der Beutelwolf lebe heute noch in den Wäldern Tasmaniens oder sogar in den Buschgebieten von Queensland, was allerdings noch weniger wahrscheinlich erscheint. Es steht leider beinahe sicher fest, dass der Beutelwolf ausgestorben ist. Das einzige Bild von einem lebenden Tier stammt von einem flimmernden Schwarzweißfilm. Er zeigt ein Käfigtier, das im Londoner Zoo auf- und abgeht und beim Gähnen seine beeindruckenden Zähne zeigt.

Die berühmtesten aller Beuteltiere sind natürlich die Grasfresser auf den weiten australischen Ebenen, die Kängurus. Das Rote Riesenkänguru ist das größte unter den überlebenden Beuteltieren. Das Männchen erreicht eine Höhe von über 1,50 Meter. Ein Känguruweibchen mit seinem Baby, das freundlich aus dem Beutel guckt, ist zu einem Symbol und zum Inbegriff von Australiens einzigartiger Tierwelt geworden. Doch warum hüpfen Kängurus? Es könnte sein, dass man auf Känguruweise hüpfend schneller und besser vorankommt, wenn man vorne am Bauch einen Ranzen mit sich herumtragen muss. Fest steht, dass durch diese Körperhaltung die Hände frei wurden. Die Kängurus kommen somit an Futter, das leichter mit den Pfoten als mit den Lippen zu sammeln ist. Das kleine Rattenkänguru, das tatsächlich nur so groß wird wie eine Ratte, zeigt uns, wie der Entwicklungsprozess angefangen haben könnte. Auf seinem Weg durch das Unterholz bewegt es sich auf allen vieren, doch die Vorderbeine sind kürzer als die Hinterbeine, und es sammelt mit ihnen Insekten und Samen. Wenn es sich schneller fortbewegen will, springt es auf den Hinterbeinen weg. Das Hüpfen auf nur zwei Beinen ist eine sehr effiziente Bewegungsweise und erfordert weniger Energie als das Laufen auf vier Beinen bei gleicher Geschwindigkeit.

Das Hüpfen erwies sich als derart erfolgreiche Fortbewegungsweise, dass sich känguruähnliche Tiere in ganz unterschiedlichen Größen entwickelten und heute eine große Vielfalt von Lebensräumen besetzen. Die Filander leben in offenen Wäldern. Ihr Körper ist ohne Schwanz rund sechzig Zentimeter lang. Die Felskängurus werden kaum größer als ein Terrier. Sie leben in steinigen Gebieten und hüpfen, wenn man sie überrascht, schnell von einem Felsband zum anderen. Bisweilen schaffen sie es, senkrecht die steilsten Felsen hochzuklettern. An den Füßen haben sie gummiartige körnige Sohlen, die ihnen einen festen Griff ermöglichen.

Am meisten fallen aber Kängurus auf, wenn sie in offenen Ebenen grasen. Gras als Futter nutzt die Zähne sehr schnell ab. Grasfresser auf anderen Kontinenten, etwa Kaninchen, lösen das Problem dadurch, dass die Zähne dauernd nachwachsen, sodass der Substanzverlust am Ende stets ausgeglichen wird. Die Kängurus begegnen der Abnutzung auf andere Weise. Hinten im Kiefer wachsen ihnen neue Backenzähne und bewegen sich ständig nach vorn. Sie ersetzen dabei die abgenutzten Zähne, die einfach ausfallen. Das Tier kann dies aber nicht auf unbestimmte Dauer tun. Wenn das vierte Paar abgenutzt ist, gibt es keinen Ersatz mehr.

Links: Neugeborenes Känguru
kriecht zum Beutel seiner Mutter

Das Känguru verhungert dann, selbst wenn es ihm gelingt, trotz seines hohen Alters anderen Gefahren auszuweichen.

Grasfresser leben gerne in Herden oder Gruppen. Das gilt für Antilopen und Hirsche ebenso wie für Kängurus. Eine Kängurugruppe umfasst im typischen Fall ein Dutzend Tiere. Manchmal sind es auch viel mehr Individuen, die zusammen auf Futtersuche gehen. Unter solchen Bedingungen kommt es zu Rivalitäten unter den Männchen und zu Kämpfen um die Weibchen. Antilopen kämpfen mit ihren Hörnern, Hirsche mit den Geweihen. Die Kängurus setzen dafür ihre kräftigen Hinterbeine ein. Sie beginnen einen Boxkampf mit den kurzen Vorderbeinen, lehnen sich dann aber auf ihre muskulösen Schwänze zurück und schlagen mit ihren Hinterbeinen zu. Die Muskeln, die Sprünge von sieben Metern oder mehr ermöglichen, teilen dabei außerordentlich heftige Schläge aus. Es kommt durchaus vor, dass mit den Krallen der Bauch eines Gegners aufgeschlitzt wird.

Die Kängurus haben die Fortpflanzungsmethode der Beuteltiere auf den höchsten Stand gebracht. Ein junges Känguruweibchen gebärt ihr erstes Baby ungefähr 36 Tage nach der Paarung. Dieses bahnt sich seinen Weg in den mütterlichen Beutel und beginnt dort zu saugen. Fast unmittelbar danach wird das Weibchen wieder fruchtbar. Eines der Männchen in ihrer Gruppe nimmt das anhand eines besonderen Duftes, den es abgibt, wahr und paart sich mit ihm. Das befruchtete Ei im mütterlichen Körper entwickelt sich aber nicht sofort weiter. Es macht viel mehr eine Keimruhe in der Gebärmutter. Der Beutel ist ja schon besetzt. Wenn sich das Baby darin rund 300 Tage aufgehalten hat, ist es so weit entwickelt, dass es die Außenwelt erkunden kann und selbst Futter als Ergänzung zur Milchnahrung findet. Der Rückgang der Saugtätigkeit hat tief greifende Auswirkungen auf die Mutter – das Ei in ihrem Körper beginnt sich zu entwickeln.

Das Känguruweibchen hat nun zwei Junge: Das eine verbringt noch den größten Teil seiner Zeit im Beutel, und das andere entwickelt sich gerade in der Gebärmutter. Nach weiteren 33 Tagen tritt das zweite Baby aus der Kloake aus, klettert in den Beutel und findet dort eine eigene Zitze. Das erstgeborene Jungtier verbringt nun einen Großteil seiner Zeit außerhalb des Beutels, hüpft neben der Mutter her und wächst schnell. Es kehrt aber regelmäßig zurück, um Milch zu saugen. Bisweilen macht es sich gar nicht mehr die Mühe, in den Beutel zu klettern, sondern steckt nur noch den Kopf hinein, um so an die Zitze zu kommen. Die Milch dieser Zitze hat sich in der Zwischenzeit verändert. Sie ist fettreicher, und das braucht das Jungtier in diesem Stadium. Damit produziert die Mutter zwei Arten von Milch, die eine für das Erstgeborene, das nur von Zeit zu Zeit gesäugt wird, die andere, die kohlenhydratreicher ist, für den neuen Dauergast.

Zwei Wochen nachdem das Erstgeborene den Beutel verlassen hat, wird das Weibchen wieder brünstig und paart sich erneut mit einem Männchen. Nun steht es auf dem Höhepunkt seiner Fortpflanzungstätigkeit. Ein Jungtier holt sich immer noch Milch, verbringt aber viele Stunden des Tages außerhalb des Beutels und ist nahe daran, unabhängig zu werden. Ein zweites Jungtier befindet sich im Beutel, ist aber noch nicht richtig entwickelt. Und das dritte wartet in der Gebärmutter darauf, mit der eigenen Entwicklung zu beginnen, sobald sich die Bedingungen dafür bessern.

Die Vielfalt der Beuteltiere war früher noch größer als heute. Noch vor 50 000 Jahren lebten einige Riesenformen: Ein über 2,70 Meter großes Känguru weidete Bäume ab. Eine Art Beutellöwe hatte ähnlich scharfe Krallen wie der echte Löwe, und das größte aller Beuteltiere, Diprotodon, sah wie ein Bär aus und erreichte auch dessen Größe. Wir haben keine direkten Hinweise darauf, wie sich diese ausgestorbenen Tiere fortpflanzten, da Geschlechtsorgane und Beutel aus Haut fossil nicht erhalten bleiben. Glücklicherweise konservieren sich aber viele weitere für Beuteltiere typische Merkmale. Insbesondere gilt dies für Merkmale an den Zähnen, die allen australischen Beuteltieren, ob sie heute noch leben oder schon ausgestorben sind, gemeinsam sind. Wenn Tiere sie in ihren Kiefern aufweisen,

können wir sicher sein, dass es sich um Beutler handelt. Allerdings überrascht dabei, dass das früheste fossile Beuteltier nicht in Australien, sondern in Kreidegesteinen Südamerikas entdeckt wurde. Wie war das möglich?

Australien gehörte einst zu einem großen Superkontinent. Vor 45 Millionen Jahren bewirkten unendlich langsam arbeitende Kräfte tief unter der Erdkruste, dass sich diese Landmasse in drei Bruchstücke aufteilte. Jedes hatte ein ganz unterschiedliches Schicksal. Australien blieb eine Insel und trat mit Ausnahme der Insel Neuguinea im Norden mit keinem weiteren Festland mehr in direkten Kontakt. So konnten sich die australischen Beuteltiere entwickeln und die zahlreichen beschriebenen Lebensformen hervorbringen. Ein zweites Bruchstück trieb weiter nach unten in Richtung Südpol. Dabei wurde sein Klima immer kälter, bis schließlich das gesamte Tier- und Pflanzenleben ausgelöscht wurde. Dieses Land versank dann unter einer stellenweise kilometerdicken Eisschicht. Heute nennen wir es Antarktika. Direkte Beweise, dass dieser Kontinent einst von Beuteltieren bewohnt wurde, finden wir nur in den Gesteinen. Doch leider sind diese zum größ-

33

Oben: Virginia-Opossum,
Nordamerika

ten Teil von Eis bedeckt. Trotz dieser Schwierigkeiten hat man versteinerte Knochen eines rattengroßen Beuteltiers mit spitzer Schnauze gefunden. Das dritte Bruch-stück, Südamerika, bewegte sich in die entgegengesetzte Richtung und stieß schließ-lich mit Nordamerika zusammen. Dieser Kontinent hatte aber eine eigene Säugerpopulation, die sich auf der Nordhalbkugel entwickelt hatte. Einige Säuger nutzten die neu entstandene Landbrücke, breiteten sich nach Südamerika aus und machten dort den einheimischen Beuteltieren Konkurrenz.

Sie waren dabei so erfolgreich, dass viele in Südamerika heimische Beuteltiere verschwanden, darunter einige große Fleisch fressende Arten. Trotzdem überlebten bis heute in südamerikanischen Wäldern über achtzig verschiedene Beuteltierarten. Sie sind aber keineswegs so formenreich wie ihre fernen australischen Vettern. Alle gehören nämlich zu den Opossums oder Beutelratten und sind maus- bis katzen-groß. Alle haben eine lange Schnauze mit Schnurrbarthaaren, und die meisten weisen Greifschwänze auf. Einige verbringen die meiste Zeit ihres Lebens auf dem Boden. Andere ziehen das Leben auf den Bäumen vor. Bei der Ernährung sind sie Allesfresser. Tiere und Pflanzen, Insekten und Reptilien, Früchte und Blütennektar, alles steht auf ihrem Speiseplan. Nur eine Art hat sich stärker spezialisiert. Es handelt sich um den Schwimmbeutler. Sein Rumpf ist über dreißig Zentimeter lang und trägt drei breite weißliche Streifen auf dem grauen Rücken. Die Hinterpfoten haben Schwimmhäute. Das Tier schwimmt geschickt und ernährt sich von kleinen Fischen, Krebsen und anderen wasserbewohnenden Lebewesen.

Das Leben unter Wasser mag keine Ideallösung für Tiere darstellen, die mehrere Monate lang ihre Jungen in einem Beutel herumtragen. Kein australisches Beuteltier lebt in diesem Element. Der Beutel des Schwimmbeutlers öffnet sich allerdings nach hinten. Die Ränder der Beutelöffnung sind von langen Haaren besetzt und tragen viele Drüsen, die ein öliges Sekret produzieren. Ein kräftiger Ringmuskel ermög-licht es dem Weibchen, seinen Beutel so fest zu verschließen, dass beim Schwimmen kein Wasser eindringt. Die Jungen im Beutel laufen also nicht Gefahr zu ertrinken. Stattdessen muss man aber befürchten, dass sie ersticken – eingeschlossen in diesem wasserdichten Sack, während die Mutter herumpaddelt und Futter sucht. Die Jungen halten aber mehrere Minuten lang einen sehr niedrigen Sauerstoffdruck aus. Bemerkenswerterweise verfügt auch das Männchen über einen Beutel. Sein Hodensack ist von einem senfgelben Fell umgeben. Beim Schwimmen, so heißt es, zieht es seinen Hodensack in seinen Beutel zurück. Wahrscheinlich soll dabei die Stromlinienform verbessert werden.

Eines dieser Opossums ist so erfolgreich, dass es ihm gelang, über die Land-brücke von Panama nach Nordamerika einzuwandern. Das Virginia-Opossum, dessen Vorfahren aus Südamerika kamen, ist nun im Osten der Vereinigten Staaten weit verbreitet. Wenn man diesem Tier in einem Wald begegnet, wirkt es sofort

Links: Virginia-Opossum hängt an seinem Greifschwanz, Florida

irgendwie merkwürdig. Es erreicht ungefähr die Größe einer Katze, doch die Beine sind kürzer. Sein Haarkleid ist lang und grob. Wenn es sich bedroht fühlt, zischt es aggressiv und zeigt dabei außerordentlich viele Zähne. Der Beobachter wird keine Zeit haben, sie alle zu zählen, aber es sind fünfzig. Und als einziges nordamerikanisches Säugetier hat es einen langen nackten Schwanz, den es um Äste wickelt. Sein Griff ist so fest, dass man von einer fünften Gliedmaße sprechen kann. Wenn man dem Tier im Frühjahr begegnet und es ein Weibchen ist, so sieht man mit etwas Glück die bemerkenswerteste Verhaltensweise dieser Art. Die Mutter hat bis zu zwölf mausgroße Junge, die ihren Beutel schon verlassen haben und auf ihrem Rücken herumklettern.

Virginia-Opossums haben noch eine weitere Überraschung auf Lager. Wenn man ein solches Tier bedrängt, kann es vorkommen, dass es plötzlich zusammenbricht und bewegungslos auf dem Boden liegen bleibt. Mit etwas Mut kann man es berühren, und trotzdem zeigt es kein Lebenszeichen mehr. Sein Herzschlag ist kaum zu spüren. Der Beobachter muss befürchten, dass er das Tier ganz wörtlich zu Tode erschreckt hat, denn dieser Zustand hält Stunden an. Aber wie man in Virginia sagt: «It's playing possum», es stellt sich tot. Nach einiger Zeit steht es plötzlich auf und läuft schnell weg. Vielleicht entwickelte sich dieses Verhalten als Verteidigungsstrategie. Doch ist nicht klar, gegen wen sie sich richtet. Denn wenn dieses Opossum als Beute dienen soll, so wird der Angreifer wohl kaum von der Tatsache eines Scheintodes davon abgeschreckt, es zu zerreißen.

Ohne Zweifel ist das Virginia-Opossum ein extrem erfolgreiches Tier. Es lebt nicht sehr lange – in der Natur normalerweise zwei Jahre. In dieser Zeit kann es aber über zwanzig Jungtiere hervorbringen. So hat es kaum Schwierigkeiten, seine Population konstant zu halten. In den letzten hundert Jahren hat es sein Territorium sogar vergrößert. Es wanderte nicht nur nordwärts bis zur kanadischen Grenze, sondern auch westwärts in den Staat Colorado hinein. Siedler führten die Art, aus welchem Grund auch immer, in Kalifornien ein, und dieses bemerkenswerte Tier kommt auch dort zurecht. Doch beim direkten Kontakt mit Säugetieren aus dem Norden verschwanden viele andere Beuteltierarten. Was sind die Gründe dafür?

Der grundlegende Unterschied zwischen den nördlichen Säugern und den Beuteltieren liegt in der Art und Weise, wie die Jungen in den ersten Phasen ihres Lebens gefüttert werden. Die Babys der nördlichen Säugerarten werden nicht aus dem Geburtskanal der Mutter ausgestoßen und müssen sich auch nicht wie verwundbare kleine Würmer einen Weg quer über deren Bauch bis in den Beutel bahnen. Sie bleiben viel mehr in der Gebärmutter des Weibchens. Ihre Nährstoffe erhalten sie über ein bemerkenswertes, komplexes Organ, die Plazenta, die auch Mutterkuchen genannt wird. Es handelt sich dabei um eine Art Polster aus der Gebärmutterwand. Die Plazenta ist mit den heranwachsenden Jungen über eine

Röhre verbunden, die Nabelschnur. Blut tritt von der Wand der Gebärmutter in die Plazenta über. Hier tauscht sie Sauerstoff und Kohlendioxid, Nährstoffe und Abfallstoffe mit dem Blut in den Gefäßen des heranwachsenden Babys aus. Erst wenn sich dieses in einem viel weiter entwickelten Stadium als jedes neugeborene Beuteltier befindet, wird es in die Außenwelt entlassen. Bei einigen Arten, etwa den Bären und den Menschen, sind diese Neugeborenen noch weit von einer vollständigen Entwicklung entfernt. Bei anderen wie zum Beispiel den Antilopen und den Elefanten können sie innerhalb von Minuten schon stehen und unabhängig gehen. Doch alle diese Jungtiere hängen noch einige Zeit von der Muttermilch ab. Sie wird in den Milchdrüsen produziert. Und diese haben somit alle Säugetiere gemeinsam.

Alle Säugetiere stammen von weit entfernten Reptilien ab. Sie differenzierten sich zu einem sehr frühen Zeitpunkt in Beuteltiere und Plazentatiere. Es ist nicht so, dass die Beuteltiere eine Übergangsform bei der Evolution der Plazentatiere darstellen. Beide Gruppen weisen eine ganz unterschiedliche Anatomie auf und haben unabhängig voneinander verschiedene Lösungen für die Aufzucht der Jungen gefunden. Beide Modelle funktionierten so gut, dass eine große Zahl spezialisierter Formen entstand. Jede ist an eine besondere Art der Futtersuche angepasst. Für die meisten gibt es parallele und oberflächlich ähnliche Lebensformen auf anderen Kontinenten. Die australischen Beuteltiere blieben allerdings auf ihrem Kontinent isoliert, während die Säugetiere des Nordens sich über Asien, Europa und Afrika ausbreiteten. Schließlich gelangten sie auch nach Südamerika und eroberten sich sogar das Wasser und die Luft. Von diesen Tieren wird das ganze restliche Buch erzählen.

2

Insektenjäger

Vor 65 Millionen Jahren gab es auf der Nordhalbkugel einen eigenen Superkontinent. Wie der Südkontinent, aus dem unter anderem Australien entstand,
zerbrach dieser Kontinent im Norden schließlich in mehrere Bruchstücke. Aus
ihnen gingen Europa, Asien und Nordamerika hervor. Als diese Kontinente
auseinander drifteten, befanden sich die Dinosaurier noch in ihrer Blütezeit und die
Vegetation sah erheblich anders aus als heute. Die Blütenpflanzen waren gerade erst
entstanden und befanden sich in der ersten Phase der Evolution. An der Oberfläche
von Seen gediehen Wasserlilien. Frühe Magnolien blühten in den Wäldern, doch
diese bestanden noch zur Hauptsache aus Nadelhölzern, Cycadeen und Baum-
farnen. Zahlreiche kleine wirbellose Tiere bewohnten wie schon vor 200 Millionen
Jahren das Festland. Würmer gruben ihre Gänge im Boden. Hundertfüßer, Tau-
sendfüßer und andere vielfüßige Kreaturen lebten in der Bodenstreu. Es gab
zahlreiche Termiten und Ameisen, obwohl beide noch nicht das Zusammenleben in
Nestern entwickelt hatten. Insektenschwärme flogen durch die Luft und Spinnen
bauten ihre Netzfallen, um sie zu fangen. Diese Kleinlebewesen wurden von den
Dinosauriern mehrheitlich ignoriert. Doch zwischen den Dinos liefen rattengroße
gleichwarme Wirbeltiere mit einem Fell umher. Für sie stellten die Wirbellosen eine
reiche Nahrungsquelle dar, und für einige Gruppen unter ihnen hat sich bis auf den
heutigen Tag nichts daran geändert.

Als systematische Einheit heißen diese Tiere Insektenfresser oder wissenschaft-
lich Insectivora, obwohl sich viele unter ihnen keineswegs auf Insekten spezialisiert
haben und ebenso zahlreiche andere Wirbellose fressen. Typisch für die frühesten
dieser Formen sind die heutigen Spitzmäuse. Sie sind wie ihre Vorfahren sehr klein.
Tatsächlich ist die Etruskerspitzmaus, die in Europa lebt, das kleinste heute lebende
Säugetier. Ihr Rumpf ist kaum länger als fünf Zentimeter, und sie wiegt weniger als

fünf Gramm. Die Etruskerspitzmaus ist so klein, dass sie einen Käfer in einem Regenwurmloch verfolgen kann.

Es gibt über 300 verschiedene Spitzmausarten. Sie bewohnen alle Kontinente mit Ausnahme von Australien und Antarktika. Die Etruskerspitzmaus ist der Winzling der ganzen Familie, doch keine Art wird größer als unsere Hausmaus. Klein zu sein bringt für Säugetiere ein spezielles Problem mit sich. Kleine Körper verlieren Wärme sehr viel schneller als große. Der Grund liegt im Verhältnis zwischen Oberfläche und Volumen. Spitzmäuse halten ihren Körper 37 °C warm, was der normalen Körpertemperatur der meisten Säuger entspricht. Auch isolieren sie ihn mit einem Fellkleid. Aber selbst das feinste, dichteste und längste Fell reicht nicht aus, um die kleinen Spitzmäuse genügend zu isolieren. Als Ausgleich müssen sie ihren Körper dauernd Energie zuführen. Das bedeutet, dass sie ungeheure Mengen fressen müssen. Jeden Tag nehmen sie das Dreifache ihres eigenen Körpergewichts zu sich.

Um Körperwärme konstant zu halten, braucht es viel Energie und Aufwand, doch es brachte den ersten Spitzmäusen auch einen großen Vorteil. Die Tiere konnten sich auf Futtersuche begeben, wenn andere Jäger wie Kleinreptilien vor Kälte steif waren und die notwendige Energie nicht aufbringen konnten. Die

Oben: Etruskerspitzmaus
mit Regenwurm, England

Dunkelheit machte ihnen wie den heutigen Säugern nichts aus. Wenn man sein Leben halb vergraben in der Streuschicht des Bodens verbringt, ist der Gesichtssinn von geringem Wert, und die Augen der Spitzmäuse sind denn auch winzig. Bei einigen Arten liegen sie tief im Fell vergraben. Die Tiere orientieren sich mit Hilfe des Tastsinnes. Sie setzen dabei die langen Schnurrbarthaare ein, die auf ihrer spitzen Schnauze wachsen. Die Spitzmäuse produzieren auch quietschende Geräusche mit einem hohen Ultraschallanteil, den wir gar nicht mehr wahrnehmen können. Ihre Rufe dienen einer einfachen Echoortung. Selbst wir Menschen können die Größe eines uns unbekannten Raumes bei völliger Dunkelheit anhand der Echos unserer Schritte abschätzen. Die hohen Laute der Spitzmäuse funktionieren im Grunde genommen auf dieselbe Weise, liefern aber viel komplexere Informationen.

Das gesamte Leben der Spitzmäuse läuft mit erstaunlicher Geschwindigkeit ab. Man kann kaum glauben, dass ihre Herzen in der Minute 1200-mal schlagen. In derselben Zeit atmen sie 70-mal ein und aus. Wenn eine Spitzmaus auf einen Regenwurm trifft, der um ein Mehrfaches länger sein kann als sie selbst, so greift sie mit unglaublicher Wildheit an. Beim Kampf beißt sie den Wurm mit den unteren

Oben: Die langen Schnurrbarthaare
einer Etruskerspitzmaus, Frankreich

Schneidezähnen. Einige Arten spritzen ihrer Beute ein Gift ein, das bei kleinen Tieren tödlich wirkt. Es fügt sogar uns Menschen starke, lang anhaltende Schmerzen zu, obwohl die Zähnchen so klein sind, dass sie die menschliche Haut kaum durchstoßen.

Spitzmäuse gehen ebenso frenetisch vor, wenn sie aufeinander treffen. Spitzmäuse sind in der Regel Einzelgänger, und jedes Tier besitzt sein eigenes Jagdterritorium. Wenn ein Revierinhaber auf einen Eindringling trifft, bleiben beide für einen Augenblick still stehen. Ihre Körper sind lang gestreckt und steif, und mit den vorgestreckten Schnauzen versuchen sie, die Identität des anderen festzustellen. Dann schreien sie sich mit kurzen stakkatoartigen Lauten wütend an. Ein Tier stampft mit den Vorderbeinen, und der Kampf beginnt. Beide stellen sich auf die Hinterbeine und schlagen mit den Vorderbeinen zu. Sie ringen miteinander und versuchen sich in den Kopf zu beißen. Am Ende gibt einer auf und läuft weg. Der Sieger markiert sein Territorium mit einem Tropfen stark riechenden Urins. Damit zeigt er an, dass das Revier ihm gehört.

Auch die Paarung findet auf dieselbe hektische Weise statt. Balz gibt es keine, und der erste Kontakt ist ein Ringkampf, bei dem das Weibchen das Männchen bisweilen so heftig beißt, dass es blutet. Diese Kämpfe zeigen dem Weibchen möglicherweise, ob das Männchen kräftig genug ist, um als Partner in Frage zu kommen. Wenn die Entscheidung positiv ausfällt, zeigt dies das Weibchen, indem es dem Männchen seinen Rumpf zuwendet und den Schwanz hin und her bewegt. Sein aggressives Bellen geht in weichere, höhere Rufe über, und schließlich paaren sie sich.

Das Spitzmausweibchen baut sorgfältig aus trockenen Blättern ein Nest. Wie bei den Beuteltieren öffnen sich die Genitaltrakte und der Verdauungskanal in eine gemeinsame Kloake. Wenn die Jungtiere durch diesen Kanal den mütterlichen Körper verlassen, sind sie viel weiter entwickelt als jedes Beuteltierjunge auf seinem Weg in den Beutel, denn sie bekommen in der Gebärmutter reichlich Nährstoffe. Dennoch sehen sie winzig aus. Ein Wurf umfasst rund ein halbes Dutzend Tiere. Sie laufen in noch stärkerem Masse als ihre Mutter Gefahr, Wärme zu verlieren, da sie nur ein Gramm wiegen und nackt auf die Welt kommen. Doch die nahrhafte Milch trägt dazu bei, dass die Jungen sehr schnell wachsen. Innerhalb drei Wochen entwickeln sie ein Fell und sind nun schon so groß, dass sie das Nest verlassen können. Kurz nach der Geburt evakuiert die Mutter das Nest und sucht sich ein anderes. Die Jungtiere verschiedener Arten ergreifen besondere Maßnahmen, um in diesem frühen Stadium der Entwicklung nicht verloren zu gehen. Wenn die Mutter das Nest verlässt, beißt ein Jungtier sie in den Rumpf und hält sich mit den Zähnen fest. Die anderen Jungen tun beim jeweiligen Vordertier dasselbe. Wenn die Mutter somit ein neues Nest aufsucht, bleiben sie und ihre Jungen zusammen und bilden eine pelzige Schlange, die ähnlich einem einzigen Organismus schnell durch das Gras gleitet.

Insekten und andere bodenbewohnende Wirbellose kommen buchstäblich überall vor, und die Insektenfresser stellen ihnen nach, wo sie nur können. Dazu haben sie eine Reihe von Anpassungen entwickelt. Einige Spitzmäuse sind ins Wasser gegangen, um hier Insekten zu fangen. Sie greifen sogar Molche und kleine Fische an. Der Wärmeverlust ist im Wasser noch größer als an Land, doch das Fell der Wasserspitzmaus ist so fein, dass es Luftblasen einschließt. Beim Tauchen sieht das Tier deswegen wie eine belebte große Luftblase aus. Die europäische Wasserspitzmaus hat Schwimmhäute mit langen Haarfransen und kommt damit schnell im Wasser voran. Das kleine Tier wiegt so wenig und seine Füße verteilen das Gewicht auf eine so große Oberfläche, dass es mehrere Meter weit auf dem Wasserspiegel laufen kann.

Auch andere Insektenfresser, die Desmane, suchen ihr Futter im Wasser. Sie unterscheiden sich so stark von den Spitzmäusen, dass man sie in eine eigene Familie stellt. Trotzdem besteht eine nahe Verwandtschaft. Es gibt nur zwei Arten, den Pyrenäendesman in Spanien und Portugal sowie den russischen Desman. Auch sie haben Schwimmhäute, kleinere an den Vorderfüßen, größere an den Hinterfüßen. Doch verfügen sie noch über weitere Anpassungen an die Lebensweise im Wasser.

Der Schwanz ist breit, mit steifen Haaren gesäumt und dient gleichzeitig als Propeller und als Ruder. Die Ohren lassen sich willentlich verschließen. Am meisten beeindruckt jedoch, dass ihre Schnauze in einer Art Schnorchel endet, sodass das Tier auch dann noch atmen kann, wenn sein Körper vollständig unter Wasser ist.

Die Desmane können zwar schwimmen, graben jedoch auch Gänge. Der russische Desman baut eine Höhle mit einem Eingang unter dem Wasserspiegel, so kann er kommen und gehen, ohne von einem Tier des Festlandes gesehen zu werden. Ein Desmanverwandter kann ebenfalls schwimmen, verbringt aber die meiste Zeit beim Graben. Es ist der Sternmull aus Nordamerika. Er besitzt das am merkwürdigsten aussehende Sinnesorgan unter allen Säugern, einen kleinen fleischigen rosafarbenen Stern an der Nasenspitze, der an eine Blüte erinnert. Die Lappen dieses Sterns sind gut mit Blutgefäßen und Nerven versorgt. Sie verfügen über einen derart feinen Tastsinn, dass das Tier beim Laufen auf dem Seeboden oder beim Graben an einem Flussufer innerhalb von einer Sekunde fünf verschiedene wirbellose Arten ausmachen und auf ihre Genießbarkeit überprüfen kann.

Die Vettern des Sternmulls, die echten Maulwürfe, stammen vielleicht ebenfalls von schwimmenden Vorfahren wie den Desmanen ab, denn alle kommen im Wasser noch gut zurecht. Dennoch verbringen sie buchstäblich ihr ganzes Leben mit dem Graben von Gängen. Sie haben starke Schultern, gedrungene Vorderbeine und Schaufelhände, die fast so breit sind wie lang. Ihr Fell ist sehr fein und kurz, und die Haare liegen nicht in einer festgelegten Richtung. Das ermöglicht den Tieren, sich ohne Schwierigkeiten in den Gängen vor- und rückwärts zu bewegen.

Wenn sich ein Tier dauerhaft in der Erde aufhält, löst es damit mehrere Probleme auf einmal. Es ist den Blicken und dem Zugriff der meisten Räuber entzogen und muss auch nicht mehr mit großen Temperaturschwankungen zurechtkommen. Trotzdem ist das Leben eines Maulwurfs mühevoll. Um sich ein unterirdisches Territorium zu schaffen, gräbt sich der Maulwurf Gänge mit einer Gesamtlänge von bis zu 500 Metern. Dabei schiebt er die ausgegrabene Erde durch senkrechte Schächte nach draußen. Auf diese Weise entstehen die vertrauten Maulwurfshaufen, die stolze Besitzer von Gärten und Golfrasen zur Weißglut treiben können.

Jeder Maulwurf, ob Männchen oder Weibchen, besitzt sein eigenes Tunnelsystem und dringt selten in das seines Nachbarn ein – außer in der Fortpflanzungszeit. Der Maulwurf patrouilliert alle drei bis vier Stunden durch seine Gänge und sammelt die Wirbellosen, die eingedrungen sind, ein. Er gräbt auch Tiere aus, die sich in der Nähe der Röhrenwände bewegen. Seine Lieblingsspeise ist der Regenwurm. Beim Fressen zieht er ihn so durch seine Vorderbeine, dass dabei nicht nur die Erde von der Wurmhaut entfernt, sondern auch der Darminhalt hinausgedrückt wird – ähnlich wie die Zahnpaste aus einer Tube. War die Jagd erfolgreich, so frisst der Maulwurf nicht jeden Fang sofort. Stattdessen lähmt er die Regenwürmer mit einem Biss und trägt sie in ein Lager. Dort überleben die Beutetiere längere Zeit. Man hat Vorratskammern gefunden, die über tausend gelähmte Würmer enthielten.

Als die ersten Insektenfresser unter den Säugetieren erschienen, krabbelten die Insekten nicht nur auf dem Boden, sondern flogen auch in der Luft. Ohne Zweifel versuchten einige frühe Insektenfresser sie zu fangen. Sie kletterten Baumstämme hoch, liefen den Ästen entlang und fanden in der Regel dort ihr Futter. Gelegentlich setzten sie auch zu Sprüngen an. Als sie sich dieser Fortbewegungsweise besser angepasst hatten, wurden aus den Sprüngen Gleitflüge. Wie auch die Zwischenstadien ausgesehen haben mögen, es steht fest, dass vor fünfzig Millionen Jahren einige Insektenfresser fliegende Insekten fangen konnten. Man hat nämlich die Reste eines frühen Säugers aus jener Zeit in einem Gesteinsbrocken gefunden, der früher einmal Teil eines Seebodens in Wyoming war. Das Tier ist vorzüglich erhalten. An der Stelle, wo sich in dem zarten Skelett der Magen befand, liegt ein kleiner Haufen von Insektenresten. Und es geht aus dem Fossil auch deutlich hervor, wie der kleine Sauger seine Beute gefangen hatte: Seine Finger waren stark verlängert und spann-

ten eine Haut aus, die in der Versteinerung noch zu erkennen ist. Es war eine Fledermaus.

So revolutionär diese Entwicklung war, sie verlangte nur verhältnismäßig einfache Modifikationen des Körpers: Man verkürze den Oberarm, lasse den Daumen frei und verlängere dafür die restlichen Finger. Dann spanne man eine häutige Membran von der Halsseite über die Fingerspitzen bis hinunter zu den Beinen – und fertig ist der Fledermausflügel.

Heute unterscheiden wir zwei Gruppen von Fledermäusen, nämlich kleine Insektenfresser sowie größere Tiere, die hauptsächlich oder ganz von Früchten leben. Ob beide Gruppen zur selben Zeit entstanden sind, wird noch diskutiert. Doch steht ziemlich sicher fest, dass die Insekten fressenden Fledermäuse mit den Spitzmäusen verwandt sind. Man kennt fast 700 verschiedene Arten, und manche sind wohl noch gar nicht entdeckt. Eine erreicht die Größe einer kleinen Ratte. Die kleinste Art ist die Schweinsnasen-Fledermaus aus Thailand, die oft auch Hummelfledermaus genannt wird. Sie kann mit der Etruskerspitzmaus um den Titel des kleinsten Säugers konkurrieren. Ihr Rumpf ist mit fünf Zentimetern gleich lang, und sie wiegt nur rund zwei Gramm. Die Annahme ist vernünftig, dass die spitzmausähnlichen

Oben: Langohr im Flug

Vorfahren dieser Fledermäuse sich mit Ultraschalllauten im Dunkel zurechtfanden – wie die heutigen Spitzmäuse. Es kann also nicht überraschen, dass dies ihre Nachkommen heute noch tun. Aber man muss bewundern, wie die Fledermäuse jene einfachen Ultraschalllaute zu dem heutigen hoch spezialisierten Echoortungssystem weiter entwickelt und perfektioniert haben.

Die Fledermäuse erzeugen die Ultraschalllaute mit dem Kehlkopf und geben sie durch den Mund und die Nase ab. Viele Fledermäuse fokussieren die Schallwellen mit einem Nasenaufsatz, der um die Nasenlöcher herum liegt. Er zeigt von Art zu Art starke Formveränderungen. Man findet Schüsseln, Schlitze, Lappen, senkrechte Spalten, Hufeisenformen und so komplexe Formen, die sich nicht mit einem einfachen Gegenstand vergleichen lassen. Viele dieser Nasenaufsätze sind sehr beweglich, sodass die Tiere damit den Durchmesser und die Art der Schallwellen verändern können. Die Laute selbst werden in Form extrem kurzer Schreie ausgestoßen. Die meisten sind so hochfrequent, dass sie jenseits unserer Hörgrenze liegen. Doch dafür sind sie sehr leistungsstark. Wenn wir sie mit ihrer ganzen Lautstärke wahrnehmen könnten, würden sie uns so laut vorkommen wie das Triebwerk eines Flugzeugs.

Die Intensität und Frequenz dieser Sonarlaute schwankt je nach den Bedürfnissen der Fledermaus. Die Ultraschalllaute für die allgemeine Orientierung sind nicht so intensiv wie die Laute, die eine Fledermaus ausstößt, wenn sie sich auf ein bestimmtes Ziel konzentriert. Alle diese Schallwellen werden von Objekten in der Umgebung zurückgeworfen. Die Fledermaus nimmt die Echos mit ihren großen Ohren wahr, deren Form ebenfalls von Art zu Art schwankt. Die Echos sind allerdings nur sehr schwach, und die Fledermaus muss über einen ausgezeichneten Hörsinn verfügen. Würde die Fledermaus ihre eigenen Schreie mit ihrem hyperempfindlichen Gehör wahrnehmen, so würde sie ertauben. Deshalb kann sie bei jedem einzelnen Schrei ihren Hörsinn ausschalten. Das muss sie bis zu 200-mal in der Sekunde tun.

Im Flug tastet die Fledermaus den Luftraum vor sich ab. Dabei bewegt sie den Kopf schnell von einer Seite zur anderen und verändert die Umrisse des Apparats auf der Nase, mit dem sie die Schallwellen aussendet. Mit Hilfe der Zeit, die zwischen Aussenden und Eintreffen des Echos vergeht, kann die Fledermaus deuten, wie weit ein bestimmter Gegenstand entfernt ist und ob er still steht oder sich bewegt. Aus der Qualität der Echos kann die Fledermaus auch die Natur der reflektierenden Oberfläche und damit die Art des Gegenstandes bestimmen. Und dies alles geschieht, während die Fledermaus in der Luft mit Geschwindigkeiten von teilweise über sechzig Kilometern in der Stunde fliegt.

Obwohl Insekten die Hauptnahrung dieser Fledermäuse darstellen, machen sich einige doch auch an größere Beutetiere heran. Eine Art fängt kleine Frösche, die

nachts auf Baumstämmen sitzen und quaken. Eine andere Art zieht ihre mit scharfen Krallen bewehrten Beine durch das Wasser hinter sich her und packt so kleine Fische. Die berühmte Vampirfledermaus leckt das Blut anderer Säugetiere auf, meist von Pferden, aber auch von Menschen. Manchmal landet er dazu direkt auf seinem Opfer, häufiger allerdings auf dem Boden daneben. Sie rasiert mit ihren dreieckigen, rasiermesserscharfen Schneidezähnen an einer Stelle ganz sachte die Haare und schlitzt dann die oberste Hautschicht auf. Die Eckzähne sind gleichermaßen scharf, doch seitlich abgeflacht. Damit schneidet die Fledermaus zwei Furchen in die Wunde, und gibt gleichzeitig reichlich Speichel ab, der ein schmerzstillendes und ein gerinnungshemmendes Mittel enthält. Das Opfer merkt von diesem Angriff nichts, das Blut sickert jedoch stetig aus der Wunde, und der Vampir leckt es mit seiner Zunge auf.

Die frühen Insekten fressenden Vorfahren der Fledermäuse waren nachts aktiv, und das gilt für die Tiere auch heute noch. Lange bevor sich die Fledermäuse entwickelten, war der Himmel bereits eine Domäne der Vögel. Tagsüber flogen so viele scharfäugige schnelle Raubvögel am Himmel, dass die Fledermäuse es sich nicht

Oben: Vampirfledermaus
beim Lecken von Blut auf einer Kuh,
Trinidad

hätten wagen können, ebenfalls zu dieser Tageszeit unterwegs zu sein. Die Fledermäuse mussten also einen sicheren Unterschlupf finden, um sich tagsüber verborgen zu halten. Höhlen sind dafür ideal. Die Umweltbedingungen sind dort in der Regel sehr stabil – kühl im Sommer und verhältnismäßig warm im Winter. Fledermäuse belegen Höhlen schnell mit Beschlag. Einige besonders große Höhlensysteme beherbergen oft mehrere Millionen Tiere. Doch manche Fledermäuse bauen sich mit erheblicher Erfindungsgabe auch eigene Unterkünfte.

Einige Arten suchen dabei eine Tarnung. In den Sümpfen von Florida hängen viele Bäume voller Tillandsien. Die Weißgraue Fledermaus hängt inmitten einer Ansammlung solcher Pflanzen, sodass sie absolut nicht zu sehen ist. In Afrika hängen Wollfledermäuse in den Gespinsten kolonienbildender Spinnen. In den Wäldern Südostasiens sucht sich eine winzige Fledermaus mit extrem abgeflachtem Kopf einen Bambusstängel mit einem Schlitz an der Seite. Dieser Schlitz entsteht, wenn sich im Stängel eine Käferpuppe in ein erwachsenes Tier verwandelt, das sich schließlich den Weg nach draußen freinagt. Die schlitzförmige Öffnung ist gerade so breit, dass sich die Fledermaus hindurchzwängen kann. In Südamerika leben viele Heliconia-Arten, deren neue Blätter büschelweise aus Knospen entspringen. Während sie sich langsam aufrollen, stellen sie einen willkommenen Unterschlupf dar. Doch als dauerhaftes Nest wären damit zwei Nachteile verbunden. Erstens behalten die Blätter die günstige Lage nur kurze Zeit bei. Das bedeutet, dass ein Untermieter sich dauernd einen neuen Unterschlupf suchen muss. Zweitens ist die Oberfläche der jungen Blätter glatt wie Eis. Die Haftscheiben-Fledermaus hat deshalb an den Sohlen ihrer Füße Saugnäpfe entwickelt, mit denen sie sich festhalten kann. Aber um sicherzugehen, dass die Näpfe auch wirklich halten, leckt sie ihre Sohlen ab, bevor sie sich festheftet.

Das vielleicht ungewöhnlichste Nest baut sich die Neuseeland-Fledermaus. Sie lebt in Erdgängen – aber nicht etwa in solchen, die sie von anderen als Zweitwohnung übernimmt. Sie gräbt sie vielmehr selbst. Diese revolutionäre Entwicklung kann man übrigens auch bei Vögeln beobachten.

Noch bevor die ersten Beuteltiere in Australien erschienen, trennte sich Neuseeland von diesem Kontinent. Zu jener Zeit lebten als einzige Wirbeltiere auf Neuseeland einige wenige Reptilien, nicht aber Schlangen oder große Echsen, ferner frühe Vögel. Im Lauf der Zeit gelangten andere Vögel auf ihrem Weg quer über den Ozean auf diese Insel. Das Land, auf das sie stießen, passte ihnen richtig gut. Der Waldboden war voller essbarer Insekten und Pflanzen. Es fehlten räuberische Säugetiere, die Jagd machten auf Vögel, wie dies in Australien und anderen Kontinenten der Fall war. Warum Energie durch Fliegen verschwenden, wenn das Gehen auf dem Boden mit keiner Gefahr verbunden war und wenn es ohnehin genug zu fressen gab? Viele neuseeländische Vögel gaben das Fliegen auf, und heute leben auf

Links: Gelbohr-Fledermäuse beim Ruhen unter einem Heliconia-Blatt, Südamerika

der Insel mehrere flugunfähige Arten. Die Neuseeland-Fledermaus, die über Tasmanien ihren Weg nach Neuseeland fand, reagierte ähnlich auf die Inselsituation.

Die Neuseeland-Fledermaus hat ihre Flugfähigkeit keinesfalls eingebüßt. Sie landet aber gerne auf dem Boden und läuft dort sehr geschickt umher. Flügel mit einer Spannweite, die ein Mehrfaches der Körperlänge beträgt, stellen auf dem Boden ein erhebliches Hindernis dar – so möchte man glauben. Aber die Neuseeland-Fledermaus hat eine sehr effiziente Art entwickelt, ihre Flügel einzufalten. Sie geht auf der Rückseite ihrer Handgelenke, sodass die stark verlängerten Finger, die die Flügelmembran ausspannen, nach oben schauen und genau in eine Furche des Arms passen. Die Flügelhaut, die sich im Flug von Oberschenkel zu Oberschenkel erstreckt und auch den Schwanz umschließt, wird eingerollt und unter einem schmalen Hautband versteckt. Die Hinterbeine, die bei so vielen Fledermäusen nur als Haken zum Aufhängen dienen, sind kräftig gebaut und muskulös und helfen mit, den Weg durch die Laubstreu zu bahnen. Die Fledermaus schiebt die Blätter mit ihrer winzigen Schnauze beiseite. Immer wieder erscheint ihr Kopf an der Oberfläche, doch dann duckt sie sich wieder und fährt mit der Jagd in der Bodenstreu fort. Oft jagt eine Gruppe von etwa zwölf Tieren nahe nebeneinander, sodass Wirbellose, die vor einem Tier flüchten, geradewegs einem anderen zum Opfer fallen. Auf diese Weise kommt die Neuseeland-Fledermaus zu viel mehr Futter als ihre Vettern, die sich von kaum mehr als von Steckmücken ernähren müssen. Sie frißt Früchte, Samen und auch Käferlarven. Und die Neuseeland-Fledermaus wagt sich sogar an die mächtige flugunfähige Wetagrille, die mindestens doppelt so schwer wird wie sie selbst.

Wann entschloss sich die Neuseeland-Fledermaus zu dieser evolutionären Rückkehr? Wir haben keine Fossilien, die darüber Auskunft geben konnten, und trotzdem existieren Beweise. Sie stammen von einer Blüte. In Neuseeland lebt nur eine voll parasitische Pflanze mit dem Namen Dactylanthus. Sie heftet sich an Baumwurzeln fest und lebt von deren zuckerhaltigem Saft. Damit braucht sie weder Blätter noch Stängel. Sie existiert nur als fleischiges Rhizom – bis auf die Zeit der Blüte. Dann bahnt sich die Knospe einen Weg durch den Boden und öffnet sich an der Oberfläche. Die Maori bezeichnen sie als «pua o te reinga», was ungefähr «Blüte aus der geistigen Welt» bedeutet. Diese Blüte, die direkt auf dem Boden sitzt, hat braune verholzte Blütenblätter, verströmt einen moschusartigen Geruch und produziert viel Nektar. Diese Nektarproduktion kennzeichnet Blüten, die von kleinen bodenbewohnenden Säugern bestäubt werden. Aber solche Säuger gibt es gar nicht auf Neuseeland, und Dactylanthus kommt sonst nirgendwo auf der Welt vor. Sorgfältige Untersuchungen mit Nachtsichtkameras ergaben schließlich, dass der Bestäuber die Neuseeland-Fledermaus ist. Solche Partnerschaften zwischen Pflan-

zen und ihren Bestäubern entwickeln sich nur über lange Zeit. Die Neuseeland-Fledermaus muss also vor vielen zehntausend Jahren zur Lebensweise ihrer fernen Vorfahren zurückgekehrt sein.

Eine weitere Gruppe von Insektenfressern kann mit den Spitzmäusen um die größte Ähnlichkeit mit den frühesten Säugern der Nordhalbkugel konkurrieren. Es sind die Tanreks und die mit ihnen nah verwandten Otterspitzmäuse. Wie die echten Spitzmäuse sind sie nachtaktiv und finden sich mit Hilfe der reichlich vorhandenen Schnurrbarthaare zurecht. Einige Arten verwenden auch hochfrequente Schreie zur Echoortung. Zu den primitiven Kennzeichen gehört eine Kloake, eine sehr niedrige und nicht sehr gut regulierte Körpertemperatur sowie die Tatsache, dass eine Art mehr Junge in einem Wurf aufzieht als jedes andere Säugetier, nämlich 32. Das sind sogar mehr Jungtiere, als das Virginia-Opossum auf die Welt bringt. Es kommt nämlich nur auf dreizehn, denn so viele Zitzen hat das Weibchen.

Diese Tiergruppe hatte ihre Blütezeit in Afrika, bevor sich Madagaskar vom Ostrand des Kontinents löste. Im Verlauf von Jahrmillionen entstanden andere Säugergruppen in Afrika, und viele der ursprünglichen Tanrekarten verschwanden. Die einzigen, die auf dem Kontinent überlebten, sind die Otterspitzmäuse. Drei

Arten bewohnen die Wälder Westafrikas. Doch die Tiere, die auf Madagaskar lebten, gerieten nicht unter Konkurrenzdruck vonseiten anderer Säuger. So entwickelten sie sich zu Arten, die in ihrem Spezialisierungsgrad fast so vielfältig sind wie die australischen Beuteltiere.

Den allgemeinsten und am ehesten spitzmausähnlichen Typ verkörpert der langschwänzige Spitzmaustanrek. Er ist etwas größer als die meisten echten Spitzmäuse, sieht ihnen aber sonst bemerkenswert ähnlich. Auch die Ernährungsweise ist dieselbe, denn die Art macht auf dem Waldboden Jagd auf Insekten und andere Wirbellose. Es gibt eine wasserbewohnende Art mit langem Schwanz und Schwimmhäuten. Dieser Wassertanrek schwimmt sehr gut. Der Reiswühler hat ein samtiges Fell, sehr kleine Augen und Ohren und ähnelt dadurch stark einem Maulwurf. Der Streifentanrek zeigt auf dem Körper mehrere breite rötliche Streifen und auf dem Kopf einen langen hellen Haarschopf. Er fällt besonders dadurch auf, dass er in seinem Fell Stacheln trägt – sehr dicke, lange und scharfe Haare. Sie liegen vereinzelt auf dem Rücken und konzentriert hinter dem Nacken. Die Stacheln spielen bei der Verteidigung eine Rolle, doch der Streifentanrek setzt sie auch für die Kommunikation ein. Er schüttelt die Stacheln hinter dem Hals. Das rasselnde und quietschende Geräusch verstärkt die Ultraschalllaute. Noch längere Stacheln hat eine nah verwandte und ziemlich große Art. Ihr Stachelkleid bedeckt den ganzen

Körper. Der Name Igeltanrek erklärt sich von selbst. Auf den ersten Blick scheint man das Tier kaum von einem europäischen Igel unterscheiden zu können.

Der europäische Igel ist kein naher Verwandter der Tanreks, selbst wenn er ihnen sehr ähnlich sieht. Trotzdem scheint er von einer sehr frühen Gruppe der Insektenfresser abzustammen. Er frisst aber nicht nur Insekten. Abgesehen von den Wirbellosen, die er auf dem Boden findet, darunter Würmer, Schnecken, Spinnen und Tausendfüßler, vergreift er sich auch an Vogeleiern, Fröschen, Eidechsen und sogar Schlangen. Und wenn ein Hausbesitzer am Stadtrand seinem Überlebenden aus der Frühzeit der Säuger etwas Brot oder Hackfleisch hinstellt, nimmt der Igel auch diese Nahrung ganz gerne.

Mit einem derart breit gefächerten Speisezettel können Igel eine beträchtliche Größe erreichen. Ein großes Tier wird fast dreißig Zentimeter lang. Das macht aber das Verstecken bei einem Angriff schwierig. Der Igel löste wie sein entfernter Verwandter in Madagaskar das Problem, indem er Haare auf dem Rücken in Stacheln verwandelte. Ein Igel hat ungefähr 16 000 Stacheln, und zusammen bilden sie einen sehr effizienten Schutz. Ein Muskelband läuft dem Rand dieser stacheligen Panzerung entlang. Wenn sich der Igel gestört fühlt, zieht er diesen Muskel zusammen und rollt sich ein.

Stacheln können einige Aspekte des Soziallebens allerdings ziemlich kompliziert gestalten. Immerhin lässt sich jeder einzelne Stachel bis zu einem gewissen Grad einzeln über einen Muskel an dessen Basis bewegen. Wenn sich ein Weibchen zur Paarung entschlossen hat, kann es alle Stacheln flach legen, sodass das Männchen es besteigen kann. Man könnte vermuten, dass auch die Geburt Probleme macht, denn die Jungtiere sind von einem ganz frühen Stadium an bestachelt. Die Haut des Jungtiers ist an dem kleinen Körper aber nur lose befestigt und direkt unter der Oberfläche so sehr mit Flüssigkeit angefüllt, dass die Stacheln nicht hervortreten. Und überdies sind diese Stacheln auch noch weich. Die Babys verletzen also ihre Mutter nicht auf ihrem Weg von der Gebärmutter zur Außenwelt. Unmittelbar nach der Geburt wird die Flüssigkeit in der Haut schnell vom Körper absorbiert. Sie zieht sich zusammen, und die Stacheln treten hervor. Deswegen sind die Jungtiere von frühester Jugend an fast ebenso gut geschützt wie ihre Mutter.

Die Igel entstanden irgendwo in Eurasien. Wahrscheinlich hinderte sie die Kälte daran, sich über die Beringstraße nach Amerika auszubreiten. Dort allerdings erweiterte eine andere Gruppe früher Insektenfresser ihren Speisezettel und wurde dadurch größer. Auch diese Tiere mussten gewisse Schutzmaßnahmen ergreifen. Doch statt auf Stacheln kamen sie auf Knochenplatten in der Haut. Diese sind an der Außenseite von Horn überzogen. Diese Panzerung hat einer ganzen Gruppe ihren Namen verliehen – den Gürteltieren.

Die Gürteltiere können sich noch besser einrollen als die Igel. Das Dreibinden-

Gürteltier erreicht dabei ungefähr die Größe einer Grapefruit. Die Binden oder Gürtel, die ihm seinen Namen verleihen, sind Knochenringe, die untereinander durch biegsame Hautfalten verbunden sind. Kelchförmige Knochenschilder umschließen die Schultern und die Hüften. Dazu kommen zwei dreieckige Platten, eine oben auf dem Kopf, die andere auf dem Schwanz. Beim Einrollen funktionieren die drei Binden wie Scharniere. Kopf und Schwanz treffen aufeinander, und die beiden Dreiecke bilden zusammen ungefähr ein Viereck. Das ganze Tier verwandelt sich so in einen gepanzerten Ball, der so unverwundbar ist wie eine Kokosnuss. Ein Gürteltier kann mehrere Minuten lang eingerollt verharren. Dann öffnet sich plötzlich ein Spalt, und ein kleines Knopfauge wird sichtbar. Wenn es nicht beunruhigt wird von dem, was es sieht, klappt es das Scharnier in der Körpermitte auf. Der Spalt wird breiter, und vier kleine Füße kommen zum Vorschein. Das Tier streckt sich nun und trottet wie ein aufgezogenes Blechspielzeug auf der Spitze seiner Krallen davon.

Das Dreibinden-Gürteltier ist so gut gepanzert, dass es keinen weiteren Schutz braucht. Tagsüber kann man leicht einem solchen Tier begegnen. Es liegt ähnlich wie eine gefallene Frucht unter einem Busch. Keine andere Art nimmt solche

Oben: Dreibinden-Gürteltier,
fast vollständig eingerollt

Risiken auf sich. Es gibt ungefähr zwölf unterschiedlich große Gürteltierarten mit verschiedenen Zahlen von Knochenringen. Alle graben hervorragend, um Nahrung zu finden und sich einen sicheren Unterschlupf zu schaffen. Früher einmal existierte ein Gürteltier so groß wie ein Kleinwagen. Seine Panzerung kam ohne Scharnier aus und bestand aus einer einfachen Kuppel ähnlich einem mobilen Iglu. Dieses außergewöhnliche Monster zog bis vor kurzer Zeit noch durch die Ebenen Patagoniens. Das letzte Tier dieser Art starb anscheinend vor 10 000 Jahren. Vielleicht wurde es von Menschen noch gesichtet, denn man hat einen halb versteinerten Panzer gefunden, den Menschen offensichtlich als Behausung nutzten.

Das größte heute noch lebende Gürteltier wird bulldoggengroß. Es hebt am Fuß von Termitenhügeln große Tunnels aus. Aber es besteht kaum die Chance, ein solches Riesengürteltier zu fangen, denn sie können sehr viel schneller graben als der Mensch. Diese Riesenform frisst im Gegensatz zu den restlichen Familienmitgliedern kaum etwas anderes als Insekten. Aber es könnte nie eine solche Größe

erreichen, wenn es seine Beutetiere eines nach dem anderen einzeln aufsammelte, wie dies die Spitzmäuse tun. Es spezialisierte sich vielmehr auf Insekten, von denen es auf einmal Hunderte fangen kann. Es frisst somit fast nichts anderes als Staaten bildende Insekten, Ameisen und Termiten.

Wer solche Insekten fangen will, braucht eine besondere Ausrüstung. Zunächst muss das Tier außergewöhnlich gut graben können, um in Termitenhügel einzudringen. Das Riesengürteltier erfüllt diese Bedingung mit seinen mächtigen Vorderbeinen und den gedrungenen gekrümmten Krallen. Zweitens muss das Tier diese Insekten auch in großer Zahl aufnehmen können. Das Riesengürteltier hat Zähne, mehr als jedes andere Säugetier, nämlich rund hundert. Aber es handelt sich um kleine zapfenartige, degenerierte Gebilde. Evolutionsbiologisch gesehen ist die Art dabei, ihre Zähne ganz zu verlieren. Die Zunge hingegen ist lang, wurmartig und mit warzigen Höckern besetzt. Im Unterkiefer stehen mächtige Drüsen, die große Mengen eines besonders klebrigen Speichels absondern. Er überzieht die Zunge, sodass das Riesengürteltier mit einer einzigen Bewegung der Zunge Hunderte von Termiten auflecken kann.

Weitere gepanzerte Ameisen- und Termitenfresser leben in Afrika und in Asien. Es sind die Schuppentiere. Sie schützen sich mit einem anders gestalteten Panzer. Sie haben ungefähr dreieckige Hornplatten, die sich wie die Schuppen eines Fichtenzapfens überlappen. Die Schuppentiere sind so spezialisiert, dass sie nicht anderes mehr fressen können als Ameisen und Termiten. Ihre Kiefer haben nämlich alle ihre Zähne verloren und sind kaum mehr etwas anderes als eine gebogene Röhre, die eine sehr lange Zunge beherbergt. Mehrere Arten verbringen ihr Leben auf Bäumen und klettern auf ihnen mit Hilfe eines langen Greifschwanzes. Bei der größten Art, dem afrikanischen Riesenschuppentier, sind Rumpf und Schwanz je 75 Zentimeter lang. Deswegen wagt es sich nicht mehr auf Bäume und verbringt sein ganzes Leben auf dem Boden.

Wenn sich ein Schuppentier eine Mahlzeit verschaffen will, öffnet es mit einem Schlag seiner Vorderbeine ein Termitennest und steckt seine gekrümmte Schnauze hinein. Aufgeregte Termiten schwärmen aus, um ihr Nest zu verteidigen, doch das macht dem Schuppentier kaum etwas aus. Es presst seine Hornschilder fest aufeinander, verschließt die Augen mit besonders dicken Lidern und die Nasenlöcher mit besonderen Muskeln. Dann streckt es seine lange schwarze Zunge vor, die vollständig mit einem klebrigen Speichel bedeckt ist. Er stammt von mächtigen Speicheldrüsen in der Brust. Die Zunge folgt den Gängen des Nestes, sammelt die Tiere ein und schießt immer wieder vor und zurück. Die Beutetiere werden sofort geschluckt und im hornigen Muskelmagen zerrieben. So kann das afrikanische Riesenschuppentier in einer einzigen Nacht bis 200 000 Insekten fressen.

Zahnverlust und Zungenentwicklung erreichten ähnliche Extreme auch in Südamerika. Hier lebt eine riesenhafte Ameisen fressende Art, die noch größer wird als das afrikanische Riesenschuppentier. Die Schulterhöhe beträgt über einen Meter. Allein die gekrümmte Schnauze ist fast sechzig Zentimeter lang, und die Vorderbeine sind so kräftig, dass selbst ein Jaguar aus einem Kampf mit diesem Tier nicht ohne Wunden hervorginge. Anstelle eines Panzers ist der Körper von einem rauen Fell bedeckt, das auf dem Rücken einen Kiel bildet. An der Ober- und Unterseite des Schwanzes ist das Haar so lang, dass dieser wie eine Fahne aussieht. Der Große Ameisenbär lebt in den Grasgebieten Südamerikas von Guyana bis nach Nordargentinien. Der Große Ameisenbär verbringt die meiste Zeit des Tages schlafend. Er liegt zwischen hohen Grasbüscheln im Schutze seines gewaltigen Schwanzes, den er wie einen Sonnenschirm in die Höhe hält. Nach der Dämmerung macht er sich in seinem Territorium auf Futtersuche. Er versucht, Termiten, Blattschneider- und Treiberameisen zu meiden, weil alle drei Arten über spezialisierte Soldaten mit sehr effizienten Kiefern verfügen. Stattdessen zieht er andere Ameisenarten vor, die sich weniger wütend verteidigen. Selbst dann bleibt der Ameisenbär meist nur so lange an einem Fundort, bis er etwa hundert Tiere weggefangen hat. Dann zieht er weiter, bevor die Soldatenbataillone anrücken und den Feind in großer Zahl angreifen.

Es gibt eine kleinere Version dieses Ameisenbären. Sie sieht ähnlich aus, wird aber nur halb so lang und hat kürzeres Haar. Sie greift nicht nur terrestrische Kolonien an, sondern klettert auch auf Bäume, wo sie sich mit ihrem Schwanz festhält.

Diese Art heißt Tamandua. Er erweist sich beim Fressen als ziemlich wählerisch. Blattschneiderameisen sind in den südamerikanischen Wäldern in der Regel häufig, haben aber Kiefer, mit denen sie nach Scherenart Blattstücke abschneiden. Ohne zu zögern, setzen die Ameisen ihre Kiefer gegen jeden Angreifer ein. Der Tamandua meidet sie. Auch Treiberameisen, die mit ihren kräftigen Mandibeln einen Skorpion zerteilen können, stehen nicht auf seinem Speiseplan. Wie der Große Ameisenbär zieht auch der Tamandua die wenig aggressiven Baumtermiten vor. Ihre Arbeiterinnen kauen verrottendes Holz und haben einen weichen, saftigen Körper.

Und es gibt eine dritte südamerikanische Art, den Zwergameisenbären. Er wird knapp dreißig Zentimeter lang und verbringt sein ganzes Leben auf Bäumen. Sein Fell ist weich und goldgelb gefärbt. Der Zwergameisenbär verschläft den Tag eingerollt zu einer kleinen Kugel. Nachts klettert er kurzsichtig auf Bäumen umher und sammelt Ameisen. Das tut er kaum länger als vier Stunden. Dann braucht er wieder Ruhe. Wenn er sich verteidigen muss, stellt er sich auf seine Hinterbeine, wobei er seinen Schwanz als Stütze um einen Ast wickelt. Mit den Vorderbeinen schlägt er nach dem Angreifer und zeigt dabei seine kleinen gekrümmten Krallen.

Oben: Großer Ameisenbär,
Brasilien

Ameisen und Termiten sind nicht sehr nahrhaft. Ihr knackiges Außenskelett ist unverdaulich. Tiere, die nichts anderes zu sich nehmen als solche Insekten, verfügen kaum über größere Energievorräte. Sie müssen viel Wärmeenergie sparen und haben die niedrigste Körpertemperatur unter allen landbewohnenden Plazentatieren: 32,7 °C. Von 24 Stunden verbringen sie 15 im Schlaf. Die Weibchen können nur ein Jungtier pro Wurf großziehen. Der Zwergameisenbär hat nicht genug Energie, um sich mit auffälligen Aktionen zu verteidigen. Selbst der Mensch ist schneller als ein Großer Ameisenbär in vollem Galopp. Keines dieser Tiere verfügt über eine scharfe Intelligenz. Dafür haben sie Einrichtungen zum Sammeln von Ameisen und Termiten entwickelt und parallel dazu die Fähigkeit ihrer Vorfahren eingebüßt, mit einer viel breiter gefächerten Nahrungspalette auszukommen. Der Preis für eine Spezialisierung bei der Ernährung kann hoch ausfallen.

Oben: Zwergameisenbär

3

Nager

Kein Tier kann die Nahrung herstellen, die es braucht. Das können nur die grünen Pflanzen. Mit Hilfe des Sonnenlichts stellen sie aus Wasser und Kohlendioxid Zucker und Stärke her. Das bedeutet, dass alle Tiere letztlich von den grünen Pflanzen abhängen. Für die ersten Säugetiere, die Insektenfresser, bestand diese Abhängigkeit nur auf indirektem Weg. Sie fraßen Kleintiere, die selbst wieder von Pflanzen lebten. Doch andere frühe Säuger begannen direkt von Pflanzen zu leben.

Pflanzen geben ihre Gewebe nicht freiwillig her, und einige schützen sie mit besonderen Maßnahmen. Die Samen der Pflanzen sind besonders wertvoll, denn sie enthalten viel energiereiche Nahrung. Diese Energie braucht der Keimling, um die ersten Stängel und Blätter auszubilden. Die ersten Vögel begannen wohl zu einem sehr frühen Zeitpunkt der Evolution, Samen zu fressen. Die Nadelhölzer jener Zeit reagierten darauf, indem sie ihre Samen mit besonders zähen Blättern schützten, den Zapfen. Später gingen die Blütenpflanzen zu anderen Schutzmechanismen über, indem sie zum Beispiel die Samenschale verstärkten. Eine Säugergruppe reagierte auf diese Entwicklung und bildete ihrerseits kräftige Werkzeuge aus, mit denen sich solche Panzer knacken ließen. Diese Werkzeuge waren meißelförmige Schneidezähne, zwei im Oberkiefer, zwei im Unterkiefer. Und die Tiere, die diese effizienten Werkzeuge entwickelten, waren die Vorfahren unserer heutigen Nagetiere.

Die Bearbeitung von Holz macht jedes Werkzeug stumpf. Die Schneidezähne der Nagetiere schärfen sich jedoch selbst. Die Schmelzschicht vorne an den Zähnen ist härter als das Zahnbein dahinter, das den größten Teil der Zahnmasse ausmacht. Wenn sich also die oberen und die unteren Schneidezähne gegeneinander reiben, wird das weichere Dentin stärker abgetragen. So bleibt die Schmelzschicht als scharfe Kante übrig. Doch auch diese harte, dünne Schicht wird durch die Nagebewegungen der Zähne unweigerlich abgeschliffen – bei einigen Tieren um mehrere

Millimeter pro Woche. Um diesen Verlust auszugleichen, haben die Schneidezähne der Nagetiere offene Wurzeln und wachsen während des ganzen Lebens weiter.

Beim Schneiden von verholztem Material entstehen viele Späne. Um zu verhindern, dass dieses unverdauliche Material geschluckt wird, haben die Nagetiere eine Lücke zwischen den Schneidezähnen vorne im Kiefer und den rückwärtigen Backenzähnen entwickelt, mit denen sie die Samen zerkleinern. Diese Zahnlücke, das Diastema, ermöglicht ihnen, die Holzspäne loszuwerden.

Eichhörnchen können mit den scharfen Krallen an ihren Zehen sicher und mit hoher Geschwindigkeit auf Baumstämmen und Ästen laufen. Viele Arten unter ihnen sind klein und leicht und können sich bis zu den Zweigspitzen vorwagen. Hier sammeln sie Samen, sobald diese reif geworden sind.

Eines der kleinsten Säugetiere überhaupt ist die Zwergmaus. Kopf und Rumpf messen nicht einmal sieben Zentimeter. Die Zwergmaus muss nicht springen, um an ihre Nahrung zu gelangen. Sie lebt gern in Weizenfeldern und kann einfach von Stängel zu Stängel greifen, um die gewünschten Samen zu ernten. Um diese Arbeit in völliger Sicherheit tun zu können, entwickelten sie lange Greifschwänze, die sie um die Pflanzenstängel wickeln können. Da es auf Weizenfeldern weder Baumhöhlen noch Röhrichte gibt, müssen sich diese eleganten kleinen Mäuse ihr Zuhause selbst bauen. Sie verflechten dabei Grasblätter zwischen Getreidestängeln zu kugelförmigen Nestern.

Trotz des Fleißes all dieser Sammler fallen natürlich einige Samen auf den Boden. Doch hier wartet eine andere Gruppe von Nagern. In den südamerikanischen Wäldern ist das Aguti besonders aktiv. Einige Nüsse, die hier auf die Erde fallen, tragen so harte Schalen, dass selbst ein Mann mit einer Machete Mühe hat, sie zu

knacken. Doch kein Same ist stärker als ein Aguti. Es nagt eine kleine rechteckige Öffnung in jede Samenschale und setzt dann seine unteren Schneidezähne als Spatel ein, um an den proteinreichen Kern zu kommen.

Viele Bäume produzieren gleichzeitig große Mengen von Nüssen. Damit stellen sie sicher, dass die Samenfresser nicht alle Nüsse fressen können und einige zum Keimen kommen. Das Aguti hat aber auch Wege gefunden, um mit diesem Überfluss zurechtzukommen. Es sammelt die Nüsse und vergräbt sie an bestimmten Stellen im Waldboden. Tage oder Wochen danach kehrt es zu diesen Lagern zurück, um die Nüsse zu fressen. Natürlich erinnert es sich keinesfalls immer daran, wo es den Vorrat angelegt hat, und diese vergessenen Nüsse können dann letztlich auch keimen. Damit ist es dem Baum gelungen, eine weitere Generation hervorzubringen. Diese Geschichte der gegenseitigen Abhängigkeit kennt noch eine Fortsetzung. Der Paranussbaum schließt seine Samen in eine derart harte Schale ein, dass diese überhaupt nicht mehr auskeimen können – es sei denn, ein Aguti hätte ein Loch vorgebohrt. So ist diese Baumart heute vollständig von ihrem früheren Erzfeind abhängig.

Das Aguti ist tags aktiv, doch viele Nagetiere sammeln ihr Futter nachts, um zu verhindern, dass sie möglichen Räubern ins Auge fallen. Eulen allerdings haben einen derart scharfen Hörsinn, dass sie das leiseste Rascheln vernehmen und mit tödlicher Genauigkeit zustoßen. Füchse, Wiesel und Katzen der unterschiedlichsten Arten ziehen durch den nächtlichen Wald auf Beutesuche. Ein Nagetier sollte somit so wenig Zeit wie möglich ungeschützt im Freien verbringen.

Wenn sich die afrikanische Riesenhamsterratte aus ihrem Bau traut, läuft sie schnell umher und steckt Fressbares in ihre umfangreichen Backentaschen. Wenn diese so voll sind, dass das gesamte Gesicht deformiert erscheint, springt sie zurück in ihr Nest, um ihre Funde genau zu untersuchen. Die Art wirkt ziemlich groß. Der Rumpf erreicht eine Länge von über vierzig Zentimetern. Die Backentaschen weisen einen entsprechenden Rauminhalt auf und können mehrere Dutzend Futterstücke aufnehmen. Die Riesenhamsterratte beeilt sich beim Sammeln so sehr, dass man von einzelnen Tieren weiß, dass sie nicht nur Nüsse, Bohnen oder Knollen eintragen, sondern auch Münzen, Schlüssel und Murmeln.

In den Wüstengebieten der südwestlichen Vereinigten Staaten sind Samen nur während einer sehr kurzen Zeit des Jahres verfügbar. Die dort lebenden Nagetiere, die Kängururatten oder Taschenspringer, müssen somit jeden Samen sammeln, den sie finden, und in ihre Gänge tragen. Sie speichern ihre Funde in besonderen Lagern, um in den nahrungsarmen Monaten etwas zu fressen zu haben. Sie verteidigen ihre Speicher gegenüber anderen Ratten durch Trommeln mit den Füßen.

Dabei schlagen sie ihre Hinterfüße in schneller Folge auf den Boden. Wenn das nichts nutzt, bespritzen sie den Eindringling mit Sand.

Es gibt zwei Möglichkeiten, um Futter für den Winter einzulagern. Die Murmeltiere der europäischen Alpen tun dies in ihrem eigenen Körper in Form von Fett. Die Zeit, in der sie auf Futtersuche gehen können, ist sehr kurz. In den höheren Lagen ist die Vegetation nur während fünf Monaten schneefrei. In diesem kurzen Sommer müssen die Murmeltiere intensiv Futter sammeln, etwa Gräser, Blätter, Blüten und schließlich Samen, die aber nur in den letzten paar Wochen auftreten. Murmeltiere leben in Familien – ein Weibchen und sein Männchen zusammen mit einem oder zwei Jungtieren, die zu Sommeranfang auf die Welt kommen, bisweilen auch eine oder zwei der Schwestern des Weibchens. Jede Familie hat ihr eigenes Revier, das die Tiere mit einem stark riechenden Öl aus den Wangendrüsen markieren, indem

Oben: Murmeltier beim Sammeln
von Polstermaterial für den Winter

sie sich an den Steinen scheuern. Wenn ein Nachbar dieses Signal andauernd ignoriert und die Grenze überqueren will, vertreiben ihn ein oder zwei Mitglieder der Familie. Sie knirschen dabei mit ihren Schneidezähnen und rufen laut.

Gegen Ende des Sommers haben sich die erwachsenen Tiere genügend Fettreserven angefressen und sind dann fast um 50 Prozent schwerer als zu Beginn der Saison. Die Jungtiere des vorangegangenen Jahres sind schnell gewachsen und bereits geschlechtsreif. Kurz nach der Paarung beginnt sich das dominante Weibchen in der Gruppe auf eine merkwürdige Weise zu verhalten. Es greift nämlich seine Jungen auf eine scheinbar brutale Weise an. Die jungen Weibchen geraten dadurch so unter Stress, dass sie selten trächtig werden. Wenn die Befruchtung schon geschehen ist, verlieren sie ihr Junges durch Abort. Die Vorteile dieser Verhaltensweise des dominanten Weibchens werden erst einige Wochen später deutlich.

Wenn der erste Schnee fällt, ziehen sich die nun fett gewordenen Murmeltiere in ihre Höhlen zurück. Sie blockieren den Eingang und ziehen in eine tief im Erdboden gelegene Kammer. Dort rollen sie sich zu einer Kugel zusammen und schmiegen sich aneinander. Der Schnee liegt nun schon hoch über ihren Weiden. Die Murmeltiere verlangsamen nun die meisten ihrer physiologischen Prozesse und fallen in einen tiefen Winterschlaf. In der Minute atmen sie nur noch zwei- oder dreimal. Die Körpertemperatur fällt von 36 auf nur noch 5 °C. Wenn sich die Tiere aber weiter abkühlen, sterben sie. Der Brennstoff für die Wärmeproduktion der Murmeltiere ist ihr Körperfett.

Doch die Jungtiere dieses Jahres haben praktisch keine Fettreserven. Sie hatten einfach nicht genug Zeit, um sich welche zuzulegen. Nun hängen sie vollständig von den Erwachsenen ab, denn die entscheidende Grenze von 5 °C darf nicht unterschritten werden. Sie schmiegen sich nahe an die Mutter, um von ihrer Wärme zu profitieren. Nun wird klar, warum die Mutter die Fortpflanzung ihrer eigenen Kinder verhinderte. Für mehr Jungtiere würde die Wärme während dieser sechs Monate, die sie in ihrem Schlafzimmer verbringen, einfach nicht reichen.

Biber müssen nicht in einen Winterschlaf fallen. Sie haben einen Weg gefunden, um den ganzen Winter über genügend Nahrung zur Verfügung zu haben, selbst wenn die Wälder in ihrer Umgebung tief verschneit und ihr See zugefroren ist. Die Biber verwenden den See als Speisekammer.

Ein junges Biberpaar wählt sich ein Tal mit einem kleinen Bach aus. Quer über den Bach bauen die beiden einen Damm. Biber sind große, muskulöse Tiere. Ihr Rumpf kann bis zu 1,20 Meter lang werden, und sie besitzen riesige meißelartige Nagezähne. Damit fällen sie größere Bäume und hieven sie im Bachbett an Ort und Stelle. Sie verschieben große Steine und häufen sie neben dem Stamm an. An der Seite flussaufwärts bringen sie eine Schlamm- oder Lehmschicht an, auf der entgegengesetzten Seite legen sie weitere Baumstämme ab. Sie platzieren sie dabei

Folgende Seiten:
Murmeltiere im Sommer, Schweiz

senkrecht gegen den Damm und verhindern damit, dass dieser unter dem Wasser-druck nachgibt. Wenn der Damm und der Stausee dahinter weiter wachsen, müssen die Biber den Damm seitlich verlängern. Bald gibt es durch die Bautätigkeit der beiden Biber keine geeigneten Bäume mehr in der nächsten Umgebung, und sie müssen weite Strecken zurücklegen, um noch welche zu finden. Sie steigen dafür oberhalb des Dammes das Tal hoch. Dort bauen sie Kanäle hinunter zum See, um gefällte Baumstämme bis zum Stausee flößen zu können. Ein Paar bewohnt Jahr für Jahr seinen Damm. Es erweitert ihn dauernd und vergrößert damit auch den Stausee. Einige Dämme werden dabei bis hundert Meter lang.

Auf einer Seite, oder besser: auf einem kleinen Hügel, den der steigende Wasser-spiegel des Sees zu einer Insel gemacht hat, bauen sie eine Art Burg. Sie graben einen Kanal, dessen Eingang unter Wasser liegt und in der Nähe des Seeufers liegt. Dann häufen sie Schlamm, Steine und Zweige über dem Eingang an. Während immer mehr Material dazukommt, höhlen sie den Hügel aus, bis eine große kuppelförmige Kammer mit einem Binsendach entstanden ist. An ihrem Boden öffnet sich der Tunnel, der schließlich unter dem Wasserspiegel mündet. Nun fühlen sich die Besitzer sehr sicher, denn sie können ins Wasser gehen und es verlassen, ohne selbst

gesehen zu werden. Sie ernähren sich von Rinden und den nahrhaften Geweben unmittelbar darunter. Dazu kommen Seggen, Gräser, Blätter und andere Pflanzenteile von Land- oder Wassergewächsen. Wenn sie mit Hilfe ihrer Schwimmhäute lautlos durch das Wasser ziehen, sieht man vom ganzen Tier nur die Oberseite des Kopfes über dem Wasserspiegel und eine V-förmige Bugwelle, die das glatte Wasser kräuselt. Wenn die Biber einen Beobachter sehen, erschrecken sie. Sofort klatschen sie ihren breiten schuppigen Schwanz, die Kelle, auf die Wasseroberfläche. Mit diesem Geräusch warnen sie die andern Familienmitglieder vor der möglicherweise drohenden Gefahr. Dann tauchen sie ab. Sie können bis zu einer Viertelstunde unter Wasser bleiben. Es kann aber viel länger dauern, bis ihr Kopf wieder an der Wasseroberfläche erscheint. Meistens schwimmen die Biber nämlich untergetaucht und damit unsichtbar in ihren Bau zurück.

Wenn der Herbst herannaht, schneiden die Biber blättrige Zweige im umgebenden Waldgebiet ab und fressen sie. Einige Stücke aber transportieren sie zu ihrem See und legen sie ins Wasser. Das ist ihre Winterration. Da die Temperatur des Wassers nahe am Gefrierpunkt liegt, bleiben die Pflanzenteile verhältnismäßig frisch und grün. Zu Beginn des Winters fällt die Wassertemperatur, bis sich an der

Oben: Ein Biberdamm,
Argentinien

Oberfläche eine Eisschicht bildet. Das Dach der Biberburg, das aus Schlamm vermischt mit Schilf und Zweigen besteht, gefriert und wird so hart wie Beton.

Die Espen und Weiden in der Umgebung des Sees haben nun alle ihre Blätter verloren. Aber einige Zweige mit grünen Blättern ruhen auf dem kalten Seeboden. Die Biber verlassen ihre Burg und holen vom Gewässerboden frische Zweige. Dabei sieht man sie von außen überhaupt nicht. Die Tage werden nun immer kürzer, und in der Burg ist es immer sehr dunkel. Durch die Eisschicht, die über ihrem Unterwasserlager liegt, dringt nur sehr wenig Licht hindurch. Trotzdem behalten die Biber den Tagesrhythmus bei, den sie vom Sommer gewohnt sind. Dabei wechselt Aktivität mit Schlaf ab. Je weiter der Winter fortschreitet, desto kürzer und schwächer wird auch das Tageslicht, das diesen Rhythmus bestimmt. Schließlich machen sich die Biber weitgehend unabhängig von diesem Tageszyklus von Licht und Dunkelheit. Sie funktionieren nun nach eigenen Uhren. Mitten im Winter bleiben sie bis zu zwanzig Stunden hintereinander aktiv und legen sich erst danach zu Ruhe.

Wir wollten die Biber einmal in dieser Winterzeit beobachten und einfach zu

sehen, was sie taten. So bohrten wir eines Winters sorgfältig ein schmales Loch durch das Dach der Burg und führten eine Miniaturkamera ein. Was wir sahen, war eine Überraschung. Die Biber waren tatsächlich ungewöhnlich lange aktiv, doch sahen wir noch mehr als die Biber in ihrer Burg. Mehrere Bisamratten waren durch den Unterwassereingang eingedrungen und lebten nun mit den Bibern zusammen.

Bisamratten schwimmen ebenso gut, sind aber kleiner als Biber und ungefähr rattengroß. Sie legen ihre Gänge an Flussufern an und bauen Hügel, die wie kleinere Versionen der Biberburgen aussehen. Sie halten im Eis kleine Löcher offen, sodass sie den ganzen Winter über den See verlassen und auf dem Festland auf Futtersuche gehen können. Um zu verhindern, dass ihre Löcher zufrieren, verstopfen sie sie mit Pflanzenbüscheln, die sie täglich wechseln. Doch sie besitzen keinen so gefüllten Kühlschrank wie die vorsichtigen, hart arbeitenden Biber. Wir konnten bei unseren Beobachtungen sehen, dass die Bisamratten in der Biberburg einen nicht unbeträchtlichen Anteil des für die Biber bestimmten Futters wegfraßen. Die eigentlichen Besitzer, die in der völligen Dunkelheit und in der Kälte ungeschickt

Oben: Biber beim Eintragen
von Nahrungsvorräten
für den Winter, Nordamerika

umhertappten, schienen überhaupt nicht zu wissen, dass sie ungebetene Gäste an ihrer Tafel hatten.

Biber verbringen ihr gesamtes Leben an Seen und sind damit fast immer in Sicherheit. Nur wenige andere Nagetiere haben so viel Glück. Beldingziesel leben in Bauen, müssen zur Futtersuche aber beträchtliche Entfernungen zurücklegen. Sie tragen Samen und Blüten ein und nehmen auch Insekten und Vogeleier, wenn sie welche finden. Die Streifenhörnchen bauen in der nordamerikanischen Sierra Nevada Kolonien mit mehreren hundert Tieren. Sie haben ein Frühwarnsystem. Einige erwachsene Tiere schieben ständig Wache. Sie sitzen aufrecht da und suchen das Land und den Himmel nach Räubern ab, etwa nach Dachsen und Adlern, Kojoten oder Wieseln. Bei Gefahr geben sie laute Alarmrufe von sich. Daraufhin bringen sich alle Hörnchen, die gerade Futter suchen, in Sicherheit, selbst wenn sie viele Meter weit vom rettenden Tunnel entfernt sind. Diesen Wachdienst leisten aber nicht alle Tiere. Es ist ein gefährlicher Job. Die Räuber überwältigen nämlich viel eher einen Wachposten als ein Futter sammelndes Tier, das die Alarmrufe zwar hört, selbst aber keine ausstößt. Männchen und Jungen unter einem Jahr stehen nur selten Wache. Auch Weibchen ohne Jungen sind kaum anzutreffen. Die meisten Beobachtungsposten sind Weibchen mit eigenen Jungen. In dieser Gesellschaft sind ältere Weibchen am ehesten bereit, ihr Leben für die jüngere Generation zu opfern.

Am sichersten ist es für grabende Tiere, überhaupt nicht mehr zur Erdoberfläche zurückzukehren. Das tun aber nur wenige Nager. Mulle oder Sandgräber finden die benötigte Nahrung im Erdboden. Neun Arten leben in trockeneren Gebieten Südafrikas, des Mittleren Ostens und Südosteuropas. In diesen Gebieten schaffen es einige Pflanzen zu überleben, indem sie Wasser und Nährstoffe in großen dicken Wurzeln oder Knollen speichern. Die Mulle stehlen diese Nahrungsvorräte. Solche Pflanzen zu finden stellt für sie aber ein erhebliches Problem dar, weil sie in Trockengebieten meist in weiterer Entfernung voneinander stehen.

Mulle sind aber sehr fleißige, effiziente Gräber. Sie benutzen dazu ihre Schneidezähne, allerdings nicht so sehr als Meißel, sondern vielmehr als eine Art Baggerschaufel. Ihre Schneidezähne ragen so weit nach vorne, dass sich ihre behaarten Lippen dahinter schließen. Auf diese Weise schaffen es die Mulle, den Erdboden, den sie ausheben, nicht auch noch zu verschlucken. Man hat beobachtet, wie eine Art die Schale einer Knolle hinter den Zähnen und vor dem eigentlichen Mund festhielt, sodass sie als eine Art Gesichtsmaske und als Schutz gegen die aufgewühlte Erde diente. Die Schneidezähne werden bei der Grabtätigkeit stark abgenutzt. Deswegen müssen sie schnell und dauernd nachwachsen. Die Zähne der Mulle haben extrem lange offene Wurzeln, die weit in den Kiefer hineinreichen – weit über die Wurzeln der Backenzähne hinaus. Diese müssen nur Pflanzenteile zerkleinern, eine im Vergleich zu jener der Schneidezähne leichte Aufgabe. Deswegen kommen sie auch ohne lange Wurzeln aus.

Die gelockerte Erde werfen die Mulle nach hinten. Wenn sich einiges Material angesammelt hat, gehen sie rückwärts wie eine Londoner U-Bahn, die an die End-station angelangt ist. Dabei schieben sie die Erde den Tunnel entlang und dann in eine Verzweigung, bis sie zu einem senkrechten Schacht gelangen. Dort kicken die Mulle die Erde an die Oberfläche, wo sie einen kraterartigen Haufen bildet.

Die Mulle können weder mit den Augen noch mit dem Geruchssinn wahr-nehmen, wo sich eine lebensrettende Knolle befindet. Sie können nur zufällige Gänge bauen und hoffen, dass sie auf eine solche Pflanze stoßen. Einige Tunnels sind bis zu 800 Meter lang. Wenn ein Mull schließlich auf eine Knolle stößt, nagt er etwas vom saftigen Fleisch ab – aber nicht zu viel, denn das würde die Pflanze töten, weil sie dann nämlich die nächste Trockenzeit nicht überstehen könnte. Bevor also die Hälfte der Knolle abgefressen ist, lässt der Mull ab und macht sich grabend auf die Suche nach der nächsten. So entstehen im unterirdischen Netzwerk mehrere permanente Futterstellen.

Die meisten Mullarten sind Einzelgänger oder leben in kleinen Gruppen. Sie haben zwar noch kleine Augen, doch können sie mit ihnen nichts mehr sehen. Ihre Beine sind sehr kurz, da sie sich damit nur noch in den engen Tunnels fortbewegen. Die Ohren liegen als einfache Löcher tief im Fell vergraben. Die Nasenlöcher sind klein und können während des Grabens dicht verschlossen werden. In Wirklichkeit sehen die meisten Mulle wie behaarte Würste aus.

Eine Art jedoch hat sich noch viel stärker und auf dramatische Weise an das Leben im Untergrund angepasst, der Nacktmull. Seine Behaarung ging verloren. Im Boden trockenheißer Wüsten schwankt die Temperatur nur in geringem Umfang, und hier ist es nicht schwierig, die Körperwärme konstant zu halten. Der Nackt-mull lebt in Kolonien von bis zu achtzig Individuen. Der Grund für diese höhere Zahl liegt auf der Hand. Futterpflanzen sind in ihrer fast vegetationslosen Heimat so selten, dass ein einzelnes Tier kaum eine Chance hat, auf eine solche Nahrungs-quelle zu stoßen. Die Nacktmulle bilden Teams; ein Tier arbeitet vorne und löst die Erde, mehrere Tiere dahinter kicken die gelockerte Erde dem Tunnel entlang, und ein Tier in der Nähe eines senkrechten Schachtes wirft die Erde nach draußen.

Eine Kolonie gräbt innerhalb kurzer Zeit ein Tunnelnetz, das sich über ein weites Gebiet erstreckt. Spezielle Kammern dienen als Nahrungsspeicher und als Toiletten. Dazu kommt eine zentrale Schlafhöhle für alle Individuen. In ihrer unterirdischen Stadt können sich die Nacktmulle sicher fühlen. Die einzige Schwachstelle ihrer Verteidigungslinie sind die senkrechten Schächte neben den Erdhaufen im Freien.

Schlangen können hier eindringen. In diesem Fall trifft sie auf eine entschiedene, effiziente Verteidigung. Die Arbeiter zischen wütend und greifen den Eindringling an. Wenn es einem Mull gelingt, seine Zähne in den Körper der Schlange zu schlagen, lässt er oft nicht mehr los. Statt dessen geht das Tier mit voller Geschwindigkeit rückwärts und zieht die Schlange mit sich, die nun von vielen anderen Gefährten gebissen wird, bis sie stirbt.

Nur ein einziges Weibchen in der Nacktmullkolonie ist fruchtbar. Es entfernt sich nur selten von der gemeinsamen Schlafhöhle und alle achtzig Tage wirft es zahlreiche Junge. In der Regel sind es rund zwölf, doch bei einem Weibchen wurde beobachtet, dass es bei einem Wurf 33 Junge auf einmal gebar. Kein anderes Säugetier bringt so viele Jungtiere auf einmal zur Welt – mit Ausnahme der Beutler.

Die Körpergröße einiger Individuen liegt zwischen der der kleinen Arbeiter und der riesenhaften Königin. Sie nehmen an den Grabarbeiten und anderen Aktivitäten kaum teil. Diese Tiere gehören beiden Geschlechtern an. Die Männchen paaren sich mit der Königin. Zusammen mit den Weibchen ihrer Kaste ziehen sie die Jungtiere auf. Sie bringen ihnen Nahrung und erlauben es, dass die Jungen sich von ihrem Kot ernähren. Das scheint ganz wesentlich für die jungen Tiere zu sein. Nur auf diesem Weg kommen sie an die Bakterien, die sie in ihrem Darm brauchen, um die Pflanzennahrung zu verdauen. Die Weibchen dieser Kaste sind unfruchtbar, aber nicht für immer. Sollte die Königin sterben, so beginnt das größte und kräftigste Weibchen mit dem Wachstum. Wenn nicht von vornherein klar ist, welches Weibchen

das ist, so kommt es zu Kämpfen, die mehrere Monate andauern können. Die Gewinnerin beginnt dann mit dem Gestaltwechsel. Ihre Zitzen wachsen und ihr Hinterleib wird größer. So entsteht in ihrem Körper mehr Raum für die Nachkommen. Schließlich pflanzt sich das Weibchen fort.

Warum tut das Weibchen das aber nicht früher? Was hindert es daran, sich eine Nistkammer zu bauen und eigene Nachkommen in die Welt zu setzen? Wahrscheinlich ist die Königin schuld daran. Sie gibt einen besonderen chemischen Stoff ab, ein Pheromon, das die geschlechtliche Entwicklung aller anderen Weibchen verhindert. Sie nehmen das Pheromon unwillkürlich entweder durch direkten Kontakt mit der nackten Haut der Königin oder über den Urin auf. Die Königin drangsaliert die Weibchen auch erbarmungslos.

Vor kurzem hat man eine weitere Kaste in der Gruppe der eher untätigen mittelgroßen Individuen ausgemacht. Sie heißen auf Englisch Disperser, und auf Deutsch könnte man sie vielleicht als Kolonisatoren bezeichnen. Wie die anderen Tiere ihrer Größe graben sie kaum und verrichten auch selten andere Arbeiten. Doch im Unterschied zu ihnen sind sie sexuell aktiv – als Männchen oder Weibchen. Sie haben aber kein Interesse daran, sich mit der Königin oder einem anderen Mitglied der Kolonie zu paaren. Nachts verlassen die männlichen und die weiblichen

Kolonisatoren ihre unterirdische Stadt und wandern auf der Suche nach einer anderen Kolonie umher. In eine fremde Kolonie einzudringen ist kein leichtes Unterfangen. Alle Mulle verfügen über einen scharfen Geruchssinn, mit dem sie feinste Nuancen wahrnehmen. Ein Eindringling wird sofort entdeckt. Wenn ein fremdes Tier in ein neues Tunnelsystem gelangt ist, macht es sich in die gemeinsame Schlafkammer auf. Wenn es dort eindringt, ist die Hölle los. Dutzende nackter Körper ringen miteinander in einem wilden Gedränge, mit ihren gekrümmten Schneidezähnen schlagen sie in der Dunkelheit um sich. Wenn es dem fremden Mull gelingt, diesen Hexenkessel auch nur für kurze Zeit zu überleben, nimmt er schon genug Duft der neuen Kolonie auf. Sein ursprünglicher Duft wird dabei überdeckt, und die Kämpfe gehen zu Ende. Der Neuankömmling gliedert sich in die Gesellschaft ein, und wenn er Glück hat, kann er sich nach einiger Zeit fortpflanzen.

Das Fortpflanzungssystem der Nacktmulle ist hoch spezialisiert. Kein anderes Nagetier, ja kein anderes Säugetier geht ähnlich vor. Nagetiere zeigen aber allgemein ein sehr vielseitiges und mannigfaltiges Geschlechtsleben. Einige leben promiskuitiv, einige polygam, und andere sogar monogam.

Wenige Paarungen gaben zu mehr Spekulationen Anlass als die des Stachelschweins. Die afrikanischen Arten haben schwarzweiße Stacheln, von denen einige über einen halben Meter lang werden. Wenn ein Löwe oder ein neugieriger Mensch

einem Stachelschwein zu nahe kommt, gibt es eine Reihe von Warnungen ab. Zunächst stellt es seine Stacheln zu einer Art Rad auf, so dass es doppelt so groß und außerordentlich wehrhaft erscheint. Dann schüttelt es eine Reihe hohler Stacheln am Schwanzende, die ein rasselndes Geräusch verursachen. Schließlich zeigt es, dass es sehr wütend geworden ist, und stampft mit den Vorderbeinen. Wenn das alles nicht ausreicht, um einen Fremdling abzuschrecken, dann dreht sich das Stachelschwein mit hoher Geschwindigkeit um seine eigene Achse und macht Ausfallschritte, so dass der Störenfried ernsthaft verletzt werden kann. Einige Stacheln sitzen nur lose in der Haut und haben Widerhaken, sodass sie in der Wunde stecken bleiben. Nicht selten sieht man junge Löwen mit solchen Stacheln in der Schnauze. Sie werden wohl ihr Leben lang kein Stachelschwein mehr angreifen.

Angesichts der Effizienz der Verteidigung stellt sich allerdings die Frage, wie denn Männchen und Weibchen einander nahe genug kommen, um sich zu paaren. Verständlicherweise müssen beide Partner sicher sein, dass der andere auch günstig gestimmt ist. Sie nähern sich vorsichtig und beginnen sich am Kopf, wo das Haar zwar borstig, aber nicht stachelig ist, zu kraulen. Sie fahren damit fort, während sie umeinander kreisen und dabei Laute ausstoßen. Dann begibt sich das Männchen hinter das Weibchen und scheitelt das lange nach hinten ragende Stachelkleid, sodass die einen Stacheln nach links und die anderen nach rechts gerichtet sind. Das Weibchen stellt die Stacheln auf dem Rücken hoch und hebt seinen Schwanz. Das Männchen stellt sich dann auf seine Hinterbeine und nähert sich vorsichtig, bis die Unterseite des weiblichen Schwanzes seinen Bauch abstützt. Die Paarung kann dann in dieser Stellung sicher vollzogen werden.

Besonders interessant dabei ist, dass sich die beiden Tiere, wenn der erste Versuch geglückt ist, immer wieder gerne paaren. Obwohl das Weibchen nur alle 35 Tage trächtig werden kann, wird es doch vom Männchen an den meisten Abenden bestiegen, wobei es fast immer zu einer Paarung kommt. Vielleicht dient die wiederholte Paarung der gegenseitigen Bindung. Wenn dies zutrifft, dann sind die Stachelschweine, abgesehen von einigen Affen, die einzigen Säugetiere, die so handeln.

Gleithörnchen leben völlig promiskuitiv. Die Männchen und Weibchen versuchen sich während der Fortpflanzungsperiode mit möglichst vielen Partnern zu paaren. Bei der Balz hüpfen die Partner miteinander bis es schließlich zur Paarung kommt. Nach der Paarung verschließt das Männchen die Geschlechtsöffnung des Weibchens mit einem Pfropf aus fester Samenflüssigkeit. Offensichtlich will das Männchen sichergehen, dass das Weibchen seine Nachkommen auf die Welt bringt und nicht die eines späteren Partners. Doch diese Strategie verfehlt oft ihr Ziel. Der Penis der Gleithörnchen ist wie ein Korkenzieher geformt, sodass das nächste Männchen damit den Pfropf entfernen und sich selbst mit dem Weibchen paaren kann.

Links: Gewöhnliches
Stachelschwein, Kalahari, Südafrika

Bei einer kalifornischen Art der Hirschmäuse hält die Bindung zwischen Weibchen und Männchen lange Zeit. Wenn ein Männchen seine Partnerin während ihrer Trächtigkeit verlässt, bringt sie die Jungen möglicherweise nicht einmal mehr auf die Welt. Die Bindung hält aber meist die ganze Schwangerschaft bis zur Geburt an. Wenn das Weibchen seine Jungen im unterirdischen Bau auf die Welt bringt, hilft das Männchen dabei und krault das Fell der Partnerin. Bei der Säuberung und Fellpflege der Jungen legt das Männchen sogar einen größeren Eifer an den Tag als das Weibchen. Das Männchen bringt der Mutter und den Kindern Nahrung, und wenn das Weibchen den Bau verlässt, um draußen Futter zu suchen, so legt sich das Männchen über die Jungtiere, um sie warm zu halten.

Auch bei den Maras helfen sich die Partner gegenseitig. Sie leben auf den offenen Pampas Patagoniens. Der Mara ist mit dem Aguti aus dem Regenwald verwandt. Auf dem offenen Grasland hat er sich jedoch zu einem spanielgroßen Tier entwickelt, das über lange Beine verfügt, sodass er einem Fuchs davonlaufen kann. Maras sind monogam, und jedes Paar lebt für sich, abgesondert von den anderen. Ein Grund dafür könnte die verhältnismäßig arme Vegetation der Pampas sein, die es wohl nicht erlaubt, dass viele Individuen in einem beschränkten Gebiet zusammenleben. Doch wenn die Fortpflanzungszeit naht, tun sich bis zu zwölf Paare zusammen und betreiben eine Kinderkrippe.

In der offenen Pampa ist es keine leichte Sache, die geeigneten Bedingungen für eine Kinderkrippe zu schaffen. Die weiblichen Maras können im Bedarfsfall

Oben: Hirschmaus
beim Transport ihrer Jungen

82

Rechts oben: Kinderkrippe der Maras,
Argentinien
Rechts unten: Maraweibchen beim Säugen ihrer Jungen

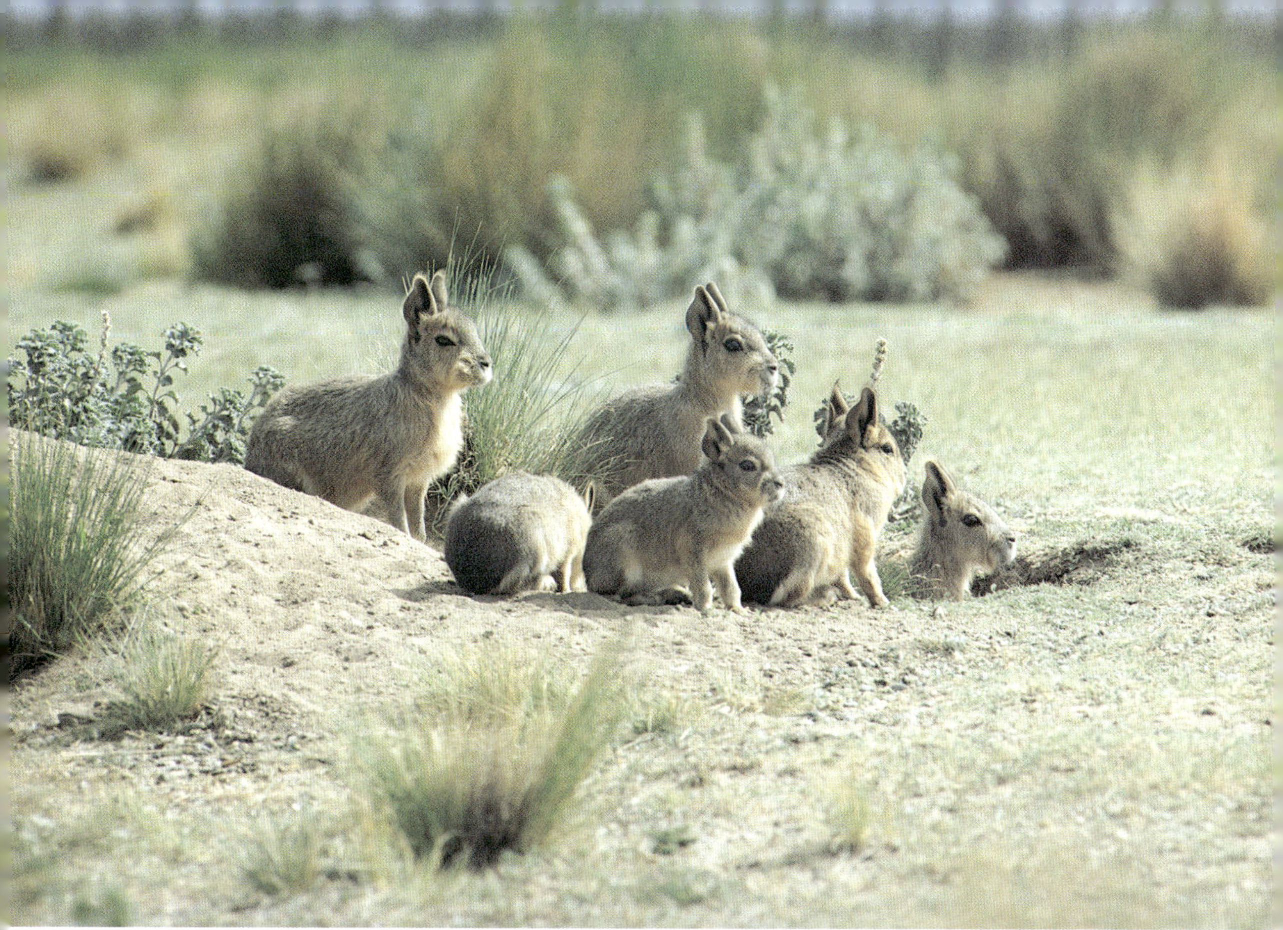
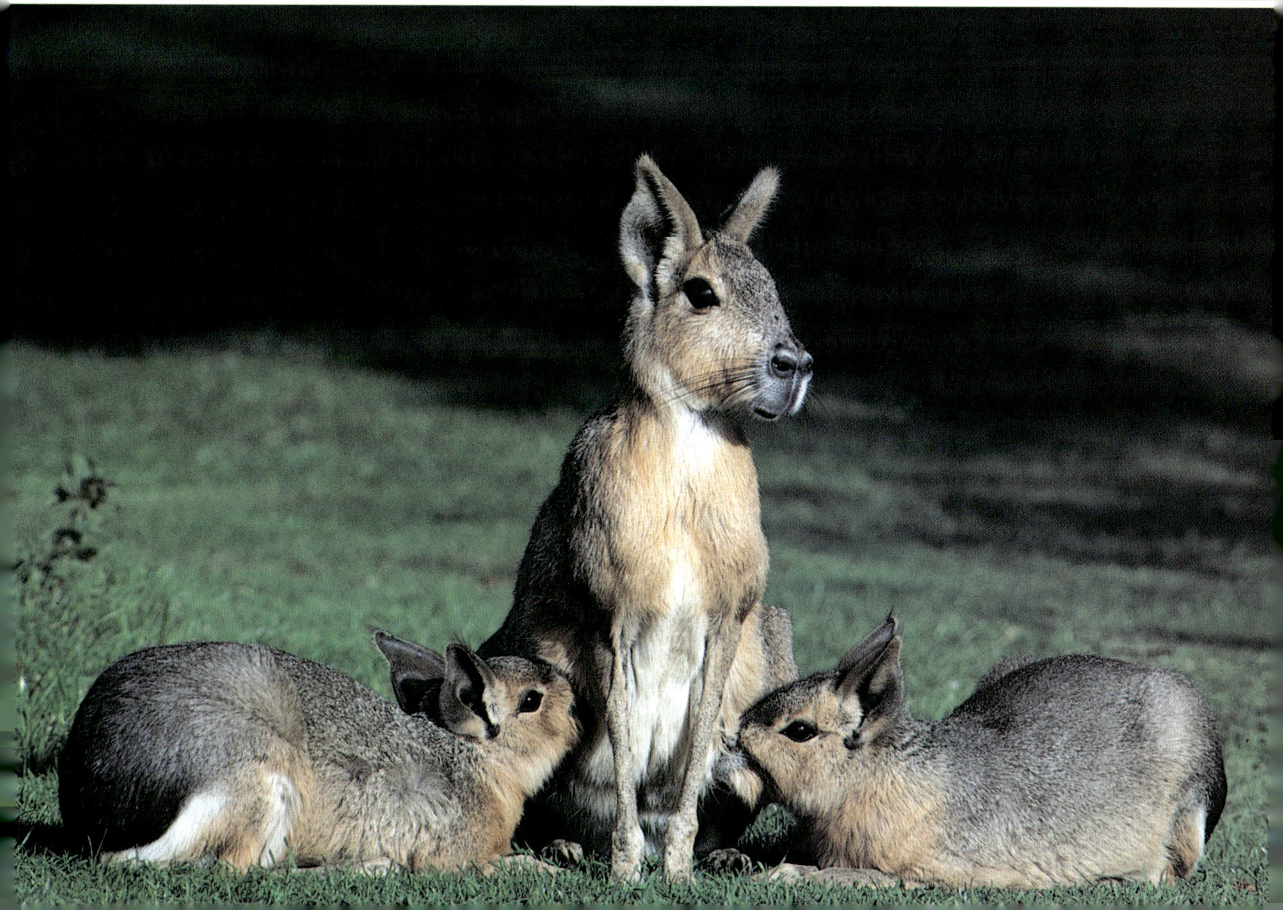

Erdlöcher graben. Doch lieber übernehmen sie einen bereits gegrabenen Bau. Die Wohnhöhle einer Eule oder das Loch, das ein Gürteltier bei der Futtersuche gegraben hat, kommen gerade recht. Die Höhle wird auf die richtige Größe gebracht. Dann wird sie von keinem weiteren erwachsenen Mara in jener Saison mehr betreten. Jedes Weibchen bringt seine Jungen im Eingang zur Kinderkrippe auf die Welt. Sie wirft bis zu drei Babys, die ohne Hilfe ihren Weg in die Unterkunft finden. Dann verlässt die Mutter ihre Jungen.

Später kehrt sie wieder zum Eingang zurück und ruft ihre Jungen mit einem schrillen Pfeifen. Zwanzig oder dreißig hungrige Junge kommen heraus. Doch sie akzeptiert nur ihre eigenen und führt sie zum Säugen etwas abseits, während die anderen in die Sicherheit des Baus zurückkehren. Der Partner hält dabei Wache und ist bereit, Alarm zu schlagen, wenn Räuber zu nahe kommen. Wenn ein weiteres Paar hinzukommt, um die eigenen Jungen zu säugen, schickt es das wachhabende Männchen vorerst weg. Das neu angekommene Weibchen muss so lange warten, bis das erste Weibchen mit Säugen fertig ist. Erst dann kann die nächste Mutter ihre Babys füttern. Diese Verhaltensweise gewährleistet, dass die Jungen dieser Kinderkrippe fast ununterbrochen unter dem Schutz erwachsener Tiere stehen.

Der vielleicht bemerkenswerteste Aspekt bei der Fortpflanzung der Nager ist ihre rekordverdächtige Produktivität. Ratten und Mäuse, die in menschlichen Behau-

sungen vor der Unbill des Wetters geschützt sind und durch die Bewohner über eine niemals endende Nahrungsquelle verfügen, können innerhalb von wenigen Wochen vollkommen überhand nehmen. Massenvermehrungen von Nagern treten aber auch ohne Mithilfe des Menschen auf. Am berühmtesten ist hier die Vermehrung der Lemminge.

Der Berg- oder Fjelllemming lebt in der Tundra und in den Birkenwäldern der skandinavischen Gebirge. Es handelt sich um ein rundliches mausgroßes Tier mit dickem, braun-schwarz gemustertem Fell. In jeder Population überwiegen die Weibchen, und sie bilden denn auch stabile soziale Gruppen. In ihnen leben die Mutter, ihre Schwestern, Töchter und Enkelinnen zusammen. Die Männchen sind unstete Wanderer. Gelegentlich macht sich ein Männchen auf den Weg in eine Erdhöhle, um eine solche rein weibliche Gruppe zu besuchen. Anfänglich ist es aber nicht willkommen. Die Weibchen springen auf das Männchen und beißen es so schlimm, dass es sich unter Umständen wieder zurückzieht. Auf diese Weise vergewissern sich die Weibchen, dass der Vater ihrer künftigen Jungen nicht nur paarungsbereit, sondern auch kräftig ist. Erweist sich das Männchen als ausdauernd und stoisch genug, um diesem Angriff zu widerstehen, so findet es im Nest zeitweilige Aufnahme. Dort paar es sich mit allen Weibchen, einem nach dem anderen.

Die Fähigkeit der weiblichen Lemminge zur Vermehrung ist phänomenal. Nur 16 Tage nach der Paarung bringt das Weibchen bis zu zwölf Junge auf die Welt. Jedes Jungtier wächst so schnell, dass es in die Geschlechtsreife eintritt, noch bevor es drei Wochen alt ist. In der Zwischenzeit hat sich die Mutter schon wieder gepaart und bringt innerhalb eines Monats nach der ersten Geburt schon die nächsten Jungtiere auf die Welt. Wenn genügend Nahrung und Raum vorhanden ist, kann sich das Weibchen das ganze Jahr über fortpflanzen. So überrascht es nicht, dass die Population schnell anwächst, weil auch die Vegetation, von der die Lemminge leben, im Frühjahr und im Sommer ebenfalls zulegt. Zu Herbstbeginn kann die Population das Zweihundertfache des früheren Bestandes erreichen. Im Winter verschlechtern sich die Bedingungen, und es gibt wieder weniger Nahrung. Es kommt folglich zu erheblichen Verlusten. Trotzdem kann dieses Populationswachstum nicht ewig so weitergehen. Nach ungefähr vier oder fünf Jahren ist nicht mehr genügend Nahrung für derart hohe Lemmingbestände vorhanden, und die Population bricht plötzlich zusammen.

Doch alle dreißig oder vierzig Jahre findet im Herbst eine Massenvermehrung in einem ganz ungewöhnlichen Maßstab statt. Warum es dazu kommt, ist immer noch nicht klar. In den Gebirgswäldern Skandinaviens erscheint plötzlich eine wahre Flutwelle von Lemmingen, die sich in die Täler ergießt. Sie legt pro Tag bis 15 Kilometer zurück. Die Tiere überfallen Felder und zerstören sie, sie gelangen in Gärten und Häuser und fallen in Brunnen, wo ihre verwesenden Leichen das

Wasser vergiften. 1970 wurden auf einem rund 200 Kilometer langen Straßenabschnitt 20 000 Tiere von Autos getötet.

Bei ihrer hektischen Suche nach Nahrung werden die Lemminge sehr aggressiv und greifen dann auch Lebewesen an, die um ein Vielfaches größer sind als sie selbst, darunter auch Menschen. Bei ihrer Suche nach Futter und neuen Territorien können auch Kämpfe zwischen den Tieren ausbrechen.

Wenn die Lemminge an die Ufer eines Flusses gelangen, kann der Druck der nachrückenden Tiere bewirken, dass die Anführer ins Wasser gedrängt werden. Lemminge schwimmen sehr gut. Ihr dickes mit Luft gefülltes Fell bewirkt, dass die Tiere hoch im Wasser liegen. Dabei sieht man am ehesten ihr Hinterteil. Die Oberfläche des Flusses sieht dann aus, als sei sie voll von Tieren. Die Lemminge schwimmen nicht im Kreis herum, weil sie sich anhand ferner Landmarken am Horizont orientieren können. Doch sie wissen nicht, wie lange die Reise bis zum nächsten Ufer dauert. Ebenso wenig können sie, am Meeresufer angekommen, wissen, dass innerhalb ihrer normalen Reichweite kein festes Land mehr kommt. Trotzdem machen sie sich auf den Weg. Von einem Bericht aus dem 19. Jahrhundert wissen wir, dass ein Dampfschiff aus Trondheim eine Viertelstunde brauchte, um durch eine solche Gruppe von Lemmingen zu fahren.

Die Massenvermehrungen der Lemminge lassen natürlich auch Mythen entstehen. Im Mittelalter glaubte man, die plötzlich auftretenden Lemmingzüge seien vom Himmel gefallen und in den Wolken durch Zusammenballung verwesender Materie entstanden. Die Inuit des hohen Nordens nennen sie heute noch «Lebewesen aus dem Weltraum». Einer weit verbreiteten Meinung zufolge schwimmen die Lemminge ins Meer hinaus, weil sie versuchen, zu ihrer alten Heimat auf dem verlorenen Kontinent Atlantis zu gelangen. Am weitesten verbreitet ist allerdings heute noch die Ansicht, dass die Lemminge bewusst Selbstmord begehen, wenn ihre Zahl zu groß geworden ist.

Tatsache ist allerdings, dass die Art mit diesem Verhalten ihr Verbreitungsgebiet erheblich ausweiten kann. Die Wanderung, die 1902 in Nordfinnland stattfand, führte dazu, dass sich Lemmingkolonien fast 200 Kilometer weit vom ursprünglichen Ausgangsort ansiedeln konnten. Die fernen Populationen hielten sich aber nur wenige Jahre. Doch solche Massenvermehrungen können eindeutig für das Überleben einer Art von Nutzen sein, die ein Gebiet mit einem über längere Perioden erheblich schwankenden Klima bewohnt. In den vergangenen Jahrhunderten haben sich die Gletscher in der Arktis zurückgezogen und sind danach wieder weiter vorgestoßen. Schneefelder traten auf und verschwanden wieder, und Land, das einst gefroren und vegetationslos gewesen war, wurde wieder bewohnbar. Wenn solche Veränderungen von längerer Dauer sind, werden die Lemminge die Ersten sein, die das entdecken und die von den neuen Territorien Besitz ergreifen.

Rechts: Ein Dreizehen-
Faultier beim Dösen

4

Pflanzenfresser

Es ist nicht weiter verwunderlich, dass kaum jemand das Tier erkennt. Es sieht aus wie ein Bündel verwelkter grauer Blätter, die hoch oben von einem Baum des südamerikanischen Regenwaldes herabhängen. Man kann das Tier eine Stunde lang beobachten, ohne auch nur ein Anzeichen einer Bewegung zu sehen. Auch wenn man an den Baumstamm tritt, wird es sich nicht rühren, und selbst ein Gewehrschuss wird kaum eine Reaktion hervorrufen. Doch das merkwürdige

Bündel ist ein lebendiges Tier. Es ist ein Dreizehen-Faultier. Seine Trägheit, die einer Unbeweglichkeit nahe kommt, ist der Preis, den es dafür bezahlt, dass es sich fast nur von Blättern ernährt.

Blätter sind extrem nährstoffarm. Ihr Saft enthält zwar etwas Zucker oder Stärke, doch der größte Teil besteht aus unverdaulicher Zellulose. Bakterien sind die einzigen Lebewesen, die Zellulose verwerten können. Das Faultier hat deshalb wie alle anderen Blatt fressenden Säuger Bakterienkulturen im Verdauungstrakt. Doch selbst mit deren Hilfe vergeht viel Zeit, bis die Blätter aufgeschlossen sind. Und im Verhältnis zu ihrer Masse liefern sie nur wenig Energie. Das Beste, was man über diese Art der Ernährung sagen kann, ist, dass es immer reichlich Blätter gibt.

Als Ausgleich für seine Mangelernährung muss das Dreizehen-Faultier Energie sparen. Es kann ohne jede Anstrengung von einem Ast hängen. Seine Finger und Zehen, vorne und hinten je drei, enden in langen gekrümmten Krallen, die es um die Äste legt. Dabei ist keine Muskelarbeit vonnöten. Wenn ein Jäger in diesen Wäldern ein Faultier schießt, bleibt es hängen, selbst wenn es schon tot ist.

Wenn sich das Faultier zu einer Bewegung entscheidet, tut es dies mit minimaler Anstrengung. Seine dünnen bandartigen Beinmuskeln sind verhältnismäßig schwach und können die Gliedmaßen weder mit Kraft noch mit Geschwindigkeit bewegen. Das Faultier verschwendet wenig Energie für die Thermoregulation und hält den Körper nur wenig wärmer als die feuchtigkeitsgesättigte Luft des Regenwaldes. Bei kaltem Wetter kühlt es aus, und bei Sonnenschein wärmt sich das Tier wieder stärker auf. Wenn das Faultier frisst, kaut es die Blätter mit langsamen, überlegten und geräuschvollen Bewegungen. Der Vorgang der Verdauung ist so langsam, dass es die Nahrung in seinem Magen bis zu einem Monat lang zurückhält und nur einmal in der Woche Kot abgibt. Die Augen sind klein, und die Faultiere sehen damit sehr schlecht. Wir wissen auch nicht sicher, ob sie Laute und Geräusche in der Umgebung wahrnehmen können. Selbst erzeugen sie kaum je einen Laut, abgesehen von einem leisen Stöhnen bei der Balz. Von 24 Stunden scheinen sie 18 zu verschlafen.

Man könnte glauben, dass das Faultier eine entbehrungsreiche Außenseiterrolle spielt. In Wirklichkeit ist es jedoch sehr erfolgreich – wenn man den Erfolg anhand der Populationsdichte messen kann. Obwohl der Wanderer in diesen Wäldern selten ein Faultier zu Gesicht bekommt, zeigt eine systematische Suche im Regenwald, dass dort überraschend viele Faultiere leben. Die Faultiere haben nur wenige Feinde. Selbst den Jaguaren, die auf Bäume klettern können, gelingt es nicht, unter einen Ast zu greifen, um ein solches Tier zu packen. Der einzige gewohnheitsmäßige Feind des Faultiers scheint der Harpyienadler zu sein. Seine Hauptbeutetiere sind zwar Affen und Opossums, aber er fängt gelegentlich auch ein Faultier, das sich unvorsichtigerweise in die Krone eines Baumes vorgewagt hat, um sich in der Sonne aufzuwärmen.

Links: Zweizehen-Faultier   89

Die energiesparende Lebensweise des Kopfüberhängens an einem Ast hat beim Dreizehen-Faultier zu weiteren Anpassungen geführt. Um zu sehen, wohin es geht, wenn sich das Tier denn zu einer Bewegung entschließt, hat es einen extrem langen Hals entwickelt, der aus acht und bei einigen Individuen sogar aus neun Wirbeln besteht. Die meisten anderen Säuger haben nur sieben Wirbel. Die Halsverlängerung erlaubt es dem Tier, seinen Kopf um 270° zu drehen und ohne Schwierigkeiten nach vorne zu blicken, obwohl es kopfüber hängt. Und der Haarstrich verläuft auf dem Körper nicht vom Rücken zum Bauch wie bei allen andern Säugern, sondern in umgekehrter Richtung.

Das Faultier ist so lethargisch und nachlässig, was seine eigene Körperpflege anbelangt, dass es sich zu einem kleinen eigenen Ökosystem entwickelt hat. Die Haare zeigen der Länge nach Furchen, in denen viele einzellige Algen leben. Ihr Lebenszyklus richtet sich nach den äußeren Bedingungen. Zur Regenzeit vermehren sie sich stark, sodass die Dreizehen-Faultiere dann grün aussehen. Die Algen stellen die Nahrungsgrundlage für flugunfähige Motten und andere Gliederfüßer dar. Auch Käfer leben dauernd in diesem langen zotteligen Fell.

Das Dreizehen-Faultier hat in den südamerikanischen Wäldern einen Verwandten, das Zweizehen-Faultier, der das Problem der Blattnahrung auf dieselbe Weise löst und zu einem fast ebenso lethargischen Leben übergegangen ist. Aus diesem Grund zählt man die Art zu den Faultieren, obwohl der Verwandtschaftsgrad zum Dreizehen-Faultier noch nicht geklärt ist. Insgesamt verhält es sich wie ein echtes Faultier. Sein Hals ist weniger beweglich, und es wiegt rund ein Viertel mehr. Das Zweizehen-Faultier frisst eine größere Vielfalt von Pflanzenteilen und zeigt auch bei der Futtersuche eine größere Mobilität.

Die Art und Weise, wie die Faultiere auf ihre minderwertige Blattnahrung reagiert haben, kann ohne weiteres als exzentrisch gelten. Die meisten Blattfresser sind zu einer grundlegend anderen Lösung gelangt. Anstatt phlegmatisch zu werden, führen sie ein aktives Leben. Dafür müssen sie sehr viel fressen. Zu dieser Lösung kam auch eine der ersten Säugergruppen, die sich auf Pflanzennahrung spezialisierte, als sich vor 55 Millionen Jahren Pflanzen mit Laubblättern in allen Wäldern dieser Erde auszubreiten begannen. Das war kurz nach dem Verschwinden der Dinosaurier. Die direkten Nachfahren dieser Pioniere haben sich nur wenig verändert und verfolgen noch immer dieselbe Strategie. Es sind die Tapire.

Der Flachlandtapir ist ungefähr so groß wie ein Esel, aber viel schwerer gebaut. Ein Fell fehlt ihm. Er ist Tag und Nacht auf Futtersuche. Die Art hat zwei Typen von Zähnen. Die Schneidezähne sind meißelartig ausgebildet und trennen Blattstiele durch. Die Backenzähne sind von den Schneidezähnen durch eine Lücke getrennt und zeigen oben eine flache Form mit Leisten. Sie zerkleinern die Blätter und zerstören dabei die Zellwände aus Zellulose, damit der nährstoffreichere Zellinhalt

austreten kann. Jeder Bissen wird sorgfältig gekaut und wandert dann in den Magen und den Darm. Dort leben wie beim Faultier Bakterien und andere Mikro-organismen in großer Zahl. Sie greifen die Zellulose mit chemischen Mitteln an.

Die Nasenlöcher der Tapire sind zu kleinen Rüsseln verlängert. Mit diesen spüren sie die Blätter auf, die sie am liebsten mögen. Sie fressen gerne auch andere Pflanzenteile, zum Beispiel Nüsse und Früchte. Bei der Blattnahrung müssen sie aber aufpassen. Blätter sind für Pflanzen ein wertvoller Besitz, viele Arten umgeben deshalb ihre Blätter mit scharfen Stacheln, andere pumpen sie voll mit Gift. Der Tapir kommt mit einigen dieser Verteidigungsmaßnahmen gut zurecht. Er hat eine lange muskulöse und bewegliche Zunge und kann sie um die meisten Dornen herumwickeln und so an die Blätter gelangen. Selbst einige Gifte machen ihm nichts aus. Die Tapire wandern jedoch regelmäßig zu besonderen Stellen im Urwald, wo es einen speziellen Lehm gibt, der Kaolin enthält. Kaolin bindet andere chemische Stoffe und macht sie dadurch unwirksam. Auch der Mensch nimmt dieses Heil-mittel, wenn er sich den Magen verdorben hat. Die Tapire scharren mit den Füßen oder Zähnen erhebliche Mengen Kaolin aus dem Boden und verschlucken es.

Es ist nicht schwer, Tapire zu finden. Sie schwimmen hervorragend und verbringen einen großen Teil ihrer Zeit nahe am Wasser. Im Sand oder Schlamm eines Waldflusses kann man ihre Fußspuren leicht erkennen. Tapire haben an den

Oben: Flachlandtapir
im Regenwald

Vorderfüßen vier und an den hinteren Füßen drei Zehen. Im schattigen Dunkel des Waldes ist das Tier aber überraschend schwer auszumachen, obwohl es der größte Bewohner des Urwaldes ist.

Am ehesten verrät der Tapir seine Präsenz, wenn man vielleicht in einer Entfernung von zwanzig Metern die charakteristischen Geräusche hört, die entstehen, wenn er Blätter abreißt. Der Tapir ist wahrscheinlich allein, es sei denn, es handelt sich um ein Weibchen, das von seinem Kalb begleitet wird. Das Jungtier ist noch schwerer zu sehen als die Mutter. Nach der Geburt trägt es für einige Wochen eine Zeichnung aus Punkten und Streifen, die die Körperumrisse hervorragend auflöst.

In Süd- und Zentralamerika leben drei Tapirarten. Eine vierte Art gibt es in Südostasien, den Schabrackentapir. Im Süden geht er bis Sumatra, im Norden bis nach Thailand und Myanmar. Bis vor kurzem kam er auch in Borneo vor. Er unterscheidet sich von seinen südamerikanischen Vettern hauptsächlich durch die Farbe: Der Vorderkörper ist weiß, während die Hinterbeine schwarz gefärbt sind. Wir bezeichnen dies als Schabrackenmuster. Die Zeichnung gilt als Tarnung, da sie die Umrisse des Tieres auflöst.

Die Wälder Südostasiens werden von einem weiteren sehr altertümlichen Pflanzenfresser bewohnt. Das Hauptverbreitungsgebiet ist heute Sumatra, doch gibt es noch Reliktpopulationen auf Borneo, auf der Malaischen Halbinsel und wahrscheinlich in Myanmar. Das Tier wird ebenfalls so groß wie ein Tapir, hat aber an den Vorder- und Hinterbeinen nur je drei Zehen. Es ist das Sumatranashorn. Nur noch rund 300 Tiere existieren von ihm. Anscheinend verdaut es seine Nahrung ähnlich wie der Tapir.

Eine Gruppe früher Pflanzenfresser in den ersten Wäldern, die Hirschferkel, entwickelten einen komplexeren und effizienteren Verdauungsapparat. In Südostasien leben zwei ungleich große Arten, die wir Kantschil nennen. Eine dritte, das afrikanische Hirschferkel, ist in Westafrika zu Hause, eine vierte in Indien. Eine derart weite Verbreitung ist immer ein deutlicher Hinweis auf das hohe Alter der betreffenden Gruppe. Man kann daraus schließen, dass die Tiere zu einer Zeit entstanden, als die Regenwälder eine viel weitere Verbreitung aufwiesen als heutzutage.

Hirschferkel sind ungefähr dreißig Zentimeter hoch und haben bleistiftdünne Beine, große glänzende Augen und kleine Ohren. Sie sind wie die waldbewohnenden Nashörner und die Tapire weitgehend Einzelgänger. Wenn zwei Männchen aufeinander treffen, kommt es zu einem Kampf. Ihre einzigen Angriffswaffen sind zwei kleine Stoßzähne im Oberkiefer. Da die Hirschferkel so klein und kaum wehrhaft sind, fallen sie leicht Leoparden und Pythons zum Opfer. Sie können es sich also nicht wie die Tapire und die Nashörner erlauben, auf nonchalante Weise und ohne große Vorsichtsmaßnahmen durch den Wald zu ziehen und dabei Blätter abzuweiden. Stattdessen fressen sie sehr schnell abgefallene Früchte und Blätter von

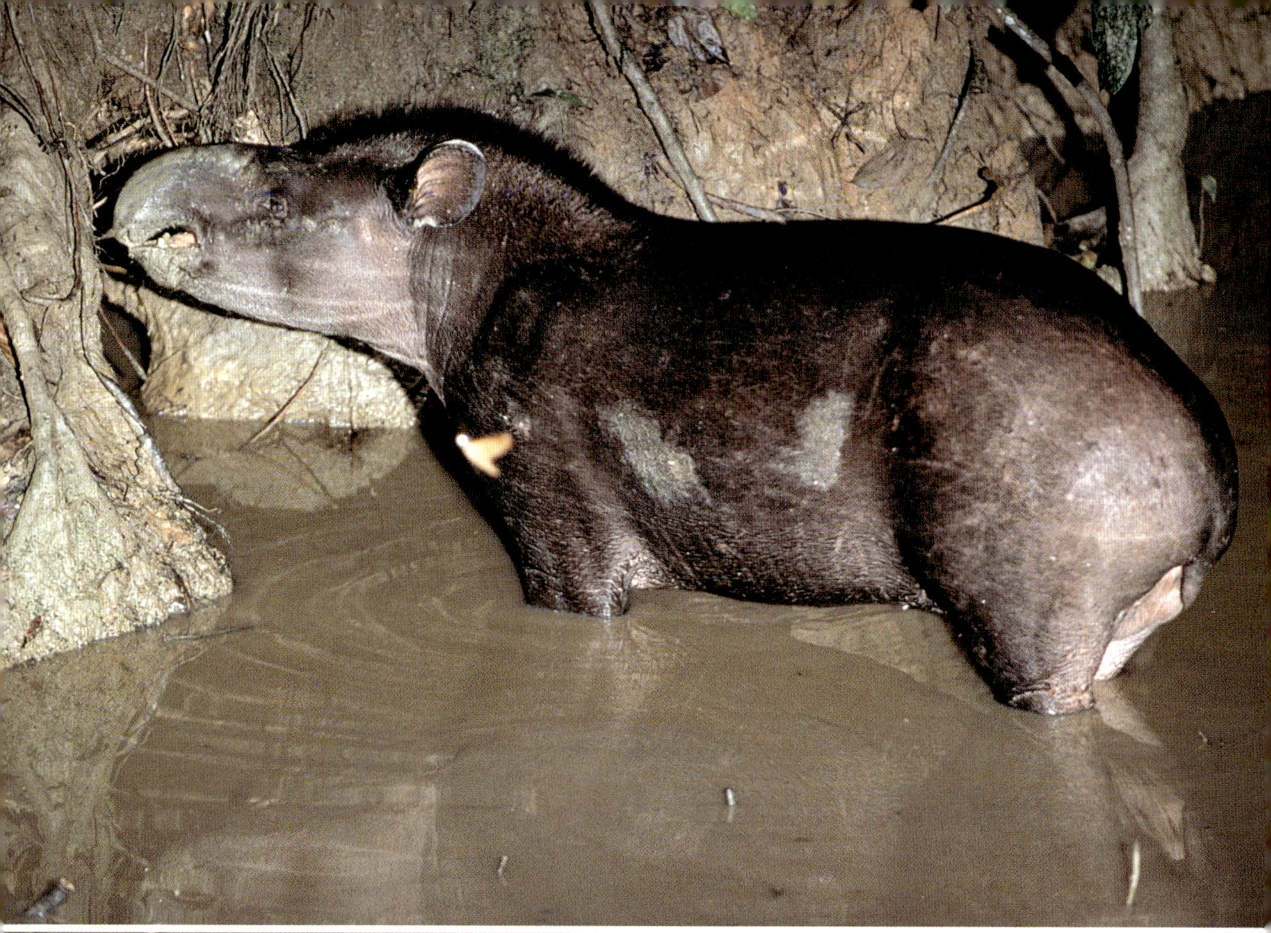

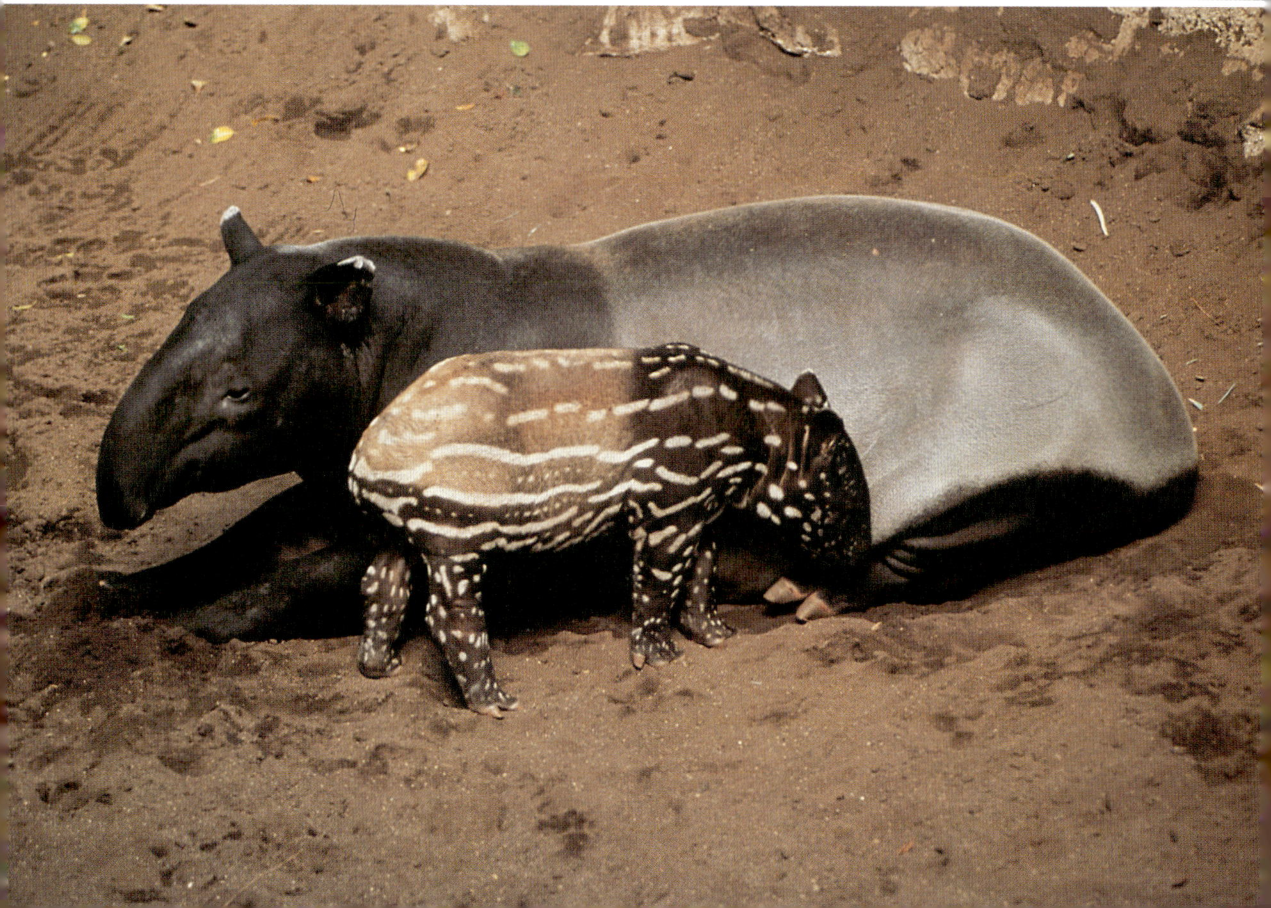

niedrigen Büschen und verschlucken sie sofort. Dann ziehen sie sich in ein Versteck zurück und wenden eine Technik an, die sie offensichtlich als Erste entwickelt haben. Sie käuen wieder.

Kleine Bissen der hastig verschlungenen Mahlzeit werden von einem vorderen Magenabschnitt wieder zurück in den Mund befördert. Dort folgt eine zweite intensive Kauphase mit den hinteren Backenzähnen. Dann schluckt das Hirschferkel den Bissen wieder. Dieser zieht am ersten Magenabschnitt vorbei und gelangt in einen zweiten, wo die Gärung in einer Bakterienbrühe stattfindet. Dieses Verfahren wenden heute viele Blatt fressende Säugetiere an.

Die Laubwälder entwickelten sich zuerst in Gebieten, wo es viel regnete. Und noch heute brauchen die meisten Baumarten mindestens in einer Jahreszeit viel Wasser. Vor rund 30 Millionen Jahren hatten die Laubwälder eine größere Verbreitung als heute. Doch dann kühlte sich das Klima stetig ab und auch die Niederschläge änderten sich, sodass große Landstriche mit weniger Wasser versorgt

wurden. Damit konnten sich neue Pflanzen ausbreiten, die Gräser. Langsam wuchs ein grüner Teppich in Gebieten mit weniger Niederschlag. Daraufhin verließen viele Tiere ihren Unterschlupf in den Wäldern, um auf diesen Ebenen zu grasen.

Viele Säugetiere, die ursprünglich im Wald Samen, Wurzeln und Blattknospen gefressen hatten, wanderten in diese Ebenen ein und entwickelten sich zu Grasfressern. Mit ihnen kamen auch Hasen und Kaninchen. Früher einmal galten diese Tiere als Nager, doch unterscheiden sie sich von ihnen in verschiedener Hinsicht. Hinter den nagetierähnlichen Schneidezähnen haben sie zwei weitere kleinere Zähne, je einen neben den beiden Hauptzähnen. Allein schon dieses Merkmal rechtfertigt die Aufstellung einer neuen Säugerordnung, die der Wissenschaftler Lagomorpha nennt. Wie nah oder entfernt die Verwandtschaft mit den Nagern ist, bleibt vorerst dahingestellt. Es steht aber fest, dass beide gemeinsame Vorfahren haben.

Kaninchen haben ihre eigene Art der Pflanzenverdauung: Sie fressen ihren eigenen Kot. Wenn sie nachts in ihrem Bau ruhen, geben sie schwarze klebrige

95

Oben: Kantschil, Südostasien

Köttel ab. Sobald diese am After erscheinen, dreht sich das Kaninchen um, nimmt sie auf und verschluckt sie. Zurück im Magen, machen die Kotpillen einen zweiten Verdauungsvorgang durch. Einige Stunden später geben die Tiere bei der Futtersuche draußen ihren normalen runden Kot ab.

Aber nicht nur Blattfresser verließen die Wälder und lebten fortan in den neu entstandenen Grasgebieten. Jäger folgten ihnen auf dem Fuß sowie Katzen- und Hundeartige. Habichte und Adler starteten von ihren hohen Horsten im Wald und überflogen die Savanne. In der offenen Ebene gibt es nur wenige Plätze, an die sich Pflanzenfresser zurückziehen und dort Unterschlupf finden können.

Kaninchen, Wühlmäuse und Erdhörnchen konnten sich ihre Verstecke selbst schaffen. Sie errichteten Baue im Boden und vermehrten sich ungeheuer. Die Präriehunde, die trotz ihres Namens keine Raubtiere, sondern Erdhörnchen sind, bilden riesige Städte. Eine solche Kolonie in Texas soll eine Oberfläche von 64 000 Quadratkilometern und 400 Millionen Einwohnern gehabt haben. Die größte solche Nagetierart der Ebene ist das südamerikanische Viscacha, ein Vetter des waldbewohnenden und Nüsse vergrabenden Aguti. Das Viscacha sieht wie ein riesiges Meerschweinchen aus, wird über sechzig Zentimeter lang und hat ein breites schwarzes Band, das sich wie ein Schnurrbart quer über die Nase zieht. Die Tunnels, die das Tier gräbt, sind so groß, dass man im Eingangsbereich bis zur Hüfte im Boden versinkt. Viscachas leben in unterirdischen Städten mit Dutzenden von Eingängen und vielen hundert Meter langen Verbindungsgängen. Inmitten dieser mächtigen Kolonie liegen in der Regel mehrere Steinhaufen. Die Viscachas stoßen während der Grabarbeiten auf diese Steine und tragen sie eifrig zu großen Haufen zusammen. Der Grund für dieses Verhalten ist nicht klar. Die Viscachas sind aber offensichtlich zwanghafte Sammler. Wenn man bei einem Ausritt etwas verliert, sollte man es in den Haufen der nächsten Viscachakolonie suchen.

Einige Pflanzenfresser, die in die grasbestandenen Ebenen einwanderten, waren aber schon zu groß, um noch Zuflucht in Tunnels finden zu können. Sie mussten sich auf eine andere Weise schützen. Einige wurden deswegen einfach noch größer.

Die kleinen waldbewohnenden Nashörner entwickelten sich zu zwei Tonnen schweren Monstertieren mit einer derart zähen Haut, dass ihr selbst die Krallen von Tigern und Löwen kaum etwas anhaben können. Beim indischen Panzernashorn ist die Haut so dick, dass sie in gegenseitig bewegliche Platten gegliedert ist. In der afrikanischen Savanne entstanden zwei verschiedene Arten, das Breitmaul- und das Spitzmaulnashorn. Die beiden Arten sind einander sehr ähnlich. Das Breitmaulnashorn wird gelegentlich auch Weißes Nashorn genannt. Dieser Name geht allerdings auf ein Missverständnis zurück: Auf Afrikaans heißt es «weit», und diese Bezeichnung bezieht sich auf die breite Oberlippe, die ganz anders gebaut ist als die des kleineren «schwarzen» Nashorns. Dessen Lippe ist in eine bewegliche Spitze ausgezogen. Nashörner sind Einzelgänger und müssen umherziehen, um die Grasmengen zu finden, die sie zum Überleben brauchen. Gesellschaft lieben Nashörner überhaupt nicht, weder die von Menschen noch die von Artgenossen, und sie greifen beide bereitwillig an. Fast ein Drittel der weiblichen Spitzmaulnashörner und die Hälfte der Männchen sterben an Wunden.

Ein anderer Riese hat sich in die Flüsse zurückgezogen. Das Flusspferd gilt auf den ersten Blick nicht als Grasfresser, da es den ganzen Tag im Wasser verbringt. Doch in Wirklichkeit frisst es kaum etwas anderes. Nachts verlässt es nämlich den Fluss in der Regel auf wohl definierten und seit langer Zeit bestehenden Wechseln und frisst Gras auf der Ebene. Glatte grüne Rasen neben einem langsam dahinströmenden Fluss sehen wie idyllische Campingplätze aus. Doch in Afrika wäre man schlecht beraten, wollte man dort sein Zelt aufstellen. Selbst bei flüchtigem Hinsehen findet man als Hinweis schnell einen schlammigen, aber gut ausgetretenen Trampelpfad am Flussufer sowie große Kotballen auf dem Gras.

Die Flusspferde benutzen ihre Zähne nicht wie konventionelle Grasfresser. Sie packen Grasbüschel vielmehr mit ihren mächtigen ledrigen Lippen und reißen sie durch seitliche Bewegungen los. Oft entfernen sie sich einige Kilometer vom Fluss, und unternehmungslustige Individuen verbringen auch mal einen Tag in einem Schlammloch, sodass sie in der darauf folgenden Nacht weiter entfernte Weiden nutzen können. Die meisten Tiere kehren allerdings bei Tagesanbruch zum Fluss zurück.

Das Leben im Wasser brachte erhebliche morphologische Veränderungen mit sich. Augen, Ohren und Nasenlöcher sind hoch oben am Kopf angesetzt, sodass die Tiere sehen, hören und riechen können, was an der Wasseroberfläche vor sich geht, während sie selbst vollständig untergetaucht bleiben – bis eben auf die höchsten Kopfpartien. Flusspferde haben keinerlei Schweißdrüsen zur Abkühlung des Körpers. Diese Aufgabe übernimmt das Flusswasser. Sie haben auch alle ihre Haare eingebüßt. Haare sind im Wasser meist kein Wärmeschutz, und es besteht kaum die Gefahr, dass sich die mächtigen Tiere im Wasser oder auch nachts auf dem Festland

zu sehr abkühlen. Das Fehlen jeglicher Haare bedeutet aber das Risiko eines Sonnenbrandes auf dem Rücken. Die Hippohaut schützt sich dagegen durch eine Art Sonnencreme. Zahlreiche Hautdrüsen geben einen Schleim ab, der sich an der Luft rotbraun verfärbt. Trotzdem bleibt die nackte Haut sehr durchlässig und verliert schnell Flüssigkeit. Ein Flusspferd außerhalb des Wassers im prallen Sonnenschein leidet innerhalb kurzer Zeit unter großem Wasserverlust. Deswegen verlässt ein Flusspferd tagsüber das Gewässer nur, wenn es regnet.

Die Schneidezähne der Flusspferde, die nicht zum Grasfressen eingesetzt werden, übernahmen eine neue Rolle bei der Paarung und beim Kampf. Die Männchen bedrohen sich gegenseitig durch Gähnen: Sie öffnen den Mund unglaublich weit und zeigen die großen gelben Hauer auf beiden Seiten der Kiefer. Reicht dieses Drohverhalten nicht aus, um einen Streit beizulegen, so kommt es zum Kampf. Sie schlagen dabei mit ihren Hauern aufeinander ein, die dabei erhebliche Schäden erleiden können.

Warum die Flusspferde zur amphibischen Lebensweise übergegangen sind, kann man nur vermuten. Vielleicht war es das einfache Leben, das die Hippos in den Fluss lockte. Im lauwarmen Wasser herumzuliegen verlangt kaum großen Energieaufwand. Das Wasser hilft mit seinem Auftrieb den schweren Körper tragen. Für den Ortswechsel, sollte er denn notwendig werden, sind nur leichte Bewegungen notwendig. Mit derart geringen Energieausgaben brauchen die Tiere auch nicht so viel zu fressen. Es überrascht immer wieder, wie klein der Appetit der Flusspferde ist, obwohl ein großes Tier bis zu drei Tonnen wiegen kann.

Größe ist für einen Pflanzenfresser von Vorteil. Je länger er seine Nahrung im Magen halten kann, desto vollständiger wird sie verdaut. Je länger das Futter aber im Verdauungstrakt verweilt, desto größer muss das Gefäß dafür und damit der gesamte Körper sein. So besteht denn unter Vegetariern eine Tendenz zum Größenwachstum.

Der Elefant hat diese Tendenz ins Extrem getrieben und brauchte dies auch, weil er nicht nur Blätter, sondern bei Gelegenheit auch verholzte Zweige frisst, für deren vollständige Verdauung noch mehr Zeit vergeht. Nach der Meinung einiger Wissenschaftler stammen die Vorfahren nicht aus dem Wald, sondern aus Flüssen. Sie sahen ungefähr schweineartig aus und hatten die Größe eines Flusspferdjungen. Als sie das Wasser verließen und in den Ebenen zu grasen begannen, wurden sie riesengroß. In ihren mächtigen Mägen verweilt die Nahrung lange Zeit. Wenn wir essen, braucht die Nahrung rund 24 Stunden für den Weg durch den Körper. Beim Elefanten sind es zweieinhalb Tage.

Nordamerika entwickelte eine ganz eigene Gruppe von Grasfressern. Ein Tier wurde ungefähr hasengroß. An den Vorderbeinen hatte es vier Finger, an den Hinterbeinen nur zwei Zehen. Seine Nachkommen wurden aber immer größer und

102

teilten sich in mehrere verschiedene Arten auf. Schließlich breiteten sie sich ostwärts über die Landbrücke der Beringstraße nach Asien und auch südwärts über den Isthmus von Panama nach Südamerika aus. Sie alle hatten lange Hälse, verhältnismäßig kleine Köpfe, eine gespaltene Vorderlippe und an den Vorder- wie Hinterbeinen nur je zwei Zehen. Vor ungefähr 10 000 Jahren starben die nordamerikanischen Arten aus, doch ihre Nachkommen auf anderen Kontinenten sind noch am Leben.

Der asiatische Zweig der Familie umfasst die Kamele. Sie haben sich den Bedingungen in der Wüste angepasst. Bei Sandstürmen können sie ihre Nasenlöcher verschließen. Sie fressen die trockensten und dornigsten Pflanzen, die kein anderes Tier fressen kann. Nährstoffe speichern sie in Form von Fett in ihren Höckern. Damit können sie lange Hungerperioden überleben. Auch ihre Physiologie hat sich verändert, und heute kommen sie mit einem Minimum von Wasser aus. Ihr Kot ist extrem trocken und der Urin stark konzentriert. Die Körpertemperatur kann in Höhen steigen, die nur wenige andere Säuger aushalten. Damit müssen die Kamele vorerst keine wertvolle Flüssigkeit in Form von Schweiß für die Kühlung abgeben. Als Folge dieser Anpassungen können sie längere Zeit ohne zu trinken auskommen. Wenn sie dann aber an eine Wasserstelle gelangen, saufen sie auf einmal 120 Liter.

Derart widerstandsfähige Lebewesen können die schlimmsten Wüsten überleben. Als die Menschen auf die Kamele stießen, machten sie sie schnell zu Haustieren. Sie trugen Nahrungsmittel, Hausrat und Wasser, und nur mit Kamelen konnten die Menschen Wüsten durchqueren, die ihnen sonst ohne Hilfsmittel nicht zugänglich waren. Diese Domestikation fand vor ungefähr 4000 Jahren statt – jedenfalls vor so langer Zeit, dass man annehmen musste, es gebe kein frei lebendes asiatisches Wildkamel mehr. Im Jahr 1878 entdeckte allerdings der russische Forscher Przewalski einige Wildkamele in der Lop-Nur-Wüste. Sie liegt in Westchina, nördlich von Tibet. Die Wildformen waren kleiner als das domestizierte Trampeltier. Die Farbe war eher ein bleiches Braun mit zwei verhältnismäßig kleinen konischen Höckern auf dem Rücken. Ihre Nachkommen existieren noch heute, und genetische Untersuchungen haben ergeben, dass sie tatsächlich die Vorfahren des Zweihöckerigen Kamels sind.

Eine weitere Kamelart, das Dromedar, lebt in Arabien. Es hat nur einen Höcker und ist in ganz besonderem Maße an die Backofenhitze dieser weiter südlich gelegenen Wüsten angepasst. Auch das Dromedar wurde schon in sehr früher Zeit domestiziert – einigen Spezialisten zufolge schon vor 6000 Jahren. Aber die Wildform ist ausgestorben.

Auch die südamerikanischen Abkömmlinge jener frühen nordamerikanischen Kamele wurden zu einem sehr frühen Zeitpunkt zu Haustieren gemacht. In den Anden stellen sie seit jeher die Lasttiere. Es sind das Lama und das länger behaarte

Nächste Seiten:
Wilde Trampeltiere, Mongolei

Alpaka. Von keiner dieser beiden Arten existiert noch die Wildform. Über ihre genaue Abstammung ist man sich noch nicht im Klaren. Es existieren nämlich bis auf den heutigen Tag zwei Wildarten, das Guanako mit seinem braunen Rücken und dem weißen Bauch und das kleinere, hellere und ganz besonders elegante Vikunja.

In den nordamerikanischen Ebenen grasten vor fünfzig Millionen Jahren andere kleine Pflanzenfresser. Als entfernte Verwandte der Nashornvorfahren gingen sie auf drei Zehen. Vor den Fleischfressern jener Zeit, nämlich großen wolfsähnlichen Hunden und Säbelzahntigern, waren sie durch ihre Geschwindigkeit sicher. Je länger die Beine im Verhältnis zum Körper sind, umso größer wird die Schrittlänge und folglich auch die Geschwindigkeit. Die mittleren Zehen dieser Tiere verlängerten sich im Lauf der Zeit, und die Krallen wurden zu einem Huf. Die beiden seitlichen Zehen verkümmerten. So entstand eine frühe Form des Pferdes.

Die Pferde entstanden also in Nordamerika. Als sich die großen Grasgebiete ausdehnten, wurden die frühen Pferde immer größer und entwickelten mehrere verschiedene Formen. In dieser Zeit existierte eine Landbrücke zwischen Nordamerika und Asien über die heutige Beringstraße. Die zunehmend erfolgreichen Pferde wanderten nach Asien und nach Europa ein. Die prähistorischen Menschen jagten sie hier vor 25 000 Jahren und verewigten sie auf Höhlenwänden. Diese Pferde gelten als die Vorfahren des heutigen Hauspferds. Bis noch vor kurzer Zeit gab es große Herden von Wildpferden. Der russische Forschungsreisende Przewalski, der die Wildkamele entdeckte, fand in Zentralasien auch kleine Herden von Wildpferden. Die Wissenschaftler benannten sie schließlich nach ihm, Equus przewalskii. Doch schon damals wurden sie so intensiv bejagt, dass nur wenige Tiere überlebten. Zu Beginn des 20. Jahrhunderts glaubte man, dass Przewalski-Pferd sei ausgestorben. Einige Tiere überlebten aber in Zoos. Ihre Nachkommen werden heute wieder in der Mongolei ausgewildert. Damit hofft man, die ursprünglich doch noch vorhandenen winzigen Bestände aufzufrischen und vor dem endgültigen Untergang zu bewahren.

Andere Arten der Pferdefamilie breiteten sich über Europa in den Mittleren Osten und nach Afrika aus. Esel schafften es, in steinigen trockenen Ländern genügend Nahrung zu finden. Die Zebras eroberten sich die fruchtbareren offenen Savannen Afrikas. Warum die Zebras Streifen entwickelten, bleibt weiterhin ein Geheimnis. Früher glaubte man, das schwarzweiße Zeichnungsmuster würde die Umrisslinien der Tiere auflösen und damit der Tarnung dienen. Doch heute hat man von dieser Vorstellung Abstand genommen. Wer je in Afrika war und Zebraherden in weiter Ferne sah, kann kaum glauben, dass man diese Theorie jemals für richtig hielt. Selbst in einer Entfernung von 800 Metern sind die Tiere in der Tat gut zu erkennen – eindeutig besser als etwa die sandfarbenen Löwen, die sich im mannshohen Gras an ihre Hauptbeutetiere anschleichen. Auch wenn der Löwe aus seinem

Hinterhalt springt und sich auf ein galoppierendes Zebra stürzt, kann man kaum glauben, dass sich das Raubtier von den Streifen verwirren lässt. Eine weitere Hypothese meint, dass die schwarzen und weißen Streifen Wärme in unterschiedlichen Graden aufnehmen und dadurch schwache Luftturbulenzen erzeugen, die zur Abkühlung beitragen. Nur eine Funktion der Streifen wurde bisher bewiesen: Das Zeichnungsmuster ist individuell, und die Mitglieder einer Gruppe können sich daran eindeutig erkennen.

Zebras und Pferde haben eine eigene Lösung für die Verdauung von Gras gefunden. Sie haben dafür einen extrem langen Blinddarm entwickelt, der die Verweildauer der Nahrung im Darm stark erhöht.

Die erfolgreichsten aller großen Grasfresser gehören allerdings zu einer ganz anderen Gruppe. Es sind Vettern der waldbewohnenden Hirschferkel. Einen Hinweis auf die Verwandtschaft geben die Zehen. Hirschferkel haben vorne nur zwei funktionale Zehen. Die afrikanische Art hat zu beiden Seiten noch weitere reduzierte Zehen, die den Boden aber nicht mehr berühren. Die Verwandten der Hirschferkel in den großen Ebenen sind gleichfalls zweizehig. Wir nennen sie Paarhufer, und zu ihnen gehören die Rinder und Hirsche, die Antilopen und die Gazellen. Auch sie käuen ihre Nahrung wieder wie die Hirschferkel.

Oben: In den französischen Cevennen
ausgewilderte Przewalskipferde

Die Verlängerung der Beine und die Reduktion der Zehen brachte den Paar-hufern dieselben Vorteile wie den Pferden. Sie konnten nun schneller laufen, und das war auf Ebenen von erheblichem Vorteil. Als weitere Vorsichtsmassnahme gingen sie zum Herdenleben über. Ein einzelnes Tier ist eindeutig ein begehrens-wertes Ziel für Löwen auf der Lauer. Nur mit seinen eigenen Augen und Ohren kann es drohende Gefahren entdecken. Wenn es jedoch in Gesellschaft anderer Tiere grast, hat immer ein Tier den Kopf hoch erhoben. Mit seinen aufgestellten Ohren nimmt es Löwen wahr, bevor sie so nahe an die Herde herankommen, dass sich ein Angriff lohnt. Und auch wenn ein Löwe angreift, sind so viele flüchtende Körper vorhanden, dass das Raubtier abgelenkt wird und am Ende vielleicht nichts erbeutet.

Das Leben in einer Gruppe führt zu einem komplizierten Sozialleben. Ein Zebra-hengst muss sich mit anderen Männchen messen, wenn er sich fortpflanzen will. Die Stute sieht mehrere Männchen in der Herde, aus denen sie einen Partner aus-wählen möchte. Die Befruchtung ist nur während einer kurzen Zeit möglich. Wenn diese herannaht, versammelt der Hengst möglichst viele Stuten um sich, um sie im Auge zu behalten. Doch eigentlich müsste man sagen, dass er eine Nase für sie hat, denn nur anhand ihres Urins kann er feststellen, wann der wichtige Augenblick gekommen ist. Während der Wartezeit muss er andere junge Hengste mit ähnlichen Wünschen vertreiben. Er warnt die jungen Hengste erst davor, sich seinen Stuten zu nähern, indem er seine Oberlippe zurückzieht und seine furchtbaren Zähne zeigt. Gegen unbelehrbare Eindringlinge kommt es zu einem Kampf. Die beiden laufen umeinander und versuchen sich gegenseitig ins Bein zu beißen. Wenn immer noch keiner eingeschüchtert ist, schlagen sie mit ihren Hälsen gegeneinander. Sie ver-suchen zu treten und zu beißen. Die Körperseiten erhalten klaffende Wunden, die Ohren zerreißen. Schließlich zieht sich ein Männchen zurück, meist der Eindring-ling, und galoppiert weg. Der Sieger darf dann seinen Preis beanspruchen.

Gazellen haben ähnliche Probleme bei der Paarung. Ihre Kämpfe sind aber stär-ker ritualisiert; Auftreten und Haltung spielen eine größere Rolle als physische Ge-walt. Die Männchen können ihre Hörner zwar als Waffe einsetzen, doch geben be-reits ihre Größe und Form gute Hinweise auf die Gesundheit und die Kraft des Trägers. Streitigkeiten zwischen Gazellen werden somit ökonomisch gelöst, ohne großen Energieverlust und ohne Verletzungsgefahr.

Ein Impalamännchen bewacht eine Gruppe von Weibchen, indem es wie bei einer Parade hin und her geht, seine Waffen zeigt, die Ohren zurücklegt und seinen Schwanz hebt. Allein der Anblick seiner elegant gekrümmten Hörner reicht aus, um Rivalen von seiner überlegenen Kraft zu überzeugen. Wenn jedoch ein anderes Männchen dem Herrn des Harems die Stellung streitig machen will, zeigt es dies an, indem es seine helle Bauchseite zeigt, gähnt und die Zunge herausschnellen

lässt. Dann senkt das Männchen seinen Kopf als Einladung zum Kampf. Die beiden Rivalen stehen einander mit erhobenem Kopf gegenüber, rücken vor und ziehen sich zurück, doch ohne sich vorerst zu berühren. Noch einmal ist die Gelegenheit für einen der beiden gegeben, sich zurückzuziehen. Wenn beide ihren Anspruch aufrechterhalten, beginnt eine dritte Runde mit dem eigentlichen Kampf. Nun stoßen die beiden aneinander und verkeilen sich mit ihren Hörnern. Sie schieben sich vor und zurück. Sie trennen sich und fangen dann wieder von vorne an und schlagen sich gegenseitig an die Hälse. Blut fließt jedoch selten. Schließlich gibt ein Kämpfer auf. Der Sieger stolziert staksend umher und zeigt stolz seine Hörner mit hoch erhobenem Kopf.

Nicht nur die Rivalen beurteilen die Qualität der Hörner. Auch die Weibchen können das. Auf diesem Gebiet steht ihnen die Wahl zu. Es zeigt sich immer mehr, dass das Impalaweibchen aktiv die Wahl trifft, neben welchem Männchen es grasen will. Es wählt das Tier, dass die symmetrischsten und am besten entwickelten Hörner auf dem Kopf trägt.

Jede Antilopenart zeigt ein ganz charakteristisches Gehörn, das so spezifisch ist wie das Gefieder von Vögeln. Es gibt gerade oder gekrümmte Hörner, nach hinten

Oben: Drohgebärde
eines Zebrahengstes, Kenia

gebogene, Hörner mit Windungen und Spiralfurchen und Hörner mit umgebogener Spitze. Die Hörner zeigen somit nicht nur Gesundheit und Kraft an, sondern auch die Identität.

Hörner sind knöcherne Auswüchse des Schädels mit einer Hornhülle. Aus Horn bestehen auch die Hufe und unsere Fingernägel. Wenn die Hörner entwickelt sind, behält sie das Männchen ein Leben lang. Sie wachsen immer weiter und werden im Alter zu einer immer schwereren Bürde.

Die andere Gruppe der paarhufigen Grasfresser, die Hirsche, vermeiden eine solche permanente Last – mindestens bis zu einem gewissen Grad. Ihre Status-zeichen tragen sie nur während einer bestimmten Saison im Jahr. Wenn der Rot-hirsch im Winter Mühe hat, sich von der mageren Vegetation zu ernähren, ist er ohne Geweih. Das ist nicht die Zeit, in der man ein schweres Geweih herumtragen sollte, das viel Energie zum Tragen verbraucht. Doch im Frühling und Sommer finden die Hirsche mehr Nahrung und haben überschüssige Energie zur Verfügung. Auf ihrem Vorderkopf erscheint ein Paar Höcker, welche schnell länger werden. Für ihre Ernährung sorgen Blutgefäße, die in der umgebenden Haut verlaufen. Die anfänglichen Spieße beginnen sich zu verzweigen. Je älter und größer das Indi-

Oben: Kämpfende
Impalamännchen, Kenia

viduum, desto stärker ist auch das Geweih verzweigt. Trotz des schnellen Wachstums braucht das Geweih vier bis fünf Monate, bis es vollständig ausgebildet ist. Dann trocknet die umgebende Haut, der so genannte Bast, langsam aus und reißt ein. Schließlich fegt der Hirsch sein Geweih an Sträuchern und kleinen Bäumen, um den Bast ganz loszuwerden. Nun ist das Geweih bereit für das Paarungsverhalten und den Kampf.

Die Kämpfe zwischen den Hirschmännchen sind genauso ritualisiert wie bei den Antilopen. Die Größe des Geweihs spielt in den Augen der Männchen und Weibchen eine entscheidende Rolle. Doch nach der Paarung im Herbst hat das Geweih keine Funktion mehr. Die Basis lockert sich, und das Geweih fällt schließlich ab. In Amerika geschieht dies zu Winterbeginn. In Europa behalten die Hirschmännchen ihre Geweihe den Winter hindurch und werfen sie erst wieder im Frühjahr ab. Nur wenige Wochen danach beginnt das Geweih aber erneut zu sprießen.

Die Ernährung mit Gräsern kann somit zu großer sozialer Komplexität führen. Diese Lebensweise zwingt einige Tiere aber auch zu langen gefährlichen Reisen. Viele Grasarten enthalten nämlich sehr wenig Nährstoffe, und Grasfresser müssen gegen Mangelernährung etwas unternehmen.

Schneeziegen in Montana klettern senkrechte Felswände hoch, um zu Salzleckstellen zu gelangen. Im oberen Gebiet des Amazonas begeben sich Spießhirsche mutig in Treibsandgebiete. Dabei machen sie mit den Vorderbeinen pumpende Bewegungen, um an der Oberfläche zu bleiben. Schließlich gelangen sie zu einer mineralreichen Quelle. Und in Afrika klettern Büffel die Hänge des Mount Kenya bis in eine Höhe von 3000 Metern empor, um mit ihren Hörnern einen besonders salz- und eisenhaltigen Lehm auszugraben.

Das vielleicht beeindruckendste Beispiel für die Strecken, die Grasfresser auf der Suche nach Mineralsalzen zurücklegen, bieten uns die Elefanten des Mount Elgon in Kenia. An einer Stelle an den Abhängen dieses riesigen erloschenen Vulkans liegen Ablagerungen, die reichlich Salz enthalten. Seit Jahrhunderten suchen hier Elefanten eine Höhle auf. Sie betreten sie mutig und gehen dabei auf einem Trampelpfad, der so weit hineinreicht, dass keinerlei Tageslicht mehr wahrzunehmen ist. Die Elefanten betreten diese Höhle nachts, und bereits wenige Meter hinter dem Eingang herrscht totale Finsternis.

Wir bauten winzige Infrarotlichter ein, und beobachteten die Tiere mit besonders empfindlichen Kameras. In der Dunkelheit bewegen sie sich mit der größten Vorsicht. Sie überprüfen jede Trittstufe, suchen sorgfältig nach einem Halt für den Fuß und klettern über mächtige Blöcke, an deren Lage sie sich offensichtlich von vergangenen Besuchen erinnern. Schließlich gelangen sie zum Ende der Höhle. Hier lösen sie mit ihren Stoßzähnen das grobe sandige Gestein, nehmen mit dem Rüssel größere Stücke vom Boden auf und zermahlen sie mit ihren breiten Backenzähnen.

Die Kälber halten sich in der Regel neben ihrer Mutter auf und lernen so die Höhle kennen. Offensichtlich haben sie noch keinen Geschmack für das Salz entwickelt und langweilen sich schnell in der pechschwarzen Finsternis. Wir konnten beobachten, wie sie umhertasteten und mit Blöcken spielten, die sie nur fühlen, aber nicht sehen konnten. Aber sie müssen diese Reisen unternehmen, damit sie die Route in die Höhle kennen lernen und die Tradition beibehalten können. Angesichts ihrer Tiefe müssen die Elefanten die Höhle seit Jahrhunderten aufsuchen. Es ist durchaus möglich, dass die gesamte Höhle durch die Tätigkeit der Elefanten entstanden ist. Jede Generation bohrte ein Stück weiter entlang im Flöz, das die bitter benötigten Mineralsalze enthält.

Das Bedürfnis nach Mineralsalzen ist auch der Hauptgrund für eine der auffälligsten Tierwanderungen, nämlich die des Gnus in Afrika. Die Herden verbringen die Regenzeit in den Ebenen der südöstlichen Serengeti in Tansania. Die Böden sind hier vulkanischen Ursprungs und reich an Mineralstoffen. Gegen Ende Mai bleibt aber der Regen aus und die Gräser verwelken. Wasserlöcher trocknen aus, und die Gnuherden machen sich nun auf den Weg. Sie laufen dabei in einer Kolonne hintereinander her. Sie ziehen nordwärts und überqueren den Mara River, um in die Masai-Mara-Ebene in Südkenia zu gelangen. Hier führten Schauer stellenweise zu kräftigem Graswachstum. Trinkwasser finden die Gnus in den

Flüssen. Doch gegen Ende des Jahres, gerade wenn die Regenzeit beginnt, ziehen die Gnus wieder weg. In großen Wellen waten sie durch den Mara River. Riesige Krokodile warten schon auf sie und erbeuten Hunderte von ihnen, doch Zehntausenden gelingt die Überquerung.

Warum ziehen die Gnus weg, wenn gerade in der Mara-Ebene das Gras zu sprießen beginnt? Der Grund liegt in einem schweren Phosphormangel. Dieses lebenswichtige Mineral finden sie nur in den frischen Gräsern der Serengeti, die sie sechs Monate zuvor verlassen mussten.

Mangelernährung und die jahreszeitliche Witterung machen auch den Karibus zu schaffen, den amerikanischen Rentieren. Im Sommer fressen die Karibus im Norden Westkanadas und Alaskas – nicht weit von der Nordküste des Kontinents entfernt – zahlreiche Pflanzen mit laubartigen Blättern, besonders Wollgras und Zwergweide. Hier bringen die Weibchen ihre Jungen auf die Welt. Wenn das Wetter zu Herbstbeginn kühler wird, werfen viele Pflanzen ihre Blätter ab, und Pflanzen, die sie beibehalten, versinken unter einer Schneedecke. Die Karibus können nun nicht mehr in der offenen Tundra bleiben und wandern südwärts, wo Nadelwaldgehölze einen gewissen Schutz vor den beißenden Winden und den Schneestürmen bieten. Die Wanderung führt über mehrere hundert Kilometer und kann Wochen

Oben: Krokodil beim Angriff
auf ein Gnu, Tansania
Nächste Seiten: Gnus beim Überqueren
des Mara River, Kenia

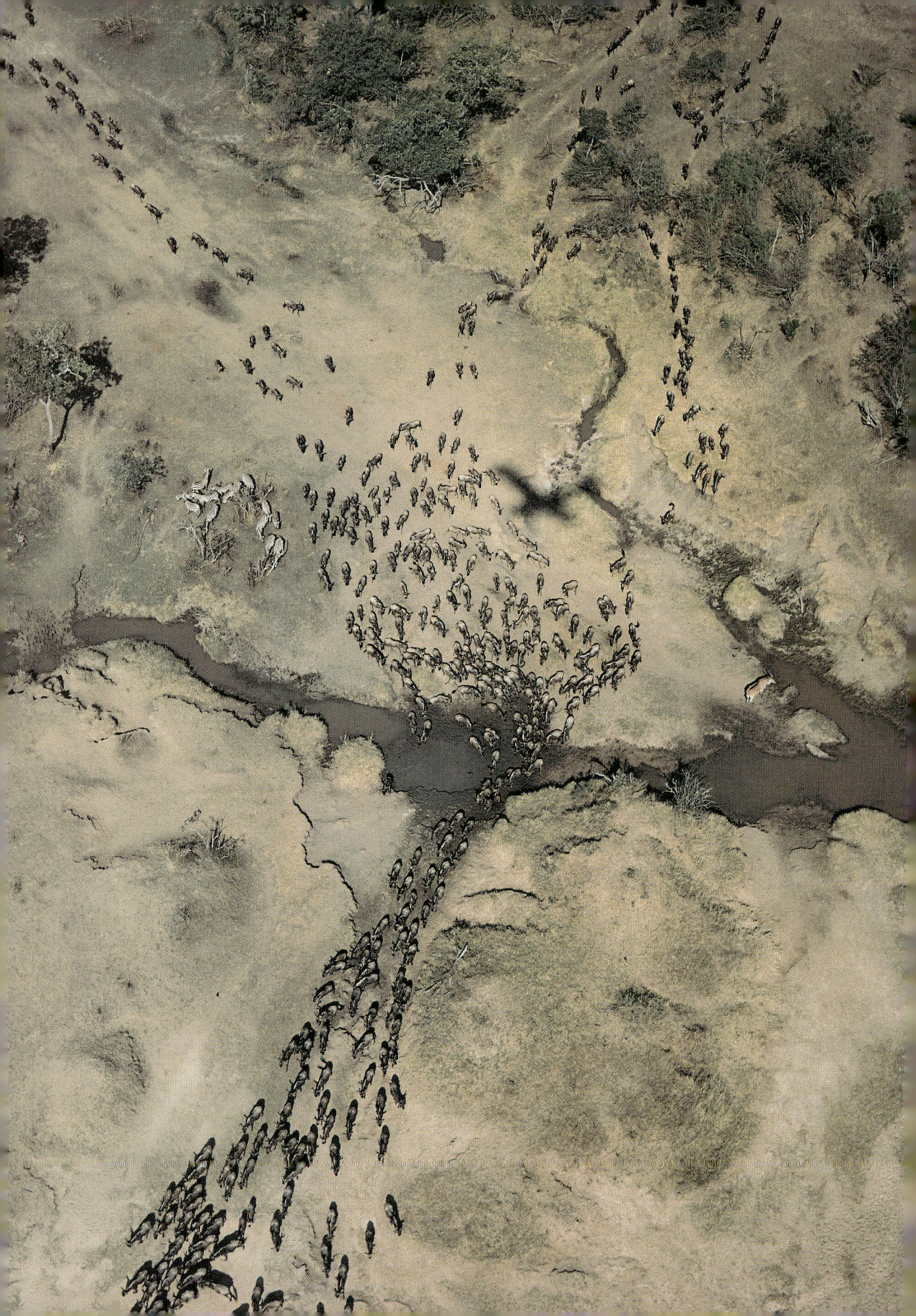

dauern. Die Tiere gehen langsam mit einer Geschwindigkeit von rund 3,5 Kilometern pro Stunde, oft hintereinander in einer Kolonne. Sie fressen, was sie finden können, und gehen tags und nachts. Wie weit sie in 24 Stunden kommen, hängt von den Schneebedingungen ab. BSie folgen dabei regelmäßigen Wechseln, doch Schneestürme und tiefe Schneeverwehungen zwingen sie oft, eine andere Route zu wählen. Am Ende gelangen sie zu ihren winterlichen Futtergründen.

Hier bleiben sie mehrere Monate. Das Futter ist allerdings nährstoffarm und besteht im Wesentlichen aus einer Flechtenart, der Rentierflechte, die vor allem auf Felsen wächst. Um an die Pflanzen heranzukommen, müssen die Karibus den Schnee mit ihrem Geweih wegfegen. Sie haben dazu nahe an der Basis eine Verzweigung, die nach vorne gerichtet ist und als Schaufel dient. Aus diesem Grund haben im Unterschied zu den übrigen Hirscharten Männchen und Weibchen Geweihe. Doch ihre Flechtennahrung ist, ähnlich wie die Gräser der Masai-Mara-Ebene, arm an gewissen Nährstoffen. Ohne die Nährstoffe können die Weibchen ihre Jungen nicht säugen. Noch bevor die Wärme der Frühlingssonne die oberste Bodenschicht aufgetaut hat, zieht die Herde wieder nordwärts. Die Rundwanderung umfasst rund 1600 Kilometer.

Mit all diesen Strategien, Techniken und Anpassungen sind einige Säugetiere zu

Links: Ziehende Gnus,
Tansania

119

Oben: Wandernde Karibus, Alaska
Nächste Seiten: Karibus beim
Überqueren eines Sees, Kanada

sehr effizienten Grasfressern geworden. Doch die Gräser haben Verteidigungs-mechanismen gegen die Millionen hungriger Mäuler entwickelt, die sie jeden Tag abweiden. Viele tragen an den Rändern ihrer Blätter Kieselsäurekristalle. Wenn man mit dem Finger unvorsichtigerweise einem solchen Blattrand entlangfährt, kann man sich blutig schneiden. Die Kieselsäure macht das Gras so hart, dass es die Zähne der Konsumenten stark abnutzt. Im Lauf der Jahrmillionen haben sich die Grasfresser aber daran angepasst. Die Pferde entwickelten sehr lange Zähne und tiefe Kieferknochen für deren Aufnahme. Die Zähne wachsen weiter nach, wenn die Kaufläche abgetragen ist. Elefanten verfügen über massive dreißig Zentimeter lange Mahlzähne. Auf jeder Kieferseite befinden sich zwei davon. Wenn sie abgenutzt sind, entstehen hinten im Kiefer zwei neue Zähne. Sie bewegen sich langsam nach vorne und ersetzen die alten. Diese fallen schließlich aus. Jeder Zahn ist umfangreicher als sein Vorgänger, um den Größenzuwachs des Tieres mit zunehmendem Alter auszugleichen. Jeder Kiefer kann auf jeder Seite jedoch höchstens sechs Backenzähne hervorbringen. Wenn das letzte Paar abgenutzt ist, kann sich das alte Tier nicht mehr richtig ernähren und ist am Ende seines Lebens angelangt.

Pflanzen und Tiere scheinen bei diesem Wettbewerb miteinander Schritt gehalten zu haben. Die Gräser entwickelten aber noch eine andere Art der Verteidigung, um ihr Territorium halten zu können. Sie bilden lange waagrechte Sprossen aus, die so nahe der Oberfläche liegen, dass die Tiere sie mit ihren Mäulern und Zähnen nicht abweiden können. Die Blätter entspringen diesen Wurzelstöcken. Wenn sie abge-weidet werden, können neue Blätter sofort wieder ausschlagen.

Heute scheint ein Waffenstillstand zu herrschen zwischen den Gräsern und den Grasfressern. Es sind eher andere Pflanzen, die den Gräsern ernsthaft Konkurrenz machen. Wenn durch ökologische Veränderungen eine Ebene besser bewässert wird, so können hierher transportierte Samen von Waldpflanzen aufkeimen und Fuß fassen. Wenn Büsche wachsen, nehmen ihre Wurzeln das Wasser auf, das eigentlich die Gräser brauchen. Die Zweige der Büsche halten das Sonnenlicht ab, das nun den Gräsern fehlt. Dann sind sie zum Rückzug gezwungen, und unter dem Busch erscheint ein nackter Fleck. Durch eine solche Entwicklung kann der Wald zurückkehren. Doch Hirsche, Gnus, Antilopen und Kaninchen fressen die Keim-linge solcher Büsche weg. Elefanten ziehen sie sogar mit den Wurzeln aus der Erde, und sie können voll ausgewachsene Bäume am Waldrand umstürzen und so ein neues Territorium für Gräser schaffen.

So haben die Gräser mit den Tieren, von denen sie gefressen werden, mehr als einen Waffenstillstand geschlossen. Sie bilden eine Allianz mit ihnen, und das er-möglicht beiden ein Überleben in den südamerikanischen Pampas, den Steppen-gebieten Europas und Asiens, den amerikanischen Prärien und den afrikanischen

Savannen. Alle diese Lebensräume machen einen erheblichen Teil der Festlandmasse der Welt aus. Und auf den ausgedehnten Ebenen grasen riesenhafte Herden. Sie bilden die größte Konzentration von Muskeln und Fleisch, die man auf der Erde antreffen kann.

Oben: Elefanten fressen
von Bäumen, Kenia

5

Fleischfresser

Fleisch und Muskeln gehören zu den reichsten und konzentriertesten Nähr-stoffen. So kann es nicht überraschen, dass mit den blattfressenden Säugetieren in den Wäldern und Grasgebieten auch Säuger auftauchten, die Jagd machten auf die Vegetarier.

Jäger brauchen Waffen. Metzger brauchen Werkzeuge. Die Fleischfresser ent-wickelten Zähne, die beide Funktionen übernehmen: zwei Paar lange dolchartige Eckzähne, je eine auf jeder Kieferseite. Damit wird die Beute gepackt. Dazu kommen zwei Reißzähne weiter hinten im Kiefer. Sie bewegen sich wie die Klingen einer Heckenschere gegeneinander. Mit den Reißzähnen öffnen die Räuber den Kadaver. Die beiden Zahntypen sind das Hauptmerkmal der Raubtiere. Wo auch immer auf der Welt sich Säuger von Blättern und Gräsern ernähren, sind auch Raubtiere mit solchen Waffen zur Stelle, die den Pflanzenfressern auflauern.

Das europäische Hermelin wird nicht groß, ungefähr dreißig Zentimeter von der Nasenspitze bis zum Ende des schlanken, beweglichen Rumpfes mit seinem weichen Fell. Am Rücken ist es im Sommer braun, am Bauch weiß gefärbt. Der Schwanz misst zehn Zentimeter und endet in einer schwarzen Spitze. Das Hermelin wiegt nur ungefähr ein Zehntel so viel wie ein Kaninchen. Trotzdem macht es Jagd auf dieses Tier. Es schleicht sich im Schutz langer Gräser unbemerkt an ein Tier an, das äsend in der Nähe seines Baues sitzt. Innerhalb der richtigen Reichweite zeigt sich das Hermelin plötzlich. Es beginnt mit einem Tanz, hüpft auf und nieder und versucht dabei offensichtlich, seinen eigenen Schwanz zu packen. Es produziert Purzelbäume, springt wieder hoch und zeigt einen Salto rückwärts. Es verschwindet für Augenblicke im hohen Gras, um sich dann erneut zu zeigen. Das Kaninchen, das sich vielleicht in nur zwei Metern Abstand befindet, ist wie gebannt. Es hört auf zu fressen und schaut sich diese außergewöhnliche Vorstellung an. Plötzlich greift das Hermelin an, bohrt seine Zähne in den Nacken des Kaninchens direkt hinter dem

Schädel und durchbeißt die Wirbelsäure. Das Kaninchen zuckt noch ein paarmal mit den Hinterbeinen. Dann liegt es bewegungslos da und ist tot. Das Hermelin muss nun den großen schwerfälligen Körper zurück in seinen Bau schleppen.

Hermeline sind enorm aktiv und verbrauchen so viel Energie, dass sie alle paar Stunden fressen müssen. Im Frühjahr jagt das Weibchen besonders viel, denn es hat Junge in seinem Bau. Ein Wurf umfasst bis zu zwölf Junge. Sie kommen nackt und blind auf die Welt. Das Männchen, das sie gezeugt hat, spielt bei der Aufzucht keinerlei Rolle. Das Weibchen muss sich allein um seine Jungen kümmern, sie erst säugen und dann auch mit Fleischstückchen versorgen. Es muss deshalb fast ununterbrochen jagen, und seine Jungen bleiben während dieser Zeit unbeaufsichtigt im Bau zurück.

Während der Abwesenheit der Mutter kommt ein Männchen zu Besuch. Es handelt sich dabei kaum um den Vater. Wahrscheinlich ist es ein junges Männchen, vielleicht nur rund ein Jahr alt. Im Bau findet das Männchen die nackten Jungtiere. Selbst im Alter von drei Wochen sind sie noch blind und können den Eindringling nicht sehen. Instinktiv erkennen sie aber seine Natur, vielleicht durch dessen Duft. Die Weibchen unter den Jungtieren reagieren durch hohe trillernde Rufe und heben

125

Oben: Hermelin mit frisch erlegtem Kaninchen, England

den Hinterkörper. Das Männchen paart sich mit jedem dieser Weibchen und macht sich dann wieder auf den Weg.

Die befruchteten Eier beginnen nicht sofort mit der Entwicklung. Vorläufig brauchen die jungen Tiere die gesamte Nahrung, die ihre Mutter heranschafft, für den Aufbau des eigenen Körpers. Es vergehen noch mehrere Monate, bis sie voll ausgewachsen und in der Lage sind, genügend Nahrung zu finden, um selbst in Nachkommen investieren zu können. Sobald dieser Augenblick gekommen ist, tun sie dies aber ohne Verzug, der etwa durch die Suche nach einem geeigneten Partner entstehen könnte. Hermeline leben höchstens zwei oder drei Jahre. Deswegen müssen sie so früh wie möglich mit der Fortpflanzung beginnen. Und beide Geschlechter nutzen dazu den frühest möglichen Zeitpunkt.

Das Hermelin und sein kleinerer Verwandter, das Mauswiesel, gehören zur Familie der Marder. Einige ihrer Verwandten, etwa die Dachse und die Stinktiere, reichern ihr Menü mit Regenwürmern, Schnecken, Früchten, Samen und sogar Blättern an. Andere Arten dieser Familie, etwa die Iltisse, die Wiesel und der Vielfraß, der fast 1,20 Meter lange arktische Riese dieser Familie, sind überwiegend Fleischfresser.

Eines der ersten Tiere, das zu dieser Art der Ernährung überging und die dazu nötigen Zähne entwickelte, lebte vor ungefähr 35 Millionen Jahren in den Wäldern Nordamerikas. Ein früher Nachfahre, der sich sehr wenig verändert hat, lebt heute noch in der Südwestecke des Kontinents. Auf den ersten Blick sieht er wie der europäische Rotfuchs aus. Sein Körper ist nur etwas kleiner und länglicher, das Fell grau statt rötlich braun. Doch das Verhalten dieses Graufuchses erinnert kaum an das der anderen Füchse. Der Graufuchs verbringt die meiste Zeit auf dem Boden. Doch bei einer Bedrohung läuft er einen Baumstamm hoch. Diese unerwartete Leistung schafft er, indem er mit seinen Vorderbeinen den Stamm umfasst und sich mit den Hinterbeinen, deren besonders lange Krallen für guten Halt sorgen, abstößt. Hat der Graufuchs die Äste erreicht, so springt er geschickt von einem zum anderen und benutzt dabei seinen buschigen Schwanz als Gegengewicht. Er klettert in den Baumwipfeln so geschickt, dass er dort Hörnchen und Vögel fangen kann. Er lauert von Ästen aus auch auf Mäuse und Ratten, Hasen und Kaninchen und stürzt sich von oben auf sie. Er frisst aber auch Insekten und zahlreiche Früchte wie Wildkirschen, Trauben oder Beeren. Von einem Tier wie diesem stammen alle heutigen Hundeartigen ab.

Als sich Hundeartige in Nord- und Südamerika ausbreiteten, passten sie sich den jeweiligen Bedingungen an. Eine der am wenigsten bekannten Arten ist der Waldhund. Er lebt in den Regenwäldern von Guyana bis nach Brasilien. Er hat kurze Beine und einen gedrungenen Körper, sodass er wie eine etwas behäbige Version des Dachshundes aussieht. Mit seiner Körperform kann er gut im Unter-

wuchs laufen. Er hat Schwimmhäute an den Füßen und verbringt viel Zeit in der Nähe von Flüssen, wo er nach Schildkröten und Fischen Ausschau hält. Aus den wenigen Beobachtungen in freier Natur scheint er in Rudeln zu leben. Die Tiere trotten in einer festgelegten Kolonnenordnung auf Wechseln durch den Wald. Vorne befinden sich die Weibchen, wobei das älteste Tier die Kolonne anführt. Hinten folgen die Männchen. Sie markieren ihr Territorium mit einem Duft, indem sie bestimmte Stellen und sich selbst mit Urin bespritzen. Wenn sie sich nachts in ihren Bau zurückziehen, legen sie sich zu einem «Schlafhaufen» aufeinander. Dieses sehr gesellige Verhalten ist ein Kennzeichen vieler Hundeartigen.

Andere Hundeartige drangen nordwärts durch den gemäßigten Laubwald bis in die Tundra vor. Hier ist es von größter Bedeutung, die Körperwärme möglichst zu bewahren. Deswegen hat der Fuchs, der in der Arktis lebt, kürzere gedrungene Ohren und Beine und einen kurzen buschigen Schwanz. Sein Fell ist ganz besonders dicht und fein. Selbst die Pfoten sind behaart. Dank dieser Anpassungen kann er Temperaturen von 70 °C unter null aushalten. Einige dieser Eis- oder Polarfüchse sind ganzjährig blaugrau, während andere sich im Winter rein weiß färben, um perfekt getarnt zu sein. So gelingt es ihnen, sich unbemerkt an ihre Beutetiere anzuschleichen.

Doch Beutetiere sind in der Arktis nur selten zu finden. Im Winter begeben sich die Polarfüchse weit hinaus auf das Meereis, Hunderte von Kilometern von der Küste entfernt. Hier fressen sie zum Beispiel die Reste von Robben, die von Eisbären geschlagen wurden. Im Landesinneren leben die Eisfüchse überwiegend von Lemmingen. Im Frühling herrscht für eine kurze Zeit Nahrungsüberfluss. Die Lemminge vermehren sich plötzlich. Bodenbrüter wie Schneegänse kommen vom Süden und nisten in der Tundra. Meeresvögel wie Alke und Dreizehenmöwen treffen aus der ganzen Arktis ein und bereiten ihre Nester an Klippen vor. Die Spuren, die der Eisfuchs auf der Suche nach Eiern und Nestlingen an den Abhängen hinterlässt, sind leicht zu erkennen. Die Teile der Klippen, die der Fuchs nicht erreichen kann und wo sich die Vögel somit sicher fühlen, sind schnell von weißem Kot bedeckt. An den grasbestandenen Bändern, auf denen der Fuchs in die Kliffs einsteigt, nisten bald keine Vögel mehr. Hier sind die Wechsel des Fuchses so leicht zu erkennen wie die Straßen auf einer Landkarte.

Die Eisfüchse erlegen in dieser Jahreszeit wesentlich mehr Beutetiere, als sie fressen können. Doch das hält sie nicht von der Jagd ab. In den Frühlingswochen verstecken sie die Beutetiere, die sie nicht sofort fressen können, überall in selbst

Oben: Eisfuchs, Kanada

gegrabenen Löchern. Bei den herrschenden niedrigen Temperaturen bleibt deren Fleisch über Monate hinweg frisch.

Weder die Beutetiere des Eisfuchses noch die Kaninchen, die das Hermelin fängt, können sich effizient gegen ihre Feinde wehren. Doch einige Räuber erbeuten Tiere, die so stark sind, dass sie ihre Angreifer töten können. Der Bison ist das größte nordamerikanische Tier. Ein Bulle wiegt fast eine Tonne und ist ungeheuer stark. Ein Schlag mit seinen mächtigen Hörnern kann einen Schädel zertrümmern, und mit seinen Beinen kann er eine Wirbelsäule brechen. Doch im Winter treibt der Hunger die Wölfe in die nördlichen Gebiete, wo sie Jagd auf Bisons machen.

Der Wolf, der hier lebt, ist die größte Art der Hundeartigen. Diese Entwicklung ist zu erwarten, denn ein großes Tier konserviert die Körperwärme besser als ein kleines. Der Wolf hat eine Schulterhöhe von über neunzig Zentimetern und ist von der Nasen- bis zur Schwanzspitze über 1,80 Meter lang. Doch selbst mit diesen Massen kann ein einzelner Wolf niemals einen erwachsenen Bison töten. Wölfen gelingt dies nur durch Zusammenarbeit im Rudel.

Die Prärie bietet nur wenig Deckung. Wenn sich Wölfe einer Bisonherde nähern, rücken die mächtigen Pflanzenfresser zusammen und bilden einen Kreis mit den Kälbern in der Mitte. Doch ewig können sie diese Formation nicht beibehalten. Sie müssen fressen. Wenn die Wölfe auf ein Tier abseits der Herde stoßen, schrecken sie es auf, sodass es zur Herde zurückläuft. Das mag auch andere grasende Tiere zum Galoppieren bewegen. Dann haben die Wölfe eine Chance.

Das Rudel beginnt mit der Jagd. Die Verfolgung kann Tage dauern. Die Bisonherde legt dabei viele Kilometer zurück. Die Wölfe testen die Bisons und versuchen herauszufinden, welches Tier auf Grund seines Alters oder wegen einer Krankheit weniger kräftig ist. Wahrscheinlich wird es zurückbleiben. Nach und nach richtet das ganze Rudel seine Aufmerksamkeit auf ein bestimmtes Tier und läuft ihm hinterher. Die Wölfe beginnen nach dessen Beinen zu schnappen.

Die Krallen des Wolfs sind nicht stark genug, um sich an den Flanken des Bisons festhalten zu können. Nur mit den Zähnen ist ein Festhalten möglich. Sie sind die einzigen Waffen des Wolfes. Wenn sich ein Wolf in einen Bison verbeißen kann, gelingt es vielleicht, den Lauf des Tieres so weit zu verlangsamen, dass auch andere Wölfe zupacken können. Vielleicht aber schüttelt der Bison auch die Wölfe ab. Aber die sind zäh. Möglicherweise ist der Bison schon nach einer halben Stunde so geschwächt, dass die Wölfe ihn umzingeln können. Nun werden sich einige Wölfe im Bauch verbeißen. So ringen sie schließlich den Bison nieder. Sie konzentrieren sich auf die Eingeweide und den Magen. Der Bison ist aber nicht leicht zu töten, und oft beginnen die Wölfe ihr Mahl am noch lebenden Tier. Ein einziger Bison liefert einem ganzen Wolfsrudel genügend Nahrung für eine Woche.

Ein Teamwork wie dieses verlangt Disziplin, und diese beginnt schon früh im

Wolfsleben. Die Jungen kommen in einem Bau auf die Welt. Es kann eine natürliche Höhlung unter einem Felsblock oder unter Baumwurzeln sein. Nicht selten gräbt das Weibchen den Bau aber auch selbst mit seinen kräftigen stumpfen Krallen. Der Wurf umfasst fast ein halbes Dutzend Jungtiere. Sie kommen blind auf die Welt und öffnen ihre Augen erst im Alter von ungefähr zwei Wochen. Die Mutter leckt ihre Jungen regelmäßig – nicht nur, um sie sauber zu halten. Die Massage mit der Zunge ist für sie auch das Signal, Kot abzugeben. Das Junge rollt sich dabei auf seinen Rücken und gehorcht. Dieses frühe Verhalten behalten die Tiere ein ganzes Leben lang als Demutsgeste bei. In den darauf folgenden Wochen wird das Jungtier dieses Verhalten immer dann zeigen, wenn es im Spiel mit anderen genug davon hat, drangsaliert und gebissen zu werden. Sobald es sich auf den Rücken rollt und den verwundbaren Bauch zeigt, zieht sich der Gegner zurück. Auf diese Weise wird innerhalb der neuen Generation eine Rangfolge festgelegt.

Die Wolfsjungen haben großen Appetit. Wenn die Erwachsenen nach der erfolgreichen Jagd mit vollen Bäuchen zurückkehren, betteln die Jungen, winseln, wedeln mit den Schwänzen und lecken die Mundwinkel der Erwachsenen, bis diese Fleischstücke aus dem Magen hoch würgen. Die Jungen können dabei so hartnäckig sein und ein erwachsenes Tier so lange belästigen, bis es nichts mehr herzugeben hat und dies schließlich mit einem Knurren kundtut.

Sind die Jungen groß genug, um den Bau zu verlassen, in der Regel im Alter von drei bis zehn Wochen, so gewinnt das Rudel seine Bewegungsfreiheit für die Jagd wieder. Die Kommunikation unter den Tieren erfolgt über Gesten und Laute. Wird der Schwanz hoch getragen, so bedeutet dies Selbstvertrauen aber auch Angriffslust. Zurückgelegte Ohren, den Schwanz zwischen die Beine geklemmt sowie eine niedrige Körperhaltung bedeuten Unterwerfung. Der Wolf wedelt mit dem Schwanz, wenn er zufrieden ist. Winseln und lautes Quieken bedeuten Ängstlichkeit oder Erregung. Durch solche Kommunikation kommt das Rudel zu gemeinsamen Entscheidungen etwa darüber, wann es zu einer Jagd aufbrechen will.

Die Jungtiere dieses Jahres sind noch nicht groß und ausdauernd genug, um an der Jagd teilzunehmen. Zusammen mit älteren Rudelmitgliedern bleiben sie an einem ruhigen Ort zurück. Hier warten sie, bis die restlichen Mitglieder des Rudels zurückkehren, falls die Jagd misslungen ist. Oder sie hören das Triumphgeheul, das Erfolg bedeutet. Ist das Rudel wieder vereint, so würgen die Jäger einige Fleischstücke aus für jene, die zurückgeblieben waren.

Dieses disziplinierte Sozialleben hat aber seinen Preis. Die Jagd ist so schwer, dass ein Rudel in einem Jahr nur eine begrenzte Zahl von Jungtieren aufziehen kann. In der Regel pflanzen sich nur das ranghöchste Männchen und sein Weibchen fort. Die jüngeren Rudelmitglieder könnten dies rein physiologisch gesehen auch tun, doch die älteren Mitglieder verhindern dies durch aggressives Verhalten. Wenn junge Weibchen zu viel Interesse am Alpha-Männchen zeigen, werden sie von dessen Partnerin vertrieben, und das Entsprechende gilt auch für junge Männchen. Auch Paarungen unter jüngeren Wölfen werden unterbrochen. Diese Situation kann aber nicht ewig so bleiben. Alter und Schwäche führen zu Veränderungen in der Hierarchie. Junge kräftige Wölfe sondern sich ab und gründen ein eigenes Rudel. Es ist übrigens sehr ungewöhnlich, wenn ein Rudel mehr als einen Wurf pro Jahr aufzieht.

In den vergangenen Jahrmillionen war Nordamerika wiederholt über die Beringstraße mit Asien verbunden. Während eines dieser Ereignisse gelangten Pferde und
auch Hundeartige nach Asien. Von Asien breiteten sie sich nach Europa und
schließlich über den Mittleren Osten nach Afrika aus. Und als sie die Gebiete der
Alten Welt besiedelten, passten sie sich neuen Lebensräumen an.

Der Wüstenfuchs oder Fennek kommt in der Sahara vor. Wie kurze Ohren und
rundliche Formen in der Arktis Wärmeverlust reduzieren, so erhöhen eine schmale
Körperform und große Ohren, die nur mit wenigen Haaren bedeckt sind, die
Abgabe von Wärme. Und genau diese Merkmale weist der Fennek auf. Doch selbst
mit diesen Vorrichtungen zur Kühlung kann die Tageshitze in der Wüste uner-
träglich sein. Deswegen halten sich die Fenneks in dieser Zeit in unterirdischen
Bauen auf. Dort hecheln sie schnell mit einer fast unglaublichen Frequenz von 690
Atemzügen pro Minute. Dabei rollen sie aber ihre Zunge ein, um den Wasserverlust
möglichst gering zu halten. Erst wenn die Sonne untergegangen ist und sich die
Wüste auszukühlen beginnt, wagen sie sich hinaus.

Auch andere Tiere verlassen zu dieser Zeit ihren Unterschlupf, um Futter zu
suchen. Kleinsäuger, etwa Rennmäuse oder Gundis, trippeln von Pflanze zu
Pflanze. Die Fenneks machen auf eine für Hundeartige untypische Weise Jagd auf
sie: Die meisten Hundeartigen finden ihre Beute nämlich mit der Nase. Doch diese

Technik ist hier nicht wirksam. Gerüche werden überwiegend durch Feuchtigkeit übertragen. Doch in der glühenden Wüste gibt es kein Wasser. Der Fennek setzt deshalb seine riesigen Ohren ein. Mit ihnen nimmt er das leiseste Geräusch wahr, sogar die Bewegung eines Käferbeins auf dem Sand. In diesem hungrigen Land verachtet der Fennek keineswegs ein Insektenmahl. Für das Überleben brauchen die Wüstenfüchse aber auch größere Beutetiere. Eine Rennmaus liefert ihnen einige Stücke Fleisch und auch etwas Wasser. Im Gegensatz zu größeren Wüstentieren wie Antilopen oder auch Vögeln begibt sich der Fennek kaum je auf die Suche nach einer Wasserstelle. Das in den Beutetieren enthaltene Wasser reicht ihm aus, sodass er nie trinken muss. So kann er sich dauernd in seinem Territorium zwischen den Dünen aufhalten.

Südlich der Sahara, in den offenen Savannen Kenias und Tansanias, sind die Bedingungen nicht so extrem, und hier gibt es Beutetiere in Hülle und Fülle. Der Afrikanische Wildhund, auch Hyänenhund genannt, jagt wie die Wölfe in Rudeln, die sich aus durchschnittlich zwölf Tieren zusammensetzen. Die Tiere werden ungefähr so groß wie Schäferhunde und zeigen ein grobes Muster aus schwarzen und

Oben: Afrikanische Wildhunde bei der gegenseitigen Begrüssung, Kenia

136

Rechts: Afrikanische Wildhunde bei der Beutesuche
Rechts unten: bei der Gnujagd …
Nächste Seiten: … und kurz vor dem Jagderfolg

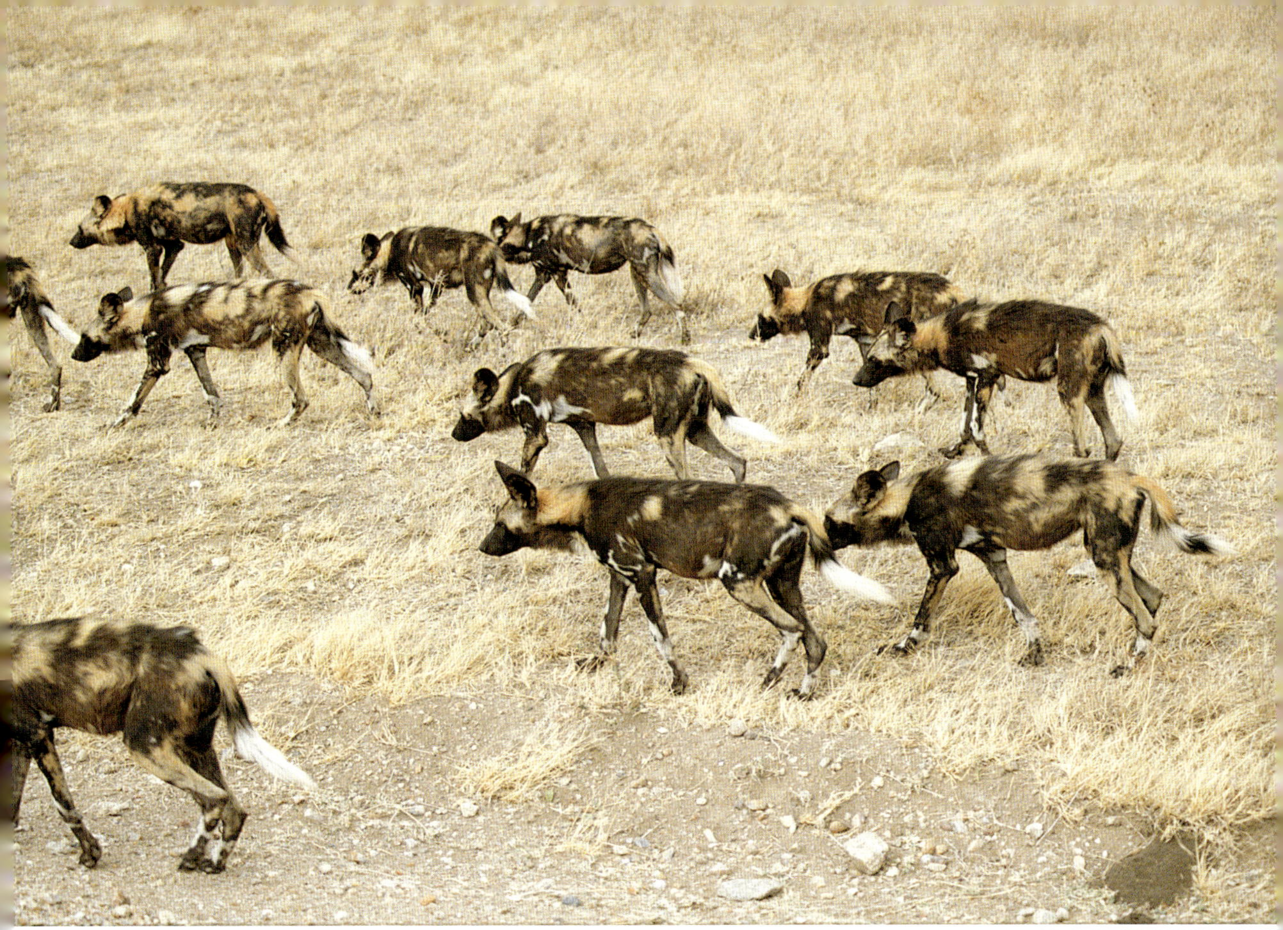

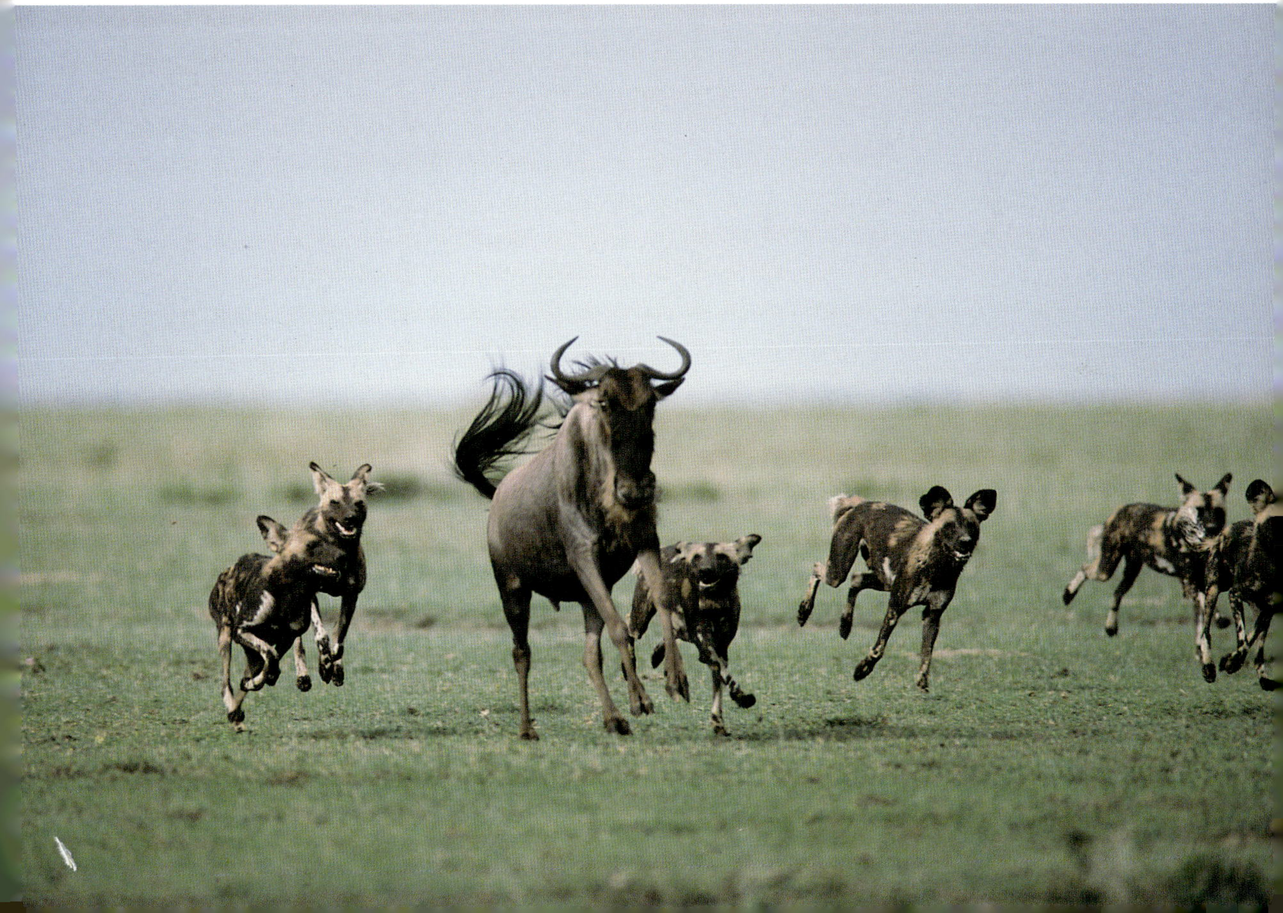

weißen Flecken auf sandfarbenem Hintergrund. Unter bestimmten Bedingungen kann es sich dabei um eine wirksame Tarnung handeln. Keine zwei Tiere haben aber genau dieselbe Zeichnung, sodass sich die Mitglieder eines Rudels individuell und auch auf Entfernung daran erkennen.

Einzelne Rudel entwickeln einen besonderen Geschmack und eine Tradition bei der Beutewahl. Die einen spezialisieren sich auf Zebras, andere stellen Straußen nach, doch die meisten jagen verhältnismäßig häufige Tiere wie Impalas. Diese Gazelle kann den Wildhunden im Sprint davonlaufen. Doch diese sind ausdauernder. Eine einmal begonnene Jagd brechen sie selten ab. Über drei Kilometer halten sie eine Geschwindigkeit von fast 64 Kilometern pro Stunde durch. Bald laufen sie zu beiden Seiten des Impalas. Wenn das gejagte Tier aus irgendeinem Grund nach rechts oder nach links abbiegen muss, nehmen Tiere im hinteren Teil des Rudels eine Abkürzung und übernehmen die Spitze. Afrikanische Wildhunde haben die höchsten Erfolgsraten unter allen Raubtieren.

Nur das älteste Paar im Rudel pflanzt sich fort – wie bei den Wölfen. Die Wildhunde unterscheiden sich aber in einem wichtigen Punkt von den Wölfen. Den langfristigen Kern eines Wolfsrudels bilden die Weibchen. Junge Wölfinnen bleiben bei ihrer Mutter, und ein Weibchen wird früher oder später die beherrschende Stellung der Mutter übernehmen. Junge Männchen hingegen verlassen oft das Rudel und schließen sich anderen an. Das ist die Regel bei vielen sozialen Säugern. Bei den Afrikanischen Wildhunden bleiben aber die Männchen in der Gruppe, während die Weibchen ausziehen. Nicht nur das: Wenn ein Weibchen geht, wird es von seinen Schwestern begleitet. Die zurückbleibenden Männchen stammen alle vom Alpha-Tier ab und sind somit Brüder. Der Grund für dieses Verhalten ist nicht klar.

Während die Vorfahren der Hundeartigen in der Neuen Welt entstanden, entwickelte sich in den Wäldern der Alten Welt eine andere Raubtiergruppe. Auch sie sind ursprünglich Baumbewohner. Die Tiere, die ihnen heute noch am nächsten stehen, sind die Ginsterkatzen. Es handelt sich um einzelgängerisch lebende Tiere mit geflecktem Fell, langem Rumpf und langem Schwanz. Sie sind so beweglich, dass sie auf ihrem lautlosen Weg durch das Geäst eher zu fließen als zu laufen scheinen. Nur wenige Tiere können mit solcher Geschwindigkeit, Anmut und Beweglichkeit von Baum zu Baum eilen. Ihre Trittsicherheit verdanken sie einem Merkmal, das die Hundeartigen nie entwickelt haben, nämlich spitzen Krallen. Wenn sie nicht gebraucht werden, zieht die Ginsterkatze sie in eine Scheide zurück.

Ginsterkatzen sind in ihrer Ernährung keinesfalls spezialisiert. Sie nehmen Insekten, Eier und Früchte. Sie jagen auch geschickt Vögel und Hörnchen sowie andere Nagetiere. Der Geruchssinn spielt in ihrem Leben eine wichtige Rolle. Sie bespritzen die Zweige, über die sie laufen, mit Urin und dem Sekret einer Drüse unterhalb des Schwanzes. Untereinander kommunizieren sie mit Gerüchen. Aller-

140

dings sind die Baumkronen nicht der ideale Ort für diese Art der Kommunikation, denn Gerüche halten sich in luftiger Höhe nicht sehr lange. Viel effizienter ist diese Kommunikation auf dem Boden, und hier leben die Verwandten der Ginsterkatzen, die Zibetkatzen.

Verschiedenste in unterschiedlicher Schärfe scheinen die Welt der Zibetkatzen zu beherrschen. Anhand von Gerüchen finden sie ihre Nahrung, mögen das nun der prickelnde Duft einer weit entfernten reifen Frucht oder die winzigen Geruchsspuren sein, die ein Kleinsäuger mit seiner Fußspur zurückgelassen hat. Auch die Kommunikation innerhalb der Gruppe erfolgt mit Hilfe von Düften. Das für diese Botschaften zuständige Organ ist eine beutelartige Drüse zwischen After und Geschlechtsorgan. Sie produziert eine honigdicke ölige Substanz, die in grö-

141   *Oben: Ginsterkatze, Südafrika*

ßerer Konzentration für uns so unangenehm riecht, dass einem schlecht werden kann.

Das Sekret hat jedoch besondere Qualitäten, die die Parfümeure seit langem schätzen. Das Öl der Afrika-Zibetkatze verstärkt andere Gerüche, hält die flüchtigen Anteile zurück und gibt sie nur langsam wieder ab. Aus diesem Grund spielt das Öl der Zibetkatze seit Jahrhunderten eine bedeutende Rolle. Die Tiere wurden nur deswegen gejagt. Sie selbst schmieren ihr Öl auf Kothaufen, Felsen und Zweige und markieren damit ihr Territorium. Die Duftmarken sind eine Warnung für Fremdlinge. Sie sollen fern bleiben. Einige Zibetkatzen kauern sich nieder und verschmieren ihr Öl direkt auf dem Boden. Andere stellen sich auf die Vorderbeine, um ihr scharf riechendes Poster so hoch wie möglich aufzuhängen.

Ein bodenbewohnender Verwandter der Zibetkatze hat eine besonders komplexe olfaktorische Kommunikation entwickelt. Die Braunen Hyänen der Kalahari, die auch Schabrackenhyänen heißen, markieren ihr Territorium ausgiebig. Die Art lebt in Rudeln von ungefähr zwölf Tieren. In der Wüste gibt es nicht viel Nahrung, und die Mitglieder des Rudels müssen weite Gebiete nach Beutetieren oder Aas absuchen. Ungefähr alle 400 Meter markieren sie. Sie gehen dabei so über einen Grashorst oder einen einzigen Halm, dass er eine bestimmte Stelle zwischen ihren Beinen berührt. Dann kauern sie sich halb nieder und beschmieren die Stelle mit Öl aus ihrer Analdrüse, wie es auch die Ginster- und die Zibetkatzen tun. Doch die Braune Hyäne kennt noch einen besonderen Trick.

Sie produziert zwei verschiedene Sekrete. Das erste ist weiß und pastös und bleibt in einem kleinen Tropfen von der Größe eines Streichholzkopfes am Grashalm hängen. Wenn sich die Hyäne wieder langsam in Gang setzt, kontrahiert sich ihre Afterdrüse weiter und gibt ein kleineres, schwarzes Tröpfchen von einem anderen Teil der Drüse ab. Es bleibt oberhalb des weißen Tropfens hängen. Die beiden Sekrete haben unterschiedliche Eigenschaften und teilen verschiedenen Empfängern auch unterschiedliche Botschaften mit. Der weiße Tropfen behält seinen Geruch über Wochen hinweg bei. Es handelt sich um eine ziemlich dauerhafte Warnung an die Hyänen anderer Rudel. Damit ist langfristig gesagt, dass das Territorium besetzt ist. Der schwarze Tropfen verliert rasch seine Wirkung und verschwindet nach eini-

gen wenigen Stunden. Wenn andere Rudelmitglieder auf der Nahrungssuche vorbeikommen, können sie an der Schärfe des Geruchs ablesen, wie viel Zeit seit der letzten Kontrolle schon verstrichen ist. Damit können sie entscheiden, ob es sich lohnt, die Wüste erneut nach Futter abzusuchen. Im Territorium eines Rudels gibt es bis zu 15 000 Markierungsstellen, die regelmäßig besucht werden.

Alle diese altweltlichen Raubtiere – die Hyänen, die Ginster- und die Zibetkatzen – vervollständigen ihren Speiseplan auch mit Pflanzen. Einige Zibetkatzen sind fast vollständig zu Fruchtfressern geworden. Doch eine nah verwandte Familie besteht aus richtigen Räubern, die kaum etwas anderes fressen als Fleisch. Sie sind die am höchsten spezialisierten Jäger unter den Säugern. Sie haben kurze Schnauzen und hohe gewölbte Schädel, die genügend Anheftungspunkte für die mächtigen Kiefermuskeln bieten. Und sie haben die schärfsten Reiß- und die längsten Eckzähne. Es sind die Katzen.

Die meisten Katzenartigen sind Einzelgänger im dichten Wald. Sie haben ein geflecktes Fell, das sie hervorragend tarnt. Zwischen den Individuen gibt es in der Regel große Unterschiede im Zeichnungsmuster, sodass man leicht die einzelnen Tiere daran erkennen kann. Auch die Grundfarbe schwankt erheblich. Ein männlicher Tiger, den ein indischer Maharadscha in der Mitte des 19. Jahrhunderts fing, war fast weiß. Der Fürst hielt das Tier in seinem Zoo. Hier pflanzte es sich regelmäßig fort, und bald wurden weiße Tiger auf viele Zoos in der ganzen Welt verteilt. Es handelt sich aber nicht um eine eigene Art, sondern nur um Albinos. Ihre Unfähigkeit, Pigmente zu bilden, ist genetisch festgelegt. Albinismus gibt es bei vielen Säugerarten, auch bei Menschen. Albinotische Tiger sind in freier Wildbahn sehr selten. Man kann sich vorstellen, wie schwierig es für ein solches Tier ist, im Dämmerlicht des Waldes unbemerkt auf Jagd zu gehen.

Leoparden und Jaguare zeigen die entgegengesetzte Tendenz und entwickeln oft zu viel Pigment. Das gilt besonders für die Leoparden von Malaysia, wo die Hälfte der Population schwarz gefärbt ist. Die schwarzen Panter sind jedoch echte Leoparden. Ihre Flecken sind unter dem dunklen Fell oft noch zu entdecken.

Die meisten Katzen sind nachts aktiv. Tagsüber sehen sie so gut wie wir, nachts ungefähr sechsmal so gut. Die erhöhte Empfindlichkeit verdanken sie einer Membran, die viele nachtaktive Säugetiere aus verschiedenen Gruppen unabhängig voneinander entwickelt haben. Sie liegt hinter der Netzhaut und reflektiert Licht, das die Netzhaut bereits durchquert hat. Dieses Tapetum bewirkt, dass die Augen einer Katze nachts im Schein der Taschenlampe aufleuchten.

Katzen aus der alten Welt überquerten die Beringstraße und gelangten in die neue, wie dies die Hunde in umgekehrter Richtung taten. Der Jaguar breitete sich über beide amerikanischen Kontinente aus, von den südlichen Wüsten der USA bis hinunter nach Argentinien. Der Ozelot, der etwas größer als ein Luchs wird, hat eine

Rechts: Jaguar beim Klettern, Südamerika

ähnliche Verbreitung. Ungefähr ein halbes Dutzend Vettern haben sich unterschiedlichen Lebensräumen angepasst, die Ozelotkatze an den tropischen Regenwald, die Langschwanzkatze an das Leben auf Bäumen, die Bergkatze an die Hochanden von Südperu bis nach Chile, die Kleinfleckkatze den Bergwäldern und die Pampaskatze den Grasgebieten Südamerikas. Die größte Vielfalt zeigen die Katzen jedoch in ihrer Heimat, der alten Welt. Luchs und Wildkatze leben von den Nadelwäldern des Nordens südwärts bis nach Spanien. In den asiatischen Hochgebirgen jagt eine der seltensten und am wenigsten erforschten Katzen, der Schneeleopard.

Oben: Jaguar auf Nahrungssuche, Südamerika

146

Rechts oben:
Ozelot, Südamerika
Rechts unten: Langschwanzkatze, Peru

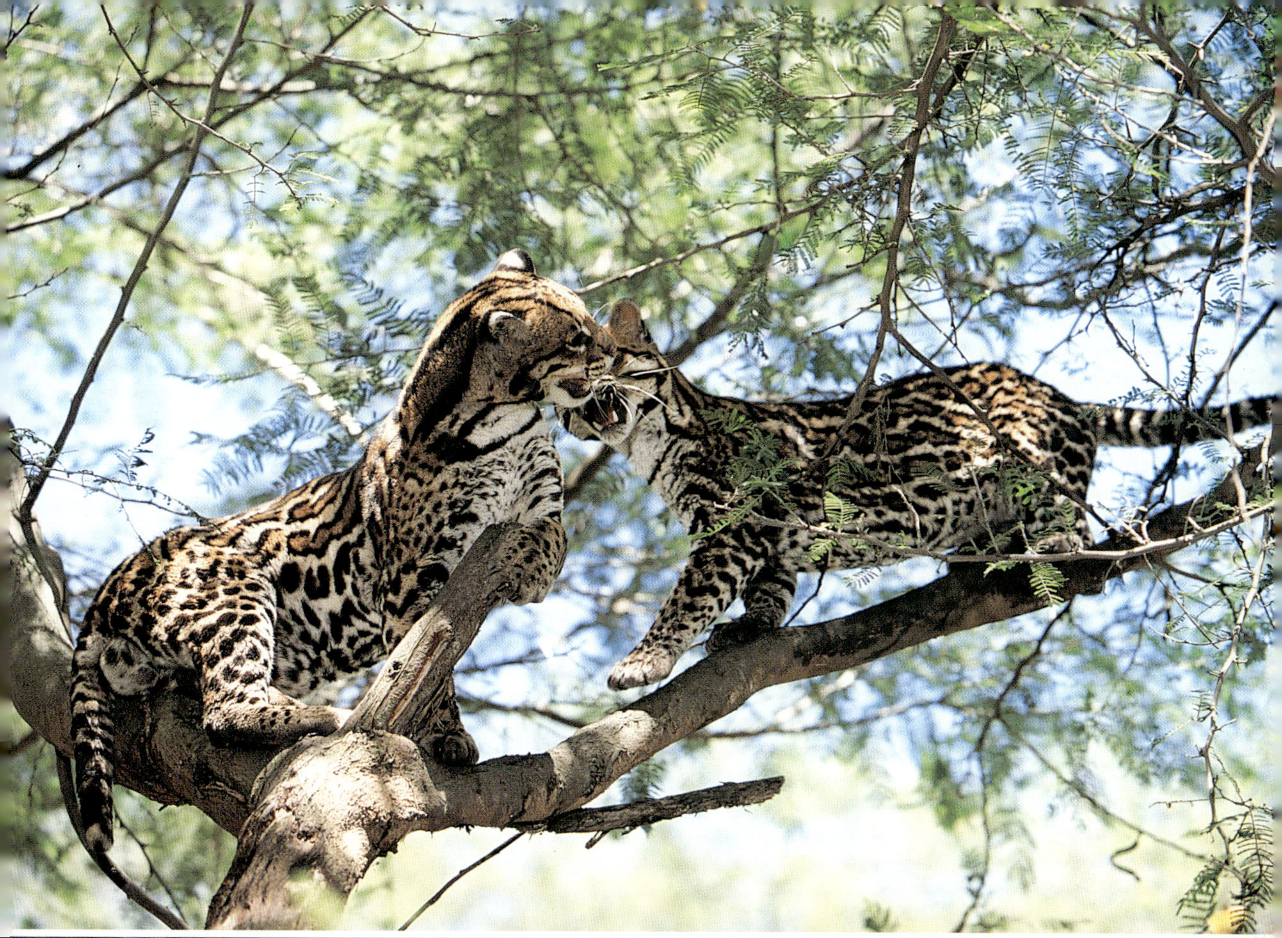
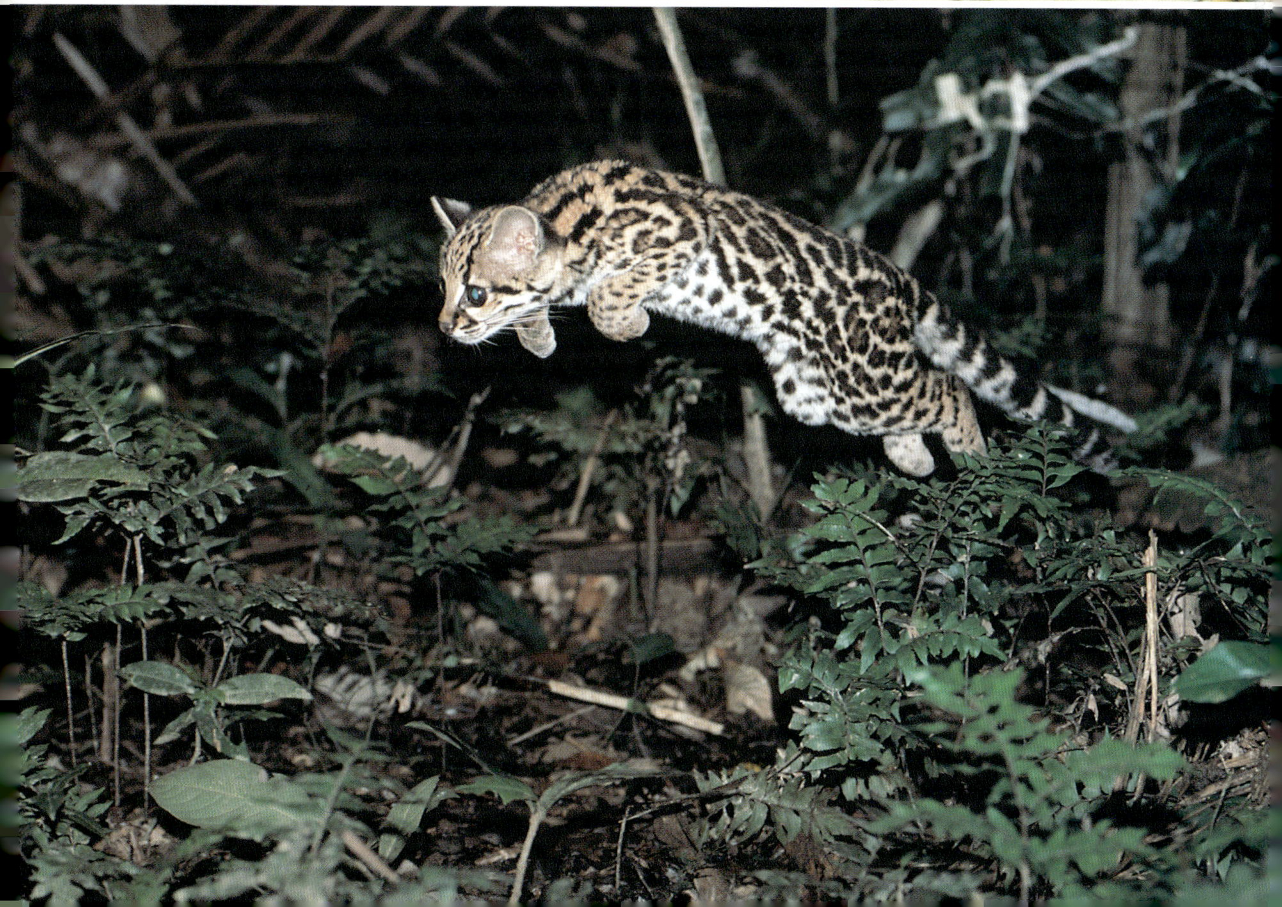

Ungefähr ein halbes Dutzend Katzenarten bewohnt die Regenwälder Südostasiens, darunter die Fischkatze, die Leopardkatze, die Marmorkatze und die Flachkopfkatze.

Der Tiger kam früher im größten Teil Asiens vor. Er lebte im Regenwald, in Sumpfgebieten, in Buschlandschaften und entwickelte getrennte regionale Populationen, die sich in Körpergröße und Fellzeichnung so weit unterscheiden, dass man sie als Unterarten betrachten kann. Viele darunter sind heute allerdings ausgestorben, etwa der Java- und der Balitiger. Die Rassen in Sumatra und Südchina sind extrem selten geworden. Auch der Kaspische Tiger, der früher von Afghanistan bis in die Türkei vorkam, ist ausgerottet. Sogar in Indien wurde das Verbreitungsgebiet des Tigers stark reduziert. Die größte Unterart hat bis heute überlebt – allerdings mit Mühe und Not. Ihre gewaltige Größe ist keine Überraschung, weil es von Vorteil ist, bei niedrigen Temperaturen groß zu sein. Doch der Sibirische Tiger wirkt außerordentlich mächtig, und die Männchen wiegen über 300 Kilogramm. Der Sibirische Tiger ist damit der größte Fleischfresser des Festlandes.

Auch Afrika hat spezialisierte Katzenarten. Der kleine Serval hat besonders lange Beine und jagt im hohen Gras Mäuse und Ratten. Er ist so geschickt und gelenkig, dass er seine Aufmerksamkeit von den Kleinsäugern vor ihm auf dem Boden auf

einen niedrig fliegenden Vogel richten kann, den er dann mit einem Prankenschlag erbeutet. Der Leopard jagt fast nur nachts. Er schleicht sich in absoluter Stille an seine Beutetiere an. Dabei tastet er sich mit den Vorderbeinen langsam vorwärts, um sicherzugehen, dass kein Zweig knackt und kein Blatt raschelt. Die Hinterpfoten setzt er genau in die Trittsiegel der Vorderbeine.

Der Gepard überrennt seine Beute. Seine Wirbelsäule ist so biegsam, dass er in vollem Lauf seine langen Hinterbeine zwischen seine Vorderbeine strecken und somit riesige Sätze machen kann. Die Krallen kann er nicht vollständig in die Scheiden zurückziehen. Ihre Spitzen ragen heraus und wirken wie die Spikes an den Schuhen eines Kurzstreckenläufers. Mit diesen Anpassungen kann er eine Geschwindigkeit von fast hundert Kilometern in der Stunde erreichen und ist damit das schnellste Landtier. Doch lange Strecken hält er nicht durch. Wenn er seine Beute nicht schnell überwältigen kann, muss er nach einer Minute aufgeben.

Alle diese Katzenarten in Nord- und Südamerika, in Asien, Europa und Afrika sind Einzelgänger. Eine Art jedoch hat eine ganz andere Lebensweise, der Löwe.

Oben: Indischer Tiger

Löwen leben in Rudeln, die zwanzig oder mehr Individuen umfassen. Es sind aber kaum je alle auf einmal zu sehen, da einzelne Mitglieder sich auch unabhängig im Territorium bewegen. Sie sind allein unterwegs oder schließen sich oft einige Tage lang einem anderen Rudel an. Das Rudel geht auch nicht zur selben Zeit geschlossen auf Jagd. Trotzdem bilden die Tiere eine soziale Gruppe, weil sie sich gegenseitig tolerieren und sich anscheinend sogar über die Gegenwart des anderen freuen. Die übliche Erklärung für dieses untypische Katzenverhalten lautet, dass die Löwen die Teamarbeit für ihren Jagderfolg brauchen.

Die Löwinnen eines Rudels gehen oft zusammen auf Jagd. Sie bilden dabei eine weit auseinander gezogene Linie. Wenn sie sich einer Gruppe von Gnus oder Zebras nähern, drücken sie sich ins Gras und bewegen sich nur noch langsam vorwärts. Schließlich wird aber doch eine Löwin entdeckt. Die Herde flieht in Panik. Dabei gelangt ein Beutetier fast unfehlbar in die Reichweite der einen oder anderen Löwin, die damit ihre Chance bekommt, Beute zu machen. Ist dies aber ein zielgerichtetes Teamwork? Und wenn dem so wäre, ist diese Zusammenarbeit für den Jagderfolg so wesentlich, dass die Löwinnen in Rudeln leben müssen? Es trifft sicher zu, dass ein einzelner Löwe sehr große Schwierigkeiten hätte, die größten

Oben: Gepard auf der Jagd, Kenia

Grasfresser in der Savanne zu überwältigen, etwa Giraffen, Elenantilopen oder Büffel. Dem könnte man entgegenhalten, dass die Löwen sich einfach nicht an solche Beutetiere heranwagen müssten. Eine Statistik, die über Jahre hinweg durch geduldige Beobachtung eines Rudels entstand, zeigt sogar, dass die gemeinschaftliche Jagd für einzelne Individuen von Nachteil sein kann. Ein Löwe, der allein auf Jagd geht, ist im Schnitt jedes siebte Mal erfolgreich. Wenn mehrere Tiere zusammen jagen, sind sie natürlich erfolgreicher und haben jedes zweite oder dritte Mal Glück. Diese Jäger müssen jedoch ihre Beute teilen. Ein einzelner Löwe erbeutet bei sieben Versuchen eine ganze Gazelle. Bei der gemeinschaftlichen Jagd, an der vielleicht zehn Tiere beteiligt sind, kommt er aber nur auf ein Drittel Gazelle. Natürlich ist dies eine starke Vereinfachung. Es könnten auch andere Faktoren eine Rolle spielen. Es könnte zum Beispiel besser sein, öfter und etwas weniger zu fressen als viel auf einmal mit langen Zeitabständen dazwischen. Und ein Löwenrudel ist sicher besser geeignet, um ein erlegtes Beutetier gegen marodierende Hyänen zu verteidigen. Doch da gibt es – abgesehen vom Jagderfolg – noch einen weiteren Grund für das Zusammenleben der Löwen in Rudeln.

In den Rudeln leben sehr viel mehr Weibchen als Männchen. Sie bilden den Kern der sozialen Gruppe, und sie wehren sich gegen rivalisierende Rudel, die in das

Territorium einzudringen versuchen. Alle diese Weibchen sind miteinander verwandt – sie sind Schwestern, Tanten und Töchter. Sie arbeiten zusammen und gehen oft in Gruppen von ungefähr sechs Tieren auf die Jagd. Sie zeigen eine deutliche Zuneigung zu den Jungtieren ihrer Rudelgenossinnen. Und säugende Mütter lassen bei Gelegenheit auch ihre Neffen und Nichten zum Zug kommen.

Nur selten sind mehr als drei oder vier Männchen im Rudel. Sie können Brüder sein, sind aber mit den Weibchen nicht verwandt. Wenn es zur Paarung kommt, zeigen sie keinerlei Konkurrenzverhalten. Ein Männchen merkt, dass eine Löwin bald brünstig wird, und wacht nun über sie, bis sie empfängnisfähig ist. In den wenigen Tagen der Brunst paart sich das Männchen mit ihr wiederholt. Da meistens mehrere Weibchen im Rudel gleichzeitig brünstig werden, besteht somit keine Notwendigkeit einer Konkurrenz zwischen den Männchen.

Die Männchen halten sich aber nicht dauernd im Rudel auf, und sie bleiben selten länger als drei Jahre in derselben Gruppe. In dieser Zeit werden sie immer wieder von kleinen Gruppen umherwandernder Männchen herausgefordert. Es handelt sich dabei um Brüder oder Freunde, die eine Koalition bilden. Größe und Aussehen spielen bei diesen Streitigkeiten eine wichtige Rolle. Deswegen ent-

Oben: Löwin mit Jungen, Kenia

wickeln männliche Löwen eine beeindruckende Mähne und sind auch erheblich schwerer als die Weibchen. Doch durch ihre Größe und ihr Gewicht sind sie auch weniger schnell und weniger beweglich. Deswegen nehmen sie selten an gemeinschaftlichen Jagden teil. Meistens tun sie nichts anderes, als einen Teil der Beute einzufordern, die die Löwinnen des Rudels erlegt haben. Mit ihrer Körpermasse bahnen sie sich einfach einen Weg zum getöteten Tier.

Alternde Männchen werden schwächer. Schließlich gelingt es einer Gruppe umherziehender Junggesellen, den Alten zu vertreiben. Dann töten die Neuankömmlinge alle Jungtiere, die noch gesäugt werden und die, die in den nächsten Wochen auf die Welt kommen. Die Weibchen verteidigen dabei ihre Jungen, doch die Männchen sind größer und mächtiger. Es gibt da keinen Ausweg.

Über ein Drittel der Jungtiere eines Rudels wird auf diese Weise getötet. Die Weibchen werden nach dem Kindsmord innerhalb von Wochen oder sogar von Tagen wieder empfängnisbereit. Die Fortpflanzung beginnt von neuem. Dies mag einer der Faktoren für den synchronen Geschlechtszyklus der Weibchen sein. Einige wenige heranwachsende Weibchen verlassen das Rudel und suchen sich einen Partner. Die meisten bleiben aber bei ihren Müttern und Schwestern. Die jungen Männchen hingegen werden vertrieben, sobald sie drei oder vier Jahre alt sind.

So kommt es, dass große Gruppen in der Löwengesellschaft von Vorteil sind. Die Weibchen müssen zusammenbleiben, um das Jagdterritorium zu verteidigen, und die Zahl der Antilopen und Gazellen ist so groß, dass für alle genug Futter vorhanden ist. In ähnlicher Weise muss ein einzelnes Männchen eine Koalition eingehen, um ein Rudel übernehmen zu können. Allein hat es kaum Chancen, und so macht es Sinn, wenn die Löwen in größeren Gruppen zusammenleben, mag Teamwork nun notwendig sein oder nicht, um einige Beutetierarten zu erlegen.

Für diese Behauptung gibt es einen weiteren Beweis. Der Vorfahre der Hauskatze ist die Falbkatze des Mittleren Ostens und Nordafrikas. Wie viele andere Katzen lebt sie einzelgängerisch. Doch verwilderte Hauskatzen in Großstädten oder auf Bauernhöfen finden so viel Nahrung, wie dies ihren Vorfahren niemals möglich gewesen wäre. Auf Bauernhöfen braucht eine solche Katze keine Hilfe, um eine Maus zu überwältigen. Im Stadtzentrum ist sie ebenfalls nicht auf andere Individuen angewiesen, um die Überreste eines Hühnchenbraters zu plündern. Teamwork wird hier nicht gebraucht.

An solchen Orten gibt es so viel Nahrung, dass viele verwilderte Hauskatzen überleben können. Sie stehen aber nicht alle untereinander in einem uneingeschränkten Konkurrenzverhältnis. Sie bilden vielmehr Teams. Weibchen helfen ihren Schwestern, Töchtern und sogar Enkelinnen. Sie leben nahe nebeneinander und verbinden sich, um nicht verwandte Katzen, die in ihr Territorium eindringen möchten, fern zu halten. Sie bringen ihre Jungen in einem gemeinsamen Nest auf die

154

Welt. Säugende Mütter gestatten auch ihren Nichten und Neffen Zugang. Und Kater, die in geringerer Zahl neben diesen Weibchengruppen leben, töten die Kätzchen, die von ihren Rivalen stammen. Die Parallelen zum Löwenrudel sind nicht zu übersehen.

Es lässt sich für jede Säugergruppe zeigen, dass die Ernährungsweise tief greifende Auswirkungen auf die Anatomie hat. Es scheint aber, dass das Nahrungsangebot auch den Charakter eines Tieres verändern kann, selbst wenn es um ein so tief verwurzeltes Merkmal wie das Einzelgängertum bei den Katzen geht.

Oben: Wildkatze, Schottland

6

Die Opportunisten

Bambus ist ein Riesengras und gehört zu den unverdaulichsten Mitgliedern der Pflanzenfamilie. Für Grasnahrung brauchen alle Tiere besonders kräftige Zähne und mächtige, bisweilen unterteilte Mägen. Die Säugetiere, die solche Anpassungen entwickelt haben und die heute Gräser in den offenen Ebenen überall auf der Welt abweiden, sind in großer Arten- und Individuenzahl vertreten. Der Bambus jedoch schafft ganz besondere Probleme. Die Pflanzen werden bis über 15 Meter hoch. Ihre Stängel sind außerordentlich hart und holzig. Reife Sprosse enthalten so viel Kieselsäure, dass davon das stärkste und widerstandsfähigste Stahlmesser stumpf wird. Nur die jungen Sprosse können entfernt als essbar gelten. Deswegen ernähren sich nur ganz wenige Tiere von Bambus. Das bedeutet aber auch, dass eine Art, die Bambus frisst, ungeheure Futtermengen zur Verfügung hat. Und das ist, so scheint es, eine große evolutionäre Verlockung.

Darauf reagierten die Vorfahren des Großen Pandas. Heute weist die Art flache Backenzähne zum Zerquetschen und Zerreiben auf. Sogar die Zähne, die bei den Katzen als Reißzähne ausgebildet sind, zeigen eine flache Form. Und der Panda hat ein spezielles Instrument für die Ernte der Bambushalme entwickelt. Kein Tier – mit Ausnahme der Affen – kann den Daumen den übrigen Fingern gegenüberstellen und damit Gegenstände greifen. Die einzige Ausnahme bildet hier der Riesenpanda. Eine seiner Handwurzelknochen wurde zu einem beweglichen mit Muskeln ausgestatteten Fortsatz an der Basis der Vorderpfote. Damit hat der Panda sechs funktionale Finger an den Vorderpfoten. Wenn er diesen zusätzlichen Finger gegen die Pfote drückt, kann er junge Bambusschösslinge packen und zum Mund führen, etwa so wie wir Stangensellerie essen.

Doch von einer derart spezialisierten Ernährung abhängig zu sein ist eine riskante Angelegenheit. Wenn das Futter aus irgendeinem Grund ausgeht, kann ein so hoch spezialisiertes Tier auf keine andere Nahrung übergehen und muss deswegen

Rechts: Grosser Panda
frisst Bambus, Sichuan, China

hungern. Bambus hat abgesehen von seiner Unverdaulichkeit ein weiteres ungünstiges Merkmal. Einige Arten blühen nur selten und vermehren sich stattdessen durch Wurzelstöcke, aus denen neue Pflanzen sprießen. Schließlich aber kommen auch sie zur Blüte und zwar alle Individuen einer Art zur selben Zeit. Bisweilen beträgt die Zeit zwischen zwei solchen Ereignissen 15, bei gewissen Arten sogar bis 120 Jahre. Jedenfalls sterben danach alle erwachsenen Pflanzen ab. Die Zukunft der Art liegt nun allein in den Samen. Wenn Pandas in einem Wald von einer solchen Bambusart leben, müssen sie nach einer Massenblüte auswandern und andere Bambusarten als Futter finden. Dies muss die Pandas immer wieder vor ein großes Problem gestellt haben. Heute hat allerdings das Bevölkerungswachstum in China dazu geführt, dass viele Bambuswälder verschwunden sind und den Pandas nur noch wenige Rückzugsgebiete bleiben. Wenn der Bambus in einem dieser isolierten Reservate abstirbt, sind auch die Pandas zum Verschwinden verurteilt. So überrascht es nicht, dass der Große Panda eine der am meisten gefährdeten Säugetierarten darstellt. Spezialistentum ist ein Hochseilakt – spektakulär, wenn er gelingt, aber katastrophal beim geringsten Versagen.

Trotzdem kann eine Tierart mit Nahrung überleben, die nur für kurze Zeit

verfügbar ist, sofern sie darauf vorbereitet ist, mit ganz verschiedenartigem Futter zurechtzukommen. Und das bedeutet, dass sowohl ihr Verhalten als auch ihre Verdauung angepasst sein müssen. Die Art kann dann von der einen Nahrung leben, wenn diese gerade in Überfülle vorhanden ist. Und wenn diese Nahrungsquelle versiegt, geht das Tier zu einer anderen Form der Ernährung über. So reagieren Allesfresser. Diesen Weg schlugen die meisten entfernten Verwandten des Pandas ein, die Bären.

Der größte aller Bären, der Grisli, lebt hoch im Norden Amerikas. Er hat sich wie andere Arten auch an das raue Klima durch ein Wachstum der Körpergröße angepasst. Der Grisli ist riesig. Ein großes Männchen kann über eine halbe Tonne wiegen. Es bewegt sich sehr schnell und überholt mit Leichtigkeit einen Menschen. Durch seine Statur, seine Stärke und Geschwindigkeit ist der Grisli ein gefürchteter Jäger. Er kann Schneeziegen und Elche erlegen. Doch es kann viel Energie kosten, Beutetiere aufzuspüren und sie zu töten. Deswegen ist Fleisch keineswegs der Hauptbestandteil seiner Speisekarte. Im Frühling fressen die Bären alle möglichen Pflanzen – Gräser, Schachtelhalme und Lilienzwiebeln. Sie wandern zum Meeresufer und graben Weichtiere aus dem Sand. Im Sommer halten sie sich an verschiedene Beeren. Sie holen auch Mäuse, Erdhörnchen und Murmeltiere aus ihren Bauen.

Wenn die Lachse die Flüsse Alaskas hochschwimmen, um zu ihren Fortpflanzungsgebieten zu gelangen, versammeln sich die Bären an Stromschnellen, oft in Gruppen von einem Dutzend oder mehr Tieren. Die Grislis stehen mitten im tosenden Wasser und holen sich die Lachse aus der Luft, ohne sich dabei groß anstrengen zu müssen.

Die Bären des Yellowstone-Nationalparks haben eine besondere Delikatesse entdeckt. Im Juli treten bestimmte Nachtschmetterlinge in großer Zahl auf und saugen den Nektar aus den Sommerblüten. Tagsüber klammern sich die Motten an Felsen. Doch die Bären haben sie entdeckt und steigen regelmäßig bis über 3000 Meter hoch, um sich von ihnen zu ernähren. Ein einziger Bär kann an einem Tag 30 000 solcher Nachtschmetterlinge auflecken.

Doch ein großes Tier hat auch einen großen Appetit. Das ist einer der Nachteile der Größe, und selbst ein so unkomplizierter Allesfresser wie der Grisli kann Schwierigkeiten bekommen, genügend Nahrung zu finden. Er lebt als Einzelgänger. Wenn der Winter naht und das Land von Schnee bedeckt ist, findet selbst der unternehmungslustigste Grisli nicht mehr genügend Nahrung. Er löst das Problem, indem er sich schlafen legt. Jeder Bär sucht sich eine Höhle oder einen hohlen Baum und macht es sich dort bequem. Seine physiologischen Vorgänge verlangsamen sich. Seine Körpertemperatur sinkt um mehrere Grad, der Puls geht auf rund zehn Schläge pro Minute zurück. Das Tier wird schläfrig. In den nächsten fünf Monaten

Links: Braunbärenmutter
mit Jungem beim Ausgraben
von Muscheln, Nordamerika

159

Folgende Seiten: Braunbären beim
Lachsfischen, Nordamerika

lebt der Grisli von seinen Fettreserven. Er trinkt nicht, isst nicht, gibt weder Urin noch Kot ab. Es handelt sich dabei aber nicht um einen echten Winterschlaf wie bei den Murmeltieren, den Erdhörnchen und den anderen Nagern. Deren Herzschlag verlangsamt sich dabei noch viel mehr, und die Temperatur geht auf wenige Grad über null zurück. Solche Winterschläfer brauchen erheblich Zeit, um wieder zu voller Aktivität aufzuwachen. Es könnte ein fataler Fehler sein zu glauben, dass sich schlafende Bären im Winter gleich verhalten. Bei einer Störung werden sie nämlich sofort aktiv.

In den Wintermonaten tut das Weibchen auch noch anderes als Schlafen. Selbst wenn es döst, gebärt es Junge, in der Regel zwei nackte Babys. Sie sind nicht größer als Ratten und damit außergewöhnlich klein im Vergleich zur Masse des Weibchens. Ein neugeborenes Menschenbaby, das klein erscheint im Vergleich zu seinen Eltern, wiegt ungefähr ein Fünfzehntel seiner Mutter. Das Grislijunge bringt es nur auf ein Hundertstel. Es ist im Verhältnis zur Mutter kleiner als jedes andere Plazentatier. Doch seine geringe Größe und völlige Hilflosigkeit spielen keine Rolle, denn zusammen mit seiner Mutter kann ihm im Unterschlupf nichts zustoßen.

Vier oder fünf Monate lang bleiben die Babys mit ihrer Mutter im Dunkel der Höhle. Sie trinken ihre Milch und wachsen heran. Im Verlauf der Wochen öffnen sich ihre Augen, das Fell erscheint und sie werden größer. Draußen schmilzt der

Schnee. Wenn der Frühling ausgebrochen ist, geht die Mutter mit ihren Jungen ins Tageslicht.

Die Jungen brauchen zusätzlich zur Milch nun andere Nahrung. Zuerst gibt es frische grüne Blätter und Knospen. Mit den steigenden Temperaturen verändert sich auch das Futterangebot. Selbst die intelligenten und neugierigen Allesfresser müssen lernen, was sie finden können, was gut schmeckt und was sie meiden sollten. Wenn eine neue Pflanze sprießt, führt die Mutter ihre Jungen dorthin, damit sie die genaue Reihenfolge ihrer Ernährung kennen lernen. Die Jungtiere bleiben ein bis zwei Jahre bei ihrer Mutter, danach müssen sie selbst zurechtkommen.

Noch höher im Norden lebt der Eisbär, der sich bei der Ernährung längst nicht so opportunistisch verhält. Das erwachsene Weibchen pflanzt sich allerdings ähnlich fort wie der Grisli. Wenn der Winter herannaht, gräbt es sich eine Höhle im Schnee und bringt dort ihre Jungen auf die Welt – in der Regel Zwillinge. Die Mutter hat keine andere Möglichkeit, denn die nackten Babys würden bei den Temperaturen von weit unter −30 °C nicht überleben. Die Männchen hingegen verhalten sich ganz anders, da sie sich überhaupt nicht um ihren Nachwuchs kümmern. Sie bleiben auch im Winter aktiv, denn es gibt auf dem Arktischen Meer in dieser Zeit viel zu fressen.

Robben atmen Luft und müssen deswegen den ganzen Winter über Atemlöcher im Eis freihalten. Der Atem dieser Robben riecht zwar recht übel, doch es erstaunt

Oben: Braunbär
beim Früchtesammeln

trotzdem, dass die Bären den Geruch eines Atemloches in einem Umkreis von fünf Kilometern wahrnehmen können, selbst wenn das Loch unter einer meterhohen Schneeverwehung liegt. Der Bär wartet geduldig bei einem solchen Loch, und wenn die Robbe schließlich auftaucht, schlägt er mit der Vorderpranke heftig zu, sodass der Robbenschädel zu Bruch gehen kann. Die Robben sind besonders verwundbar vom Februar an, wenn die Fortpflanzung beginnt. Die Weibchen legen dann knapp unter den Atemlöchern kleine Kammern an, in der sie ihre Jungen gebären. Eisbären sind Experten beim Aufspüren solcher Kammern. Sie schleichen sich langsam an. Wenn das Weibchen den Räuber bemerkt, gleitet es ins Wasser und entkommt. Ihr Baby kann aber in den ersten Lebenstagen noch nicht schwimmen und fällt so dem Eisbären leicht zum Opfer.

Wenn der Frühling kommt und die Temperaturen steigen, wird das Leben leichter für die meisten Bewohner der Arktis. Paradoxerweise stehen dann den Eisbären schwierigere Zeiten bevor. Das Eis, auf dem sie sich im Winter ungehindert bewegen konnten, schmilzt langsam. Die Bären schwimmen zwar ausgezeichnet und können stundenlang im Wasser bleiben. Aber über Wochen hinweg geht das nicht. Deswegen müssen sie langsam zur Küste zurückkehren. Hier gibt es zwar Fleisch, aber in winzigen Portionen: Erdhörnchen und Lemminge. Das ist wenig für ein derart großes Tier, das sich Monate zuvor während einer einzigen Mahlzeit durch viele Kilos vom Robbenfett hindurchgefressen hat. Trotzdem gehen die Eisbären mit Begeisterung auf die Jagd. Wie die Grislis fressen auch sie Wurzeln und grüne Pflanzen und kauen zähe Binsen. Trotzdem müssen sie in den harten Sommermonaten auf Fettreserven zurückgreifen, die sie in den reichen Wintertagen angesammelt haben. Manchmal sind sie auf der Suche nach Fleisch jedoch so verzweifelt, dass sie Jungtiere der eigenen Art fressen, wenn die Mutter sie nicht von den Männchen fern hält.

Die kleinste Bärenart, der Malayenbär, den man an seinem gelben Fleck an der Brust erkennt, wird kaum höher als ein großer Hund. Er ist ungefähr so vegetarisch, wie der Eisbär ein Fleischfresser ist, und verbringt einen großen Teil seiner Zeit auf der Suche nach Früchten. Er ist aber auch ganz besonders wild auf Honig und reißt ganze Baumstrünke auseinander, um an ein Nest wilder Bienen zu gelangen. Bei der Futtersuche auf dem Boden nimmt er fast jede Nahrung. Er spürt Eier und Nestlinge bodenbrütender Vögel auf, etwa des Bankivahuhns. Er reißt auch Termitenhügel auf und leckt die weichhäutigen Tiere auf.

Die anderen Bärenarten, der asiatische Kragenbär, der nordamerikanische Schwarzbär und der Brillenbär der Anden, sind gleichermaßen Allesfresser. Sie streifen durch ihr Territorium und nehmen alles, was die Jahreszeit zu bieten hat und was sie gerade finden. Ein Mitglied der Familie hat allerdings begonnen sich zu spezialisieren. Das Verbreitungsgebiet des Lippenbärs zieht sich vom Fuße des Himalajas durch ganz Indien bis nach Sri Lanka. Er nimmt verschiedenartige pflanzliche und tierische Nahrung zu sich, hat aber eine besondere Schwäche für Termiten. Entsprechend hat er schon besondere Anpassungen an diese Ernährungsweise entwickelt. Er hat zwei Schneidezähne im Oberkiefer eingebüßt und damit eine Zahnlücke. Seine Lippen sind nackt und sehr umfangreich. An den Vorderpfoten trägt er besonders lange Krallen. Wenn er auf einen Termitenhügel trifft, bohrt er ein Loch. Dann steckt er seine Schnauze hinein, bildet mit seinen Lippen eine lange Röhre und saugt. Die Termiten werden vom Luftzug zu Hunderten aus ihren Kammern und Gängen herausgewirbelt. Wenn diese Bärenart auf dem eingeschlagenen evolutionären Pfad weitergeht, könnte sie wie der Große Ameisenbär ihre Zähne vollständig einbüßen. Damit hätte sich ein weiterer Allesfresser neben

dem Riesenpanda auf den Hochseilakt der extremen Spezialisierung eingelassen. Die Omnivorie ist nicht, wie man denken könnte, die Ernährungsweise der allerersten Säuger gewesen. Die frühesten Formen konnten mit ihren nadelartigen Zähnen nur von Insekten gelebt haben. Die ersten Nagetiere, die als nächste entstanden, fraßen kaum etwas anderes als Nüsse und Früchte. Auf sie folgten die Blattfresser. Erst vor ungefähr dreißig Millionen Jahren erschienen die ersten Fleischfresser, die diese Bezeichnung auch wirklich verdienen. Sie entwickelten sich als Seitenzweig waldbewohnender Paarhufer aus dem Umfeld der heutigen Hirschferkel. Die ersten unter ihnen waren nicht größer als ein Terrier. Schließlich aber entwickelten sich Riesenformen.

Dinohyus, der vor ungefähr zwanzig Millionen Jahren lebte, war zirka so groß wie ein Flusspferd und wog rund eine Tonne. Sein Schädel gibt uns Auskunft über seine Lebensweise. Die vorderen Zähne waren nicht meißelartig, sondern kurz und stumpf. Deswegen konnte er kein spezialisierter Grasfresser wie eine Antilope sein. Auch als richtiger Fleischfresser kam er nicht in Frage, weil die Eckzähne zwar groß, aber nicht dolchartig verlängert und scharf waren. Die Backenzähne hinten

im Kiefer waren jedoch sehr groß mit einer flachen Krone, wie man sie zum Zerkleinern pflanzlicher Nahrung braucht, etwa von Wurzeln, Früchten und Blättern. Kurz: Dinohyus besaß ein Gebiss aus Vielzweckzähnen und kam mit unterschiedlichstem Futter zurecht.

Der Schädel gibt uns auch Anhaltspunkte über die Lebensweise. Die Hohlform im Inneren lässt die Form des Gehirns erkennen, das es einst schützte. Dinohyus besaß im Vergleich zum Körper kein großes Gehirn, dafür aber überdurchschnittlich entwickelte Riechlappen. Sie verarbeiteten Informationen von den Riechnerven. Zusammen mit der Tatsache, dass die Schnauze besonders lange ausgezogen war, deutet das auf einen besonders scharfen Geruchssinn. Der Schädel wies noch ein weiteres und ziemlich eigenartiges Merkmal auf. Auf der Unterseite zeigten die Kiefer merkwürdige Knoten und Leisten. Sie lassen vermuten, dass das Tier über eine Art Gesichtsschmuck verfügte. Dies deutet darauf hin, dass das bizarre Tier ein frühes Mitglied aus der Familie der Schweine war.

Schweine verhalten sich beim Fressen am wenigsten wählerisch. Das europäische Wildschwein frisst fast alles, was ein Wald hervorbringt: Eicheln, Bucheckern, Kastanien, Farne, Regenwürmer, Schnecken, Frösche, Mäuse, Eidechsen und auch Aas. Der Eber hat eine besondere Vorliebe für Trüffel, also Pilze, die unterirdisch in rund 30 Zentimetern Tiefe auf Eichenwurzeln wachsen. Keine andere Art mit Aus-

Oben: Wildschweine
mit Frischlingen, Europa

nahme des Menschen hält diesen Pilz für essbar. Aber wir Menschen können Trüffel beinahe nicht finden. Die Schweine hingegen nehmen den Geruch des Pilzes wahr und graben ihn mit ihrer festen rüsselartigen Schnauze aus. Die nordamerikanischen Pekaris oder Nabelschweine fressen gerne Kakteen. In Afrika verbringt das Riesenwaldschwein viel Zeit in Grasgebieten, sodass Gräser auf seiner Speisekarte dominieren. Das Buschschwein lebt hingegen im Regenwald und findet so viele herabgefallene Früchte, dass es kaum etwas anderes zu sich nimmt. Das Warzenschwein hält sich in trockenen Savannen auf und ernährt sich von Wurzeln und Knollen, den Blattscheiden von Gräsern sowie von Baumrinden.

Alle diese Schweinearten haben auf beiden Seiten des Kiefers mehr oder minder umfangreiche zu Hauern vergrößerte Zähne. Sie sind beim Ausgraben von Wurzeln und Trüffeln nützlich, doch ist das wohl nicht ihre Hauptfunktion. Die Männchen setzen sie im Kampf untereinander ein. Da sie in der Regel beim Männchen größer sind als beim Weibchen und in Größe und Form auch von Individuum zu Individuum schwanken, haben sie wahrscheinlich mit dem Paarungsverhalten zu tun. Tatsache ist aber, dass alle Schweine von den frühesten Anfängen an eine Tendenz zum extravaganten Gesichtsschmuck zeigen. Das Buschschwein schmückt sich mit einem spektakulären Schnurrbart. Das Warzenschwein hat mächtige Hauer, aber auch Warzen, große von Haut bedeckte Fortsätze an der Wange. Sie schützen die

169

*Oben: Warzenschweinmännchen
beim Kampf, Zululand*

Augen von den Hauern gegnerischer Männchen im Kampf. Die bizarrste Art lebt auf der Insel Sulawesi in Indonesien. Es ist der Hirscheber, auch Babirussa genannt. Die Hauer des Unterkiefers wachsen senkrecht nach oben. Die des Oberkiefers machen dasselbe, stehen aber nicht an den Mundseiten, sondern brechen durch die Schnauze hindurch und wenden sich oben dann zurück, sodass sie auf die Stirn zeigen. Wahrscheinlich hatten die weiblichen Schweine von Anfang an eine Schwäche für besonderen Gesichtsschmuck bei den Männchen.

Eine weitere Familie früher Allesfresser entstand aus einem ziemlich abseits stehenden Zweig der Säuger. Sie stammen von einer jener frühen Gruppen ab, aus der vor rund zehn Millionen Jahren die Bären und Hunde hervorgingen. Die heute noch lebenden Tiere sind so vielfältig, dass es nur einen zoologischen Kunstnamen für sie gibt, Kleinbären. Der Zoologe spricht von den Procyoniden. Procyon ist der wissenschaftliche Name für das häufigste Familienmitglied, den Waschbären. Andere Arten sind viel weniger bekannt, etwa der Schlank- oder Makibär, das Katzenfrett, der Nasenbär und der Wickelbär. Einigen Forschern zufolge gehörte auch der Rote Panda in diese Familie. Sie alle sind ungefähr hauskatzengroß und haben lange Schwänze, die – allerdings mit einer Ausnahme – schwarz geringelt sind. Und alle – wiederum mit einer Ausnahme – verhalten sich bemerkenswert vorurteilslos bei der Frage, was sie fressen sollen.

Oben: Pekaris an einer
Salzleckstelle, Peru

170

Rechts oben: Buschschweine,
Westafrika
Rechts unten: Babirussa, Sulawesi

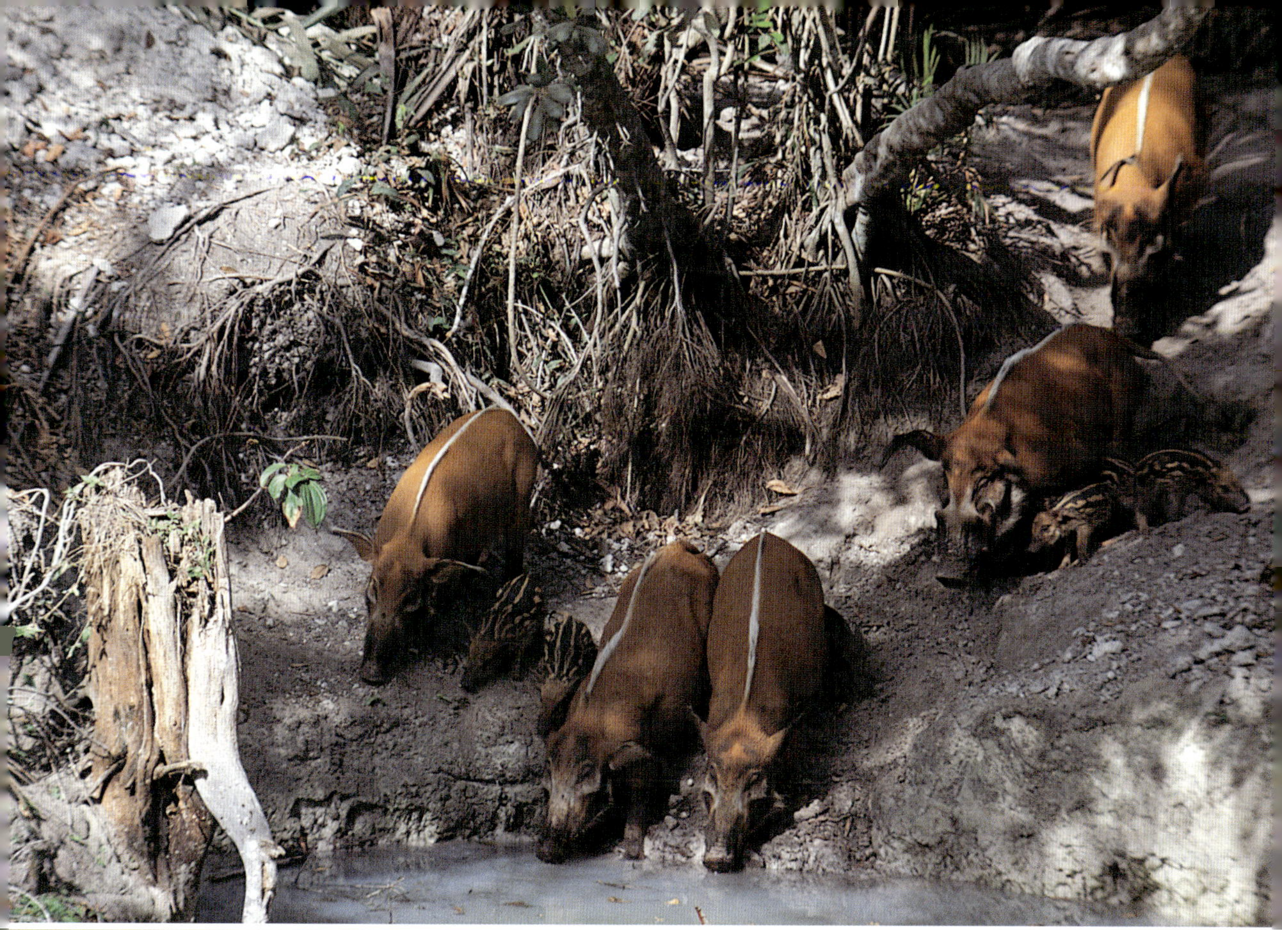

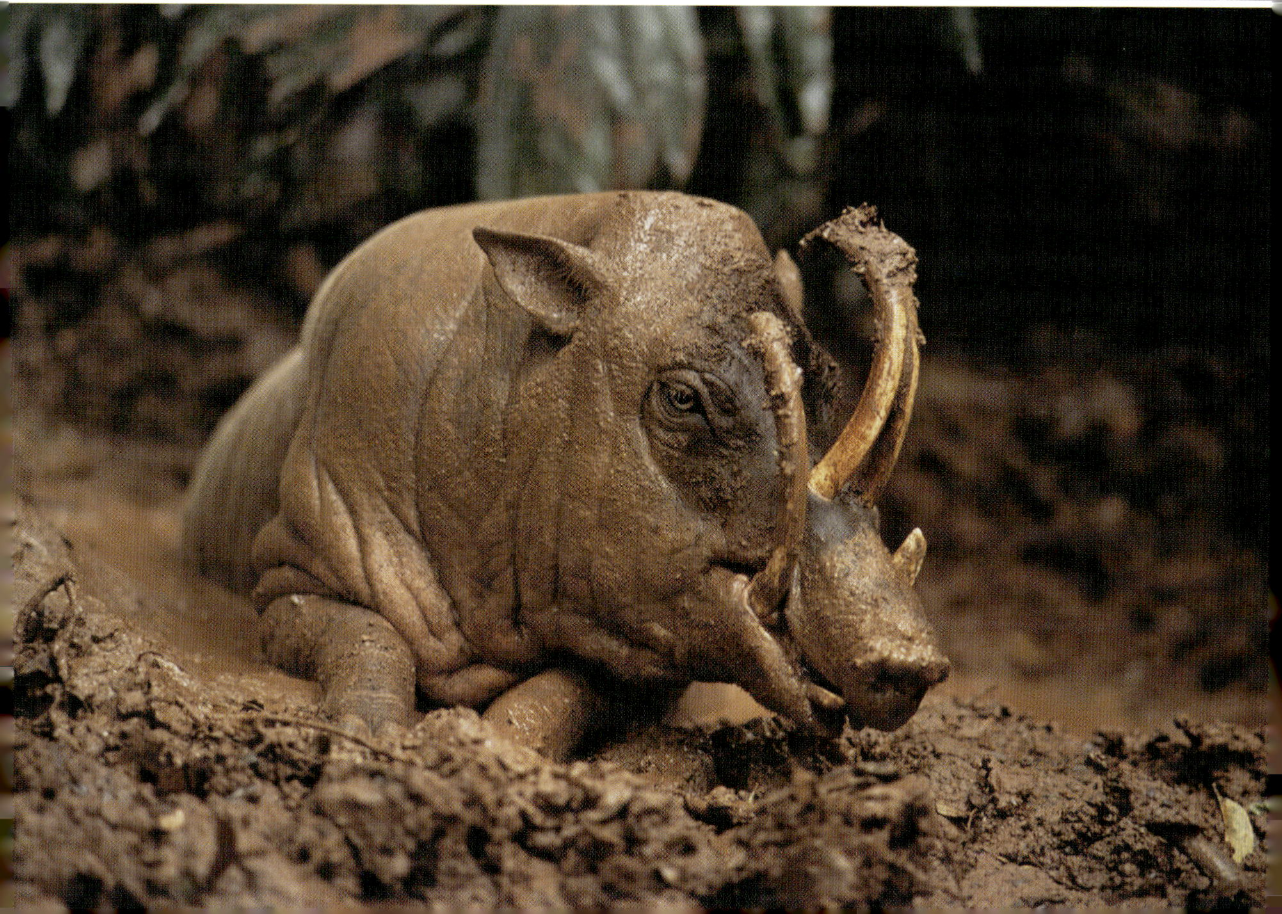

Wenn man viele verschiedene Dinge isst, tut man gut daran, sie vor dem Verschlucken genau zu untersuchen, um sicher zu sein, dass sie nicht giftig sind und keinen Stachel enthalten. Der Waschbär macht dies mit seinen Pfoten. Er frisst meist in tiefer Nacht. Die Haut auf seinen Fingern enthält zahlreiche Sinneszellen, mit denen das Tier die feinsten Unterschiede in der Textur wahrnimmt. Er kann allein mit seinem Tastsinn feststellen, ob eine Himbeere reif ist oder nicht. Der Waschbär jagt Regenwürmer und hört das Rascheln, das sie bei der Nahrungsaufnahme in der Bodenstreu erzeugen. Dann packt er einen, bevor sich dieser vollständig in seine Röhre zurückziehen kann. Sorgfältig zieht er ihn heraus, ohne ihn in zwei Stücke zu zerreißen und damit den größten Teil davon zu verlieren. Der Waschbär findet viel Nahrung in Bächen und Flüssen und setzt sich gerne an das Ufer. Dabei sucht er mit seinen Vorderpfoten nach Garnelen, Fröschen und kleinen Fischen. Dieses Verhalten ist so tief verwurzelt, dass gefangene Waschbären das Fressen, das sie bekommen, in ihre Wassergefäße tauchen. Und das hat zu ihrem Namen und zum Mythos geführt, dass sie sehr reinlich sind und ihre Nahrung vor dem Fressen waschen.

Die zweite verhältnismäßig bekannte Kleinbärenart ist der Nasenbär, auch Coati genannt. Er sucht seine Nahrung nicht mit den Händen, sondern mit seiner langen schmalen und sehr beweglichen Nase. Der Nasenbär steckt sie überall hinein und

frisst beinahe alles, was nur entfernt essbar erscheint – Früchte und Echsen, Ameisen und Spinnen, Tausendfüßler und Nestlinge. Früher glaubte man, es gäbe zwei Arten, die sich nebeneinander in den zentralamerikanischen Wäldern aufhalten. Die eine, ungefähr terriergroße, lebt in Gruppen von zwanzig oder dreißig Tieren. Die andere wesentlich größere besteht aus Einzelgängern. Die Einheimischen nannten die erste Art Coati, die zweite Coatimundi. In Wirklichkeit bestehen die Gruppen der kleineren Tiere nur aus Müttern mit ihren Töchtern und noch nicht ausgewachsenen Söhnen. Die großen Coatimundis sind nur erwachsene Männchen. Beide Namen hört man heute noch gelegentlich, obwohl sie ein und dieselbe Art bezeichnen.

Sobald ein Nasenbärmännchen erwachsen ist, wird es von den Weibchen seiner Familie verstoßen. Das ist nicht selten unter Säugern, die in kleinen Gruppen zusammenleben. Löwen und Elefanten verhalten sich genauso. Erstaunlicherweise verlassen aber die jungen Coatimännchen nicht das Territorium der Gruppe. Sie gehen nur allein auf Futtersuche. Dann kommt die Zeit der Fortpflanzung. Sie dauert nur drei oder vier Wochen. In dieser Zeit werden alle Weibchen brünstig. Nun verlassen die einzelgängerischen Männchen ihre Heimat und besuchen das Territorium einer benachbarten Gruppe, um sich dort mit den Weibchen zu paaren. Die Weibchen verstoßen die Männchen danach wieder, sodass diese in ihre Heimat zurückkehren.

Zwei weitere Kleinbären, das Katzenfrett und der Schlank- oder Makibär, sind noch kleiner als weibliche Nasenbären. Sie leben auf Bäumen und fressen Früchte, Insekten, Vögel und Kleinsäuger. Eine dritte Art, der Wickelbär, verhält sich ganz ähnlich. Er kommt in der Tat oft zusammen mit dem Schlankbär in den Baum-wipfeln vor, sodass die beiden Arten schwer auseinander zu halten sind. Der Wickel-bär hat aber eine Vorliebe für Süßes entwickelt und bereits den Weg zur Spezia-lisierung eingeschlagen. Früchte stellen ungefähr neunzig Prozent seiner Ernährung dar. Die restlichen zehn Prozent bestehen aus Blättern, Blütennektar und Honig. Bisher hat diese zuckerhaltige Diät keine Auswirkungen auf sein Gebiss. Seine Zähne sind noch genauso scharf wie bei seinen omnivoren Verwandten. Der Wickelbär hat aber als Besonderheit innerhalb dieser Gruppe einen Greifschwanz entwickelt, mit dem er sich an Ästen festhalten kann. Dies ermöglicht ihm, sich weit hinauszu-lehnen und Früchte zu greifen, die er sonst nicht bekommen würde. Er verfügt auch über eine sehr lange Zunge, um Nektar aus tiefen Blütenkehlchen aufzulecken.

Alle diese Kleinbären leben in Amerika. Nur der kleine Rote Panda kommt in Asien vor. Er hält sich in den Wäldern Westchinas und in den Tälern des Osthima-lajas auf. Er wird ungefähr so groß wie ein Waschbär, hat aber ein wundervolles rotes Fell mit cremefarbenen Flecken auf der Brust. Seine merkwürdige Verbreitung weit weg von den anderen Kleinbären ist nicht der einzige Grund für die Zweifel, ob er auch wirklich zur Gruppe der Procyoniden zählt. Der Rote Panda zeigt ein

Rechts: Katzenfrett, Mexiko

ungewöhnliches Merkmal. Bambus macht einen größeren Teil seines Speisezettels aus, und so hat er die Anfänge eines Pseudodaumens entwickelt, wie ihn der Riesenpanda in voller Form zeigt. Beide Arten kommen nebeneinander vor. Aus diesem Grund erhielt der Riesenpanda, der von westlichen Reisenden 1869 entdeckt wurde, vierzig Jahre nach der wissenschaftlichen Beschreibung des Roten Pandas seinen volkstümlichen Namen. Lange Zeit stritt man heftig über die systematische Stellung der beiden Arten. Einige Forscher vertreten die Ansicht, dass die beiden einander so ähnlich und allen anderen weiteren Verwandten so unähnlich sind, dass sie in eine eigene Familie gestellt werden sollten. Molekulargenetischen Untersuchungen zufolge unterscheidet sich der Riesenpanda tatsächlich sehr stark von den anderen Bärenartigen, und der Rote Panda unterscheidet sich so sehr von den restlichen Kleinbären, dass er eine eigene Familie verdient. Wenn dem so ist, stellt die Bildung eines falschen Daumens bei beiden Arten eine konvergente Entwicklung dar, eine unabhängig voneinander erfolgte Anpassung an dieselben Umweltfaktoren. In diesem Fall weist die Spezialisierung auf dieselbe Ernährungsweise hin.

Genau so wie ein Allesfresser unter Umständen versucht sein kann, zu einem

*Links oben: Schlank-
oder Makibär, Venezuela
Links unten: Wickelbär, Brasilien*

Oben: Roter Panda, Himalaja

Spezialisten zu werden, so kann auch ein Spezialist bei der richtigen Gelegenheit seinen Geschmack in Richtung Omnivorie ausdehnen. Die Marder sind ganz typische Jäger. Trotzdem haben die Lebensumstände eine Art dazu gebracht, den eigenen Speiseplan zu erweitern. Der Vielfraß lebt in der Arktis. Er stellt ein weiteres Beispiel dafür dar, dass die Anpassung an kaltes Klima zu einer Vergrößerung des Körpers im Vergleich zu den Verwandten führt. Damit erhöht sich nämlich die Fähigkeit, die Körperwärme konstant zu halten. Abgesehen von der Größe ist der Körper durchaus noch marderartig, mit scharfen dolchartigen Zähnen und kurzen Beinen. Der Vielfraß jagt Rentiere. Unter günstigen Bedingungen können diese mit ihren langen Beinen dem eher plumpen Vielfraß leicht davonlaufen. Nur im tiefen Schnee haben sie Schwierigkeiten. Sie sinken mit ihren schmalen Hufen oft bis zum Bauch ein. Der Vielfraß hat aber dicht behaarte breite Pfoten, die sein Gewicht auf die Schneeoberfläche verteilen, ähnlich wie bei einem Menschen, der Schneeschuhe trägt. Deswegen kann der Vielfraß schnell über Schneeflächen laufen und eingesunkene Rentiere erbeuten. Er tötet sie in der Regel durch einen Biss in den Nacken. Solange genug Fleisch da ist, frisst der Vielfraß so viel er kann. Er vertilgt dabei so phänomenale Mengen auf einmal, dass ihm dies seinen Namen gegeben hat.

Beute ist im arktischen Winter selten, und ein Räuber wird sich lange Zeit mit Aas begnügen müssen. Er frisst dabei die Kadaver von Tieren, die die Kälte nicht überlebt haben. Im Sommer sind die Bedingungen noch schwerer – Aas findet sich in dieser Jahreszeit selten, und der Vielfraß hat dann wenig Chancen, ein Rentier zu fangen, weil es ihm einfach davongaloppiert. Aus dem Vielfraß wird dann ein Wenigfraß. Er hält nach Vogeleiern Ausschau, sammelt Beeren und gräbt Wurzeln aus oder schnappt gar nach fliegenden Insekten. So wird er zum Allesfresser.

Hundeartige sind echte Fleischfresser, ihre Reißzähne beweisen es. Doch einige Arten werden unter bestimmten Bedingungen zu Allesfressern. Der Mähnenwolf hat so lange Beine, dass er wie ein Fuchs auf Stelzen aussieht. Er zieht durch die offenen Grassavannen Brasiliens und Argentiniens auf der Suche nach Gürteltieren, Kaninchen, Echsen und Vögeln. Man nimmt an, dass er mit seiner Schulterhöhe Beutetiere im hohen Gras besser sehen und hören kann. Doch selbst mit dieser Anpassung findet er nicht so viel, wie er eigentlich braucht. Über die Hälfte seiner Nahrung besteht aus Pflanzen, besonders aus Beeren einer Nachtschattenart. Er frisst sie in so großen Mengen, dass sie *fruta da lobo*, «Wolfsfrucht», heißt.

Der erfolgreichste Allesfresser entstammt nicht einer Reihe alles fressender Vorfahren, sondern den Nagetieren. Es ist die Wanderratte. Ratten und Mäuse besitzen die scharfen dauernd nachwachsenden Schneidezähne aller Nagetiere. Die meisten der rund 500 Arten setzen sie auf dieselbe Weise ein: Sie öffnen damit Samen und Nüsse, durchtrennen Äste und sogar Baumstämme und nagen an Wurzeln. Die

*Rechts: Vielfraß,
nördliches Montana*

Wanderratte entwickelte aber mehr Abenteuergeist. Es gibt offensichtlich keine Pflanzenart, die sie nicht angreift, keinen Teil einer Pflanze, vor dem sie Halt machte. Wanderratten fressen auch tote oder lebendige Tiere: Schnecken, Fische, Insekten. Ferner mögen sie Bienenwachs, Seife, Kartonschachteln, Knochen, Haare, Leder, Därme und Zehennägel. Dies alles ist in den Augen der Wanderratte Nahrung. Sie greift mit Begeisterung auch Bleiröhren, Beton und Kunststoffummantelungen an. Wanderratten, so scheint es, sind zwanghafte Fresser.

Es müsste also einfach sein, sie mit Gift zu bekämpfen. Das ist aber nicht der Fall. Wanderratten verhalten sich nämlich extrem vorsichtig und prüfen ihr Futter ausgiebig, bevor sie es fressen. Wenn eine Ratte einen vergifteten Köder gefressen hat und sich daraufhin auch schlecht fühlt, so kann sie selbst dann eine Verbindung zwischen ihrer Erkrankung und dem ungewöhnlichen Geschmack herstellen, wenn die Nahrungsaufnahme schon zwölf Stunden zurückliegt. Nicht nur das: Wenn eine Ratte auf eine kranke Ratte trifft und an deren Lippen einen ungewöhnlichen Geschmack wahrnimmt, so meidet sie diese Nahrung. Auf der anderen Seite nimmt sie eher Futter auf, wenn sie dessen Geschmack an den Lippen einer offensichtlich völlig gesunden Ratte gespürt hat.

Der Riesenappetit der Wanderratte geht mit einer erstaunlichen Fruchtbarkeit einher. Das Weibchen wird im Alter von achtzig Tagen geschlechtsreif. Der Wurf umfasst rund acht Junge. Das Weibchen kann fast dauernd gebären. Wenn alle seine Jungen überleben und selbst zur Fortpflanzung kommen, kann es in einem einzigen Jahr tausend Nachkommen haben. Eine Wanderratte lebt fünf Jahre.

Die Folgen dieser Vermehrung können spektakulär oder erschreckend sein – je nach der Veranlagung des Beobachters. Im indischen Bikaner werden Ratten in einem Tempel verehrt. Netze, die über die Hofmauern gespannt wurden, schützen die Tiere vor Greifvögeln. Gläubige besuchen die Ratten und geben ihnen Getreide. Die Tiere scheinen vor nichts Angst zu haben. Die Besucher ziehen aus religiösen Gründen ihre Schuhe vor dem Tempel aus. Die Ratten laufen achtlos über deren Füße. Sie klettern die Türme hoch und graben unter den Matratzen, auf denen die Priester, die sie verehren, schlafen. Bärtige Heilige sitzen neben Messinggefäßen voller Körner und teilen ihre Nahrung mit den Ratten, die in Schwärmen über deren Schultern laufen und sich hinter deren Bärten verstecken.

In der freien Wildbahn richtet ein besonders kräftiges Männchen ein Territorium um die Nester einer kleinen Gruppe von Weibchen ein und vertreibt mögliche Eindringlinge. Wird die Population aber so dicht wie im Tempel von Bikaner, so kann diese Ordnung nicht aufrechterhalten werden. Die Population verliert dann den größten Teil ihrer Sozialstruktur. Wenn ein Weibchen brünstig wird, paart sich jedes beliebige Männchen mit ihm. In einer einzigen Nacht wird das Tier mehrere hundert Mal bestiegen. Dann werden die Wanderratten zu einer Horde, einer Plage.

Die Engländer nennen die Wanderratte norwegische Ratte, und auch der wissenschaftliche Name Rattus norvegicus weist darauf hin, dass man früher einmal glaubte, sie seien mit norwegischen Holztransportschiffen nach Großbritannien gelangt. Das stimmt aber fast sicher nicht, weil sie 1728 erstmals in Großbritannien gesichtet wurden und in Norwegen erst 1772 auftraten. Viel wahrscheinlicher kamen die britischen Einwanderer aus Russland. Innerhalb von zwanzig Jahren vertrieb die Wanderratte die etwas kleinere und weniger aggressive Hausratte, die ursprünglich wohl auf Bäumen lebte und sich in Dachgeschossen fortpflanzte. Die Wanderratte hingegen ist von Natur aus ein grabendes Tier. Im 19. Jahrhundert eroberte sie jedoch die Kanalisation der Städte und fand dort Bedingungen, die ihr genau passten.

In der Kanalisation ist es warm im Winter und kühl im Sommer. Durch die Gitter in den Kanälen schlüpfen die Wanderratten ohne Probleme. Sie werden also auf der Suche nach Nahrung oder neuen Territorien nicht aufgehalten. Durch die Kanalisation fließt ein endloser freigebiger Strom von weggeworfener Nahrung und Abfällen aller Art – für die Wanderratte alles potenzielles Fressen. Es kann uns nicht

verwundern, wenn die Wanderratte zu Ende des 20. Jahrhunderts zu den am weitesten verbreiteten und häufigsten Säugern der Welt zählte.

Einen großen Teil ihres Erfolges verdankt die Wanderratte der einseitigen Allianz mit einem anderen Allesfresser. Diese Art hat wie viele andere Arten mit derselben Lebensweise nicht spezialisierte Zähne, die es ihr erlauben, die meisten Nahrungstypen zu zerkleinern. Das Verdauungssystem kann eine noch nie da gewesene Vielfalt von Nahrungsmitteln aufschließen. Die Art hat auch ein großes Gehirn, das es ihr ermöglicht, die vielfältigsten Delikatessen aus aller Herren Ländern zu sammeln, Nahrungsmittel so zu verarbeiten, dass sie sie schließlich kauen und verdauen kann, und besonders beliebte Nahrungsmittel in großen Mengen zu kultivieren. Diese Art ist der unternehmungslustigste und am weitesten verbreitete Allesfresser. Es ist der Mensch.

Links: Ein gläubiger Hindu
teilt seine Nahrung
mit Tempelratten, Bikaner, Indien

7

Rückkehr zum Wasser

Die Gewässer dieser Erde, ob süß oder salzig, sind voller Nahrung. Es wäre somit kaum zu erwarten, dass so intelligente und unternehmungslustige Tiere wie die Säuger eine solche Speisekammer vernachlässigen. Sich darin zu bedienen ist aber nicht leicht für ein vierbeiniges, gleichwarmes, Luft atmendes und lebendgebärendes Tier. Jedes dieser entscheidenden Säugetiermerkmale stellt ein Hindernis für das Leben im Wasser dar. Trotzdem sind im Verlauf der Stammesgeschichte Vertreter der Fleischfresser, der Pflanzenfresser und auch der Allesfresser ins Wasser gegangen. Tiere, die diesen Schritt schon in ferner Vergangenheit wagten, sind heute so verändert und so sehr an das Leben im Wasser angepasst, dass sie ihre Herkunft kaum mehr verraten. Andere gingen erst vor kurzem zur Futtersuche ins Wasser und haben sich somit erst wenig verändert.

Eine Ratte im Kongo gehört zu dieser zuletzt genannten Gruppe. Ihr Fell, schokoladenfarben oben und cremefarben unten, ist so fein, dass die Engländer sie «Samtratte» nennen. Bei uns heißt sie Fischratte. Das Fell ist eine Anpassung gegen das Auskühlen. Wasser leitet Wärme 25-mal besser als Luft. Ein warmer Körper verliert im Wasser sofort seine Energie, sofern er nicht auf irgendeine Weise isoliert ist. Ein Fell aus Haaren bietet einen guten Schutz. Die Fischratte braucht ihn auf jeden Fall, denn sie verbringt viel Zeit in flachen Weihern. Eine weitere Anpassung sind ihre langen Schnurrbarthaare. Sie steht auf den Zehenspitzen und hält ihren Kopf nahe am Wasserspiegel. Dabei spreizt sie die Schnurbarthaare quer über die Oberfläche. Wenn sie eine kleine Welle spürt, wie sie etwa von einem Wurm, einer Schnecke, einem Krebs oder einem Fisch bei der Bewegung unter Wasser ausgelöst wird, so taucht sie ab, schwimmt hinter der Beute her und versucht sie mit den Vorderpfoten zu packen. Nach dem Fang kehrt sie auf das trockene Land zurück und verzehrt dort ihr Mahl. Ein dichtes Fell und lange Schnurrbarthaare sind nur winzige Anpassungen, können aber als Beispiel für die ersten kleinen Schritte

184

dienen, die eine Art unternimmt, wenn sie sich auf den evolutionären Pfad in Richtung auf ein amphibisches Leben begibt.

Fleischfresser haben diesen Weg mehrmals in ihrer Geschichte eingeschlagen. Verwandte der Wiesel und Iltisse taten dies und wurden zu Ottern. Die Verwandtschaft zwischen den beiden Gruppen ist leicht zu erkennen, denn die Otter sehen großen Mardern ähnlich. Ihre scharfen Eckzähne und die schneidenden Reißzähne, die ihnen auf dem Festland gute Dienste leisteten, eignen sich genauso für den Umgang mit glitschigen Fischen. Das Problem der Auskühlung lösten sie auf dieselbe Weise wie die Fischratte, indem sie nämlich ein feines Fell entwickelten. Die äußerste Schicht ist ziemlich borstig und besteht aus langen Grannenhaaren. Darunter jedoch ist das Fell ganz dicht und so wollig, dass es eine Luftschicht festhält und eine sehr wirksame Isolation gewährleistet.

Schwimmer brauchen ihre Gliedmaßen ganz anders als Läufer. Das liegt auf der Hand. Die Otter haben ihre Füße in Paddel umgewandelt, indem sie Schwimmhäute zwischen den Zehen entwickelten. Sie bildeten auch kräftige Schwanzmuskeln an der Schwanzbasis aus, sodass sie diesen als Ruder einsetzen können. Das Bedürfnis, Luft zu atmen, stellt aber noch ein größeres Problem dar. Die Otter

185

müssen ungefähr alle dreißig Sekunden auftauchen, um Luft zu schöpfen. Trotzdem schwimmen sie so gewandt, so athletisch und so voller Energie, dass sie selbst mit diesem Handicap Fische einholen können.

Obwohl die Otter über sehr effiziente Anpassungen verfügen, verbringen die meisten Arten den größten Teil ihres Lebens noch außerhalb des Wassers. Tagsüber schlafen sie in der Regel in ihrem Bau am Flussufer. Selbst nachts, wenn sie die meisten Fische fangen, ruhen sie sich einige Stunden lang am Flussufer aus. Sie haben auch nicht den Geschmack an der Jagd auf dem Festland eingebüßt, auch nicht die entsprechenden Fähigkeiten. Auf den Shetland-Inseln, wo sie tagsüber fast so aktiv sind wie nachts, erbeuten sie immer noch Kaninchen. Sie markieren auch ihr Territorium mit einem Duft wie ihre Verwandten. Sie hinterlassen ihre Exkremente in kleinen stark riechenden Haufen auf auffälligen Felsbrocken oder Baumstümpfen längs dem Flussabschnitt, den sie als ihr Territorium betrachten. Und die Weibchen gebären ihre Jungen immer noch auf dem Festland, versteckt in einem Bau.

In Schottland leben einige Otter an der Küste und jagen regelmäßig im Meer. Damit bekommen sie ein weiteres, wenn auch geringfügiges Problem. Wenn das Meerwasser in ihrem Fell trocknet, verstopft das Salz ihre Schweißdrüsen. Wenn sie nach dem Fischfang ans Land zurückkehren, waschen sie sich deswegen in der Regel im Süßwasser, das sich in kleinen Tümpeln in Torfmooren ansammelt.

Eine Otterart verbringt allerdings ihr gesamtes Leben im Meer. Sie bewohnt die Westküste Nordamerikas von Alaska bis nach Kalifornien und hat die Anpassung an das Leben im Wasser noch mehrere Schritte weiter getrieben. Die Seeotter haben das dichteste Fell der ganzen Familie. In Wirklichkeit ist es auch das dichteste Fell unter allen Säugern – mit 160 000 Wollhaaren pro Quadratzentimeter. Alle Haare auf unserem Kopf würden beim Fischotter nur einen Zehntel Quadratzentimeter bedecken. Um das Potenzial ihres Fells als Isolation voll zu nutzen, verbringen die Meerotter jeden Tag eine gewisse Zeit an der Meeresoberfläche und blasen dabei Luft in ihre Unterwolle. So können sie sicher sein, dass immer das Maximum an Luft enthalten ist. Ihre Haut ist so locker am Körper befestigt, dass sie fast jeden Teil in die Nähe ihres Mundes ziehen können. Selbst mit dieser Anpassung entzieht das Wasser dem Seeotter viel Wärme. Deswegen muss er reichlich fressen, um warm zu bleiben. Jeden Tag konsumiert er ungefähr ein Drittel seines eigenen Körpergewichts. Das würde für einen Menschen bedeuten, dass er, um nicht zu hungern und zu frieren, jeden Tag hundert Hamburger verdrücken müsste.

Einzelne Seeotter zeigen ganz unterschiedliche Geschmacksvorlieben. Die meisten fressen Lebewesen, die sie vom Meeresboden hochholen, etwa Seeigel, große Muscheln, Hasenohren, Krabben und Austern. Sie gehen dabei bis in eine Tiefe von 18 Metern und müssen bisweilen mehrfach abtauchen, um ein festgewachsenes Tier aus seiner Verankerung zu lösen. Im Bedarfsfall tauchen die Otter bis vierzig Meter

tief. Wenn ein Otter etwas Essbares nach oben bringt, nimmt er in einer Tasche, die von der Haut der Armbeuge gebildet wird, auch einen Stein mit. An der Wasseroberfläche legt er sich dann auf den Rücken, platziert den Stein auf seinem Bauch und verwendet ihn als Ambos zum Öffnen von Krabben oder Muscheln.

Die Duftdrüsen der Fischotter und Marder sind für ein Tier, das sich dauernd im Wasser aufhält, von keiner Bedeutung mehr. Der Seeotter hat sie deswegen eingebüßt. Seine Hinterbeine wurden so breit und flossenförmig, dass er sich bei den wenigen Gelegenheiten, bei denen er das Wasser verlässt und sich auf einen Fels hinaufzieht, sehr ungeschickt benimmt. Die Modifikationen, die er vornehmen musste, als er von einem Freizeit- zu einem Fulltimeschwimmer und Bewohner des Meeres wurde, betrafen aber vor allen Dingen das Verhaltensrepertoire.

Bemerkenswerterweise haben die Seeotter immer noch ein Territorium. In Kalifornien bewohnen sie Küstengewässer, inmitten von Meereswäldern aus Riesentangen. Die Pflanzen sind fest im Meeresboden verankert, bilden aber Sprosse bis zur Oberfläche, wo sie treiben. Männliche Seeotter errichten hier ein Territorium, dessen Grenzen sie immer wieder überprüfen. Eindringlinge werden vertrieben. Um zu verhindern, dass die Tiere im Schlaf durch Meersströmungen von

Oben: Seeotter beim Öffnen und
Fressen einer Krabbe

ihrem angestammten Gebiet abgetrieben werden, packen sie das freie Ende eines solchen Meerestangs oder Kelps und drehen sich im Wasser, sodass sich die Alge um sie herumwickelt und sie wie ein Anker festhält. Dann legen sie ihre Pfoten über die Augen und schlafen. Ohne grundlegende körperliche Anpassungen gelingt es den Weibchen, ihre Jungen im Meer zu gebären. Die Babys können erst im Alter von ungefähr zehn Wochen schwimmen. Doch das macht ihnen kaum Probleme. Sie sind so fett und ihr Haar ist so wollig, dass sie von Natur aus an der Oberfläche treiben. Wenn sie gerade nicht auf dem Bauch ihrer Mutter liegen und dort Milch saugen, treiben sie ziemlich zufrieden zwischen den Kelpsprossen.

Die Ähnlichkeit zwischen den Ottern und den Mardern ist so groß, dass es kaum Zweifel an der Verwandtschaft der beiden gibt. Bei den Hunds- und den Ohrenrobben liegt die Herkunft nicht so offen da. Einige Forscher meinen, die Ohrenrobben gehörten zu einem Zweig der Marder, der entstand, bevor die Marder selbst ihre Identität entwickelten. Andere Zoologen treten dafür ein, dass die Hundsrobben und die Ohrenrobben von bärenartigen Vorfahren abstammen.

Von den beiden Gruppen bewahrten die Ohrenrobben mehr Merkmale, die auf ihre Herkunft von Tieren des Festlandes hinweisen. Sie haben immer noch kleine äußere Ohrmuscheln, die den Hundsrobben völlig verloren gingen. Sie schwimmen mit ihren Vorderbeinen, die in effiziente Flossen umgebaut wurden. Die Hinterbeine sind ebenfalls flossenförmig und stark verkürzt, können aber noch nach vorne gedreht werden. Damit sind sie bei der Bewegung an Land noch von einigem

Nutzen. Tatsächlich kann ein Seebärenmännchen auf einem rauen Strand schneller vorwärts kommen als ein Mensch. Die Hundsrobben hingegen treiben sich im Wasser nicht mit den Vorderbeinen, sondern mit den Hinterbeinen an. An Land sind diese nunmehr nutzlos. Deswegen können sich die Hundsrobben außerhalb des Wassers nur noch durch sehr ungeschickt kriechende Bewegungen des ganzen Körpers vorwärts bewegen.

Die Ohrenrobben haben ihr Fell beibehalten. Die Südlichen Seebären wurden früher deswegen sogar intensiv gejagt. Ihr Fell ist immer noch wasserdicht, verliert aber einen großen Teil seiner isolierenden Wirkung, wenn das Tier abtaucht. Der Wasserdruck bewirkt nämlich, dass die Luftblasen im Fell stark zusammengedrückt werden. So haben Robben ganz allgemein einen zusätzlichen Schutz entwickelt, eine Fettschicht direkt unter der Haut, den Blubber. Bei den Seebären ist sie verhältnismäßig dünn. Hundsrobben haben diese Anpassung aber weiter ausgebaut. Sie haben ihr Fell bis auf eine dünne Schicht grober Haare reduziert, und ihre Fettschicht kann eine Dicke von siebeneinhalb Zentimeter erreichen.

Eine dritte Robbenform ist mit den zwei genannten nahe verwandt, das Walross. Es wird riesengroß. Die Bullen übertreffen dabei die Kühe und erreichen eine Länge von drei Metern. Sie wiegen bis eineinhalb Tonnen. Sie können wie die Ohrenrobben ihre Hinterflossen nach vorne kippen und sich so ziemlich schnell an Land bewegen. Doch wie die Hundsrobben haben sie keine Reste von Ohrmuscheln mehr. Aus diesen und noch anderen wissenschaftlichen Gründen stellt man die Walrosse in eine eigene Familie.

Walrosse kommen nur in der Arktis vor. Große Herden ziehen im Winter südwärts und kehren im Frühjahr wieder in den Norden zurück. Auf diesen jährlichen Zügen gehen die Herden, oft Hunderte von Tieren, an bestimmten traditionellen Stränden an Land und ruhen sich dort aus. Ihre Fettschicht, die bis 15 Zentimeter dick wird, isoliert sie außerhalb des Wassers so gut, dass beim Sonnenbad in der Arktis die Gefahr einer Überhitzung besteht. Die Fettschicht ist von zahlreichen Blutgefäßen durchzogen. Wenn sich die Tiere aufwärmen, öffnen sich die Gefäße und transportieren Blut nahe an die Hautoberfläche, wo es von der arktischen Luft abgekühlt wird. In der Folge verfärbt ich die ganze Herde rosa – ähnlich wie unvorsichtige Sonnenanbeter. Unter Wasser findet der Prozess in umgekehrter Richtung statt, und die Walrosse sehen dort fast weiß aus.

Walrosse verfügen über eine einzigartige Anpassung an das Leben im Wasser – eine aufblasbare Rettungsweste. Zu beiden Seiten des Kopfes liegt je eine innere Tasche, die sich zum Rachen hin öffnet. Das Walross kann sie mit Luft aus den Lungen aufblasen. Gefüllt, enthält sie ungefähr 29 Liter Luft. Im Wasser stützen die beiden Luftsäcke den Kopf so wirksam, dass das Walross im Meer schlafen kann und dabei nicht Gefahr läuft, dass der Kopf unter Wasser gerät. Die Taschen haben aber

Nächste Seiten: Walrosse am Strand von Round Island, Alaska

auch noch eine andere Aufgabe. Das Walross erzeugt unter Wasser während der Paarung eine große Palette von klickenden, schlagenden und kratzenden Geräuschen. Die großen Lufttaschen verstärken sie und dienen somit als Resonanzböden.

Walrosse fressen zur Hauptsache Muscheln, die sie im Meeresboden ausgraben. In Tiefen von über 100 Metern gibt es nur noch wenig Licht, und während des langen arktischen Winters herrscht ohnehin ewiges Dunkel. Das Walross trägt an seiner knolligen Schnauze zahlreiche steife Schnurrbarthaare, mit deren Hilfe es sich am und im Meeresboden zurechtfindet und vor allem Essbares identifiziert. Früher glaubte man, die Tiere würden die Muscheln mit ihren Hauern ausgraben, die bei den Männchen neunzig Zentimeter lang werden. Heute ist man davon wieder abgerückt. Die Walrosse legen ihre Nahrung vielmehr durch Wasserstrahlen, die sie mit dem Mund erzeugen, aus dem weichen Meeresboden frei. Die Hauptaufgabe der Hauer besteht darin, die eigene Stärke und das Alter innerhalb einer Herde zu dokumentieren. Doch gibt es auch einen praktischen Nutzen für die Hauer. Man hat beobachtet, dass die Tiere sie wie Eispickel einsetzen. Sie schlagen sie auf eine Eisplatte und hieven sich dann mit den Hauern hoch.

Das Atmen unter Wasser stellt für Robben und Walrosse weiterhin einen ein-

schränkenden Faktor dar. Immerhin haben es alle auf diesem Gebiet viel weiter gebracht als die Otter. Menschliche Taucher laufen Gefahr, dass sich die in die Lungen aufgenommene Druckluft aus dem Atemgerät im Blut löst. Wenn der Taucher dann zu schnell nach oben steigt, perlt diese Luft aus und bildet Gasblasen im Blut. Dies bezeichnet man als Taucherkrankheit, und sie kann zur Lähmung und sogar zum Tod führen. Robben und Seelöwen haben im Blut ungeheure Mengen Hämoglobin. Dieses Protein absorbiert Sauerstoff und transportiert es zu den Geweben. Zusätzlich haben diese Tiere auch ungewöhnlich große Mengen Myoglobin in den Muskeln, das ebenfalls viel Sauerstoff aufnimmt. Dies bedeutet, dass die Tiere in ihrem Körper sehr viel mehr Sauerstoff aufnehmen können als Säugetiere des Festlandes. Vor einem Tauchgang entleeren die Robben ihre Lungen, und die Luft verlässt den Mund in Form eines Strahls silberfarbener Blaser. Der benötigte Sauerstoff liegt in nicht gasförmigem Zustand im Hämoglobin und Myoglobin gespeichert vor. Auch bei dessen Verwendung sind die Tiere sehr ökonomisch. Die Blutzirkulation ist so stark herabgesetzt, dass nur lebenswichtige Organe mit Blut versorgt werden, das Herz und das Gehirn. Um den Energieverbrauch zu senken, schlägt das Herz nur noch wenige Male pro Minute. Mit diesen physiologischen Anpassungen kann ein Seebär 200 Meter tief tauchen und fünf Minuten unten bleiben. Die größte Hundsrobbe, der See-Elefant, bringt es auf unglaubliche 1200 Meter Tiefe und eine Tauchdauer von fast zwei Stunden.

Weder die Hundsrobben noch die Ohrenrobben können jedoch ihre Jungen im Meer zur Welt bringen. Diese Unfähigkeit hat tief greifende Auswirkungen auf das Sozialleben. Damit ein Strand als Kinderstube in Frage kommt, muss er glatt, sandig und vor schweren Brechern geschützt sein. Die Meeresböden, die zum Strand führen, sollten nur schwach geneigt sein, sodass es den Tieren leicht fällt, das Wasser zu verlassen. Und der Strand sollte möglichst viel Sicherheit vor landbewohnenden Raubtieren bieten. Er kann dazu entweder auf einer abgelegenen Insel liegen oder auf der Landseite von unüberwindlichen Kliffs umgeben sein. Es gibt zwangsläufig nicht viele solcher Strände, und zu den wenigen strömen die Robben aus einem sehr großen Gebiet zusammen. Während der Fortpflanzungszeit sind die Strände in der Regel stark überfüllt.

Die Männchen treffen als Erste ein. Seebärenmännchen sind groß und wild und kämpfen untereinander um die Territorien längs des Strandes. Die Kämpfe sind sehr blutig. Die Männchen verfügen immer noch über die dolchartigen Eckzähne ihrer auf dem Land lebenden Vorfahren und schlagen damit in die Halsgegend des Gegners. Junge Männchen haben keine Chance zu gewinnen und werden an die Ränder der Territorien oder auf neutralen Boden am Ende des Strandes abgedrängt. Die Sieger der Kämpfe sind die Herren des Strandes. Sie sitzen inmitten ihrer herrschaftlichen Güter und blicken kampflüstern um sich. Bei dieser Art von Kämpfen sind

Größe und Alter eindeutig von Vorteil, und die Seebärenmännchen wiegen bis fünfmal so viel wie die Weibchen.

Die Weibchen treffen ungefähr zwei Wochen nach den Männchen ein. Sie sind trächtig. Ihre Babys haben sie das Jahr zuvor empfangen. Innerhalb weniger Tage nach ihrer Ankunft gebären sie. Kurze Zeit danach wird jedes Weibchen wieder empfängnisbereit. Auf diesen Augenblick hat das Männchen gewartet. Es fällt über das Weibchen her. Die Kopulation erscheint uns als eine grausame Angelegenheit, da das Männchen viel größer und schwerer ist. Nach dieser Heimsuchung begibt sich das Weibchen ins Meer, um zu fressen. Dann kehrt es von Zeit zu Zeit zurück, um seine Jungen zu säugen. Die Männchen hingegen bleiben am Strand und paaren sich mit so vielen Weibchen wie nur möglich. An Land gibt es jedoch kein Futter für sie. Da die Fortpflanzungszeit zwei oder drei Monate dauert, sind die einst so schweren und muskulösen Herren des Strandes nach der Paarungszeit fast bis zum Skelett abgemagert.

Die meisten Hundsrobben pflanzen sich jedoch nicht an Land, sondern auf dem Eis fort. Hier haben sie genügend Platz, und kein Grund zwingt sie, dicht gedrängt nebeneinander zu leben. Die Fortpflanzung erfolgt deswegen ganz anders. In der Weite der Eisflächen wäre es für ein Männchen, und mag es noch so groß und

195

mächtig sein, nicht möglich, sich einen Harem zu halten oder ein Territorium zu kontrollieren. Auf dem Eis muss jedes Weibchen einzeln umworben werden.

Krabbenfresser liegen in der Fortpflanzungszeit paarweise auf dem Eis, neben ihnen ein Baby. Diese Gruppe ist jedoch keine monogame Familie mit einem Männchen, das loyal neben seiner Partnerin ausharrt, um den gemeinsamen Nachkommen zu beschützen. Vielmehr wartet das Männchen darauf, sich mit dem Weibchen zu paaren, sobald dieses mit der Milchproduktion für sein Baby aufhört. Das Baby ist für das Männchen ohne Bedeutung, weil es ein Jahr zuvor gezeugt wurde und einen anderen zum Vater hat. Die Präsenz des Männchens scheint auszureichen, um andere Männchen mit Aspirationen auf das Weibchen abzuschrecken. So kommt es selten zu gewalttätigen Auseinandersetzungen.

Das Männchen der Klappmütze verhält sich demonstrativer. Es trägt auf seiner Nase und oben auf dem Kopf je eine Blase, die untereinander verbunden sind. Wenn das Männchen neben seinem Weibchen liegt, bläst es Luft von der einen in die andere. Kommt jedoch ein zweites Männchen hinzu, bläst der Bulle beide Blasen gleichzeitig auf, sodass sie sich zu einem schwarzen Gebilde vereinigen, das doppelt so groß wird wie ein Fußball. Nähert sich der Eindringling weiter, so schließt der

Revierinhaber ein Nasenloch und bläst durch das andere eine Membran in dcr Nase zu einem riesenhaften schwärzlich roten Ballon auf, der Mütze. Dann schüttelt er sie heftig hin und her, sodass ein charakteristisches Geräusch entsteht. Das reicht in der Regel aus, um einen Eindringling davon abzuhalten, weiter zu insistieren.

Die Klappmütze, der Krabbenfresser und andere Robbenarten paaren sich außerhalb des Wassers. Wenn der Augenblick gekommen ist, fällt es einem Männchen nicht schwer, sich einem Weibchen aufzuzwingen. Eine andere Robbenart der Nordhalbkugel ist jedoch gezwungen, diese männliche Dominanz abzuschütteln. Seehundweibchen gebären zwar am Strand, paaren sich aber im Wasser. Dort können sie weder zu Haremsgruppen zusammengetrieben werden, wie dies an Stränden möglich ist, noch hat ein dominantes Männchen Anspruch auf ein Weibchen, das auf einer Eisscholle neben ihm liegt. In der offenen dreidimensionalen Welt des Wassers können die Weibchen leicht Bullen ausweichen, die ihnen nicht zusagen. Nun ist es also an den Männchen, um die Weibchen zu werben.

Die Männchen versammeln sich direkt vor der Küste in Gruppen. Dort warten sie auf ein Weibchen, das gerade mit dem Säugen fertig ist und sich auf den Weg ins offene Meer macht. Sobald sich ein Weibchen nähert, schwimmt ein Männchen zu

Oben: Eine männliche Klappmütze
mit der aufgeblasenen Mütze

ihm hin und erzeugt einen dumpfen polternden Ruf, wobei es mit seinem Hals zittert. Die Rufe werden immer lauter und enden schließlich in einem mächtigen Krachen. Man weiß nicht, ob sich dieses Unterwasserröhren primär an andere Männchen richtet und sie abzuschrecken versucht oder ob das Männchen damit zeigen will, dass es das stärkste weit und breit und damit der beste Vater für das künftige Jungtier dieses Weibchens ist. Auf diese Vorstellung folgen jedoch noch mehr außergewöhnliche Verhaltensweisen unter Wasser. Andere Männchen kommen hinzu und schließen sich dem rufenden Männchen an. Schließlich pressen zwei Männchen ihre Schnauzen gegeneinander, bilden so eine Art Rosette und beginnen zu singen – so freundschaftlich, wie wenn es sich um die Mitglieder eines Männerchors handelte.

Dieses erstaunliche Verhalten können die Zoologen noch nicht vollständig erklären. Man geht davon aus, dass das Männchen, das mit dem Verhalten beginnt, gleichzeitig das dominante Individuum in der Gruppe ist. Verfehlt die Aufführung ihre Wirkung nicht, so wird sich das Weibchen mit dem führenden Männchen paaren. Was die übrigen Sänger für ihren Beitrag bekommen, ist jedoch nicht klar.

Auch Pflanzenfresser waren versucht, ihren Lebensraum ins Wasser zu verlegen, weil dort viele nahrhafte Pflanzen leben. Den Sirenen oder Seekühen, zu denen die Dugongs und Manatis zählen, ist dieser Schritt schon vor langer Zeit gelungen.

Tatsächlich kann man sich heute ihre Vorfahren nicht mehr vorstellen. Die äußere Körperform liefert uns kaum Hinweise. Der sackartige, unbehaarte, ungefähr drei Meter lange Körper endet in einen breiten spatenförmigen Schwanz. Am Kopf tragen die Tiere einen prächtigen borstigen Schnurrbart. Die Vorderbeine wurden in kurze Paddel umgewandelt. Die Hintergliedmaßen sind vollständig verloren gegangen. Die Seekühe tragen vorne am Kopf zwei kreisförmige Scheiben, die zurückgezogen werden können und dabei die Nasenlöcher freigeben. Zwei kleine winklige Vertiefungen auf beiden Kopfseiten zeigen die Lage der winzigen Augen an.

Selbst die innere Anatomie ist nicht sehr hilfreich. Während die zapfenartigen Backenzähne abgetragen werden, wandern sie langsam im Kiefer nach vorne und werden durch neue Zähne ersetzt, die hinten durchbrechen. Seekühe haben nur sechs Halswirbel, und das ist weniger als bei jedem anderen Säugetier. Der Darm ist extrem lang, mit einem Blinddarm, dem Caecum, doch der Magen ist nicht in Kammern unterteilt wie bei den Wiederkäuern. So bleiben die wahren Verwandtschaftsverhältnisse der Seekühe im Dunkeln.

Am wahrscheinlichsten erscheint jedoch, dass die Manatis und Dugongs aus derselben Gruppe entsprangen, aus denen sich auch die Elefanten entwickelten. Wie schon ihre extremen Anpassungen vermuten lassen, zählten sie zu den allerersten Säugetieren, die das Wasser als Lebensraum wählten. Man hat nämlich aus der Zeit vor fünfzig Millionen Jahren, als die Säugetiere nach dem Verschwinden der Dinosaurier gerade mit ihrer Expansion begannen, die Fossilien von Seekühen gefunden, die noch über alle Gliedmaßen verfügten.

Möglicherweise gingen die ersten Seekühe ins Süßwasser, weil es dort mehr grüne Pflanzen gibt. Heute leben Manatis im Amazonas, in den Sümpfen und mäandrierenden Flüssen Floridas sowie in Afrika. In Westindien fressen sie an der Küste auch meeresbewohnende Pflanzen. Der Dugong hingegen lebt nur im Meer und kommt im Südwestpazifik und im Indischen Ozean vor.

Die Gewässer, in denen die Seekühe wohnen, sind seicht und warm. Sie wälzen sich durch Unterwasserwiesen und treiben sich nur durch langsame Auf- und Abbewegungen des Schwanzes vorwärts. Da sie von grünen Pflanzen leben und diese Licht für ihr Wachstum brauchen, müssen sie nicht in größere Tiefen tauchen. Seekühe sind so groß, dass nur wenige andere Schwimmer sie angreifen können. Haie verirren sich nur selten in diese seichten Gewässer. Die Oberlippe der Seekühe ist gut mit Muskeln versorgt. Bei den Manatis ist sie gespalten und so beweglich, dass die Tiere damit Blätter abreißen und sich in den Mund schieben können. Die Oberlippe des Dugongs ist scheibenförmig: Er gräbt damit Seegrasrhizome aus dem sandigen Meeresboden aus.

Die Dugongs vor den tropischen Küsten Australiens leben in verstreuten Herden und neigen dazu, auf ihren Weidegängen dieselben Wechsel einzuhalten und nur

Links: Manati, Florida

199

die jungen zarten Sprosse abzufressen, die mehr Nährstoffe enthalten als die alten. Ihr Leben erscheint so ereignislos und monoton wie das von Weidekühen auf dem Festland – doch nur bis zum Beginn der Fortpflanzungszeit. Dann werden die Männchen ungewöhnlich aufgeregt und fangen an, mit ihren Schwänzen auf die Wasseroberfläche zu schlagen. Dies scheint ein Signal für alle zu sein, sich in tiefere Gewässer zu begeben. Die Weibchen werden nicht zur selben Zeit empfängnisbereit. Wenn also ein Weibchen in der richtigen Stimmung ist, erregt es das Interesse aller Männchen und Kämpfe brechen aus. Das Wasser scheint zu kochen von den vielen Schwanzschlägen und den heftigen Schwimmbewegungen. Schließlich gewinnt ein Männchen und paart sich mit dem Weibchen, Bauch an Bauch.

Das neugeborene Junge saugt Milch von einer Zitze in der Armbeuge der Mutter. Da dabei Mutter wie Kind natürlich Luft atmen müssen, ragt die Mutter weit aus dem Wasser, damit ihr Junges auch frische Luft schnappen kann. Dieses Verhalten scheint einigen Forschern zufolge der wahre Grund für die Legenden von den Seejungfrauen zu sein. Das erscheint uns heute eher unwahrscheinlich, denn auch die Mutter trägt einen kräftigen Schnurrbart. Es trifft allerdings zu, dass die Zoologen die ganze Gruppe nach den Sirenen benannten. Sie waren in der altgriechischen

Oben: Dugong beim Fressen,
Fidschi-Inseln, Südpazifik

Mythologie Seenymphen, die auf Felsen sitzend Seeleute anlockten und ins Verderben stürzten.

So alt die Seekühe auch sind, eine weitere Säugergruppe begab sich ungefähr zur selben Zeit ins Meer. Man nimmt an, dass diese Pioniere sich aus derselben Gruppe entwickelten, denen auch die Flusspferde entsprangen. Der Gang ins Meer erfolgte vor ungefähr fünfzig Millionen Jahren. In der erstaunlich kurzen Zeit von nur zwölf Millionen Jahren entwickelten diese Tiere die extremsten und vollkommensten Anpassungen an das Leben im Wasser. Es sind die Wale.

Der Blauwal ist das größte Tier, das jemals auf der Erde existiert hat. Der größte Dinosaurier soll um 100 Tonnen gewogen haben. Der Blauwal wird bis 33 Meter lang und wiegt dabei 190 Tonnen. Es liegt auf der Hand, dass ein Meerestier schwerer werden kann als ein Tier des Festlandes. Knochen wären nicht kräftig genug, um ein derart ungeheures Gewicht an Land zu tragen. Im Meer jedoch hilft der Auftrieb des Wassers mit, und die Knochen müssen eher einen Rahmen bilden als viel Gewicht tragen.

Der Körper der Wale zeigt eine vollkommene Stromlinienform. Er ist ganz von einer Fett- oder Blubberschicht umgeben, die stellenweise fünfzig Zentimeter dick werden kann. Die Vorderbeine haben sich zu langen flossenartigen Gebilden entwickelt. Die Hintergliedmaßen sind vollständig verschwunden bis auf kleine Knochenreste, die in den Körperseiten vergraben liegen. Der Blauwal hat keine äußeren Ohren und keine äußeren Geschlechtsorgane.

Bis vor kurzem gehörten die Blauwale zu den Meerestieren, die am schwersten zu beobachten waren. Sie leben als Einzelgänger und schwimmen mit Geschwindigkeiten von bis zu zwanzig Knoten auf unvorhersehbaren Kursen durch die Hochsee. Die Begegnung mit einem solchen Tier war reines Glück. Doch heute gelingt es den Zoologen, bis auf wenige Meter an diese ungeheuer großen Tiere heranzukommen. Durch sorgfältige Beobachtungen wurde deutlich, dass die Blauwale sich an traditionelle Wanderrouten halten. Stundenlang kreist ein langsam fliegendes Flugzeug über Gebiete in der See, in denen ein Vorkommen von Blauwalen wahrscheinlich ist. Der Pilot erkennt mit etwas Glück selbst vollständig abgetauchte Blauwale. Über Funk verständigt er die Mannschaft in einem schnellen Gummiboot. Sie begibt sich in das betreffende Gebiet und richtet sich nach dem Blas, den ein Tier beim Atmen abgibt. Ein erfahrener Rudergänger weiß dann ungefähr, wo der kreuzende Wal als Nächstes auftauchen wird, und begibt sich dorthin.

Wenn man bei dieser Art der Walbeobachtung Glück hat, wird das saphirblaue Wasser des Pazifiks immer heller. Etwas Flaches, Waagrechtes und Umfangreiches steigt langsam aus den Tiefen zur Oberfläche hoch. Es ist der Schwanz des Wales. dreißig Meter weiter vorne durchbricht ein grauer Buckel den Wasserspiegel, wobei die Wellen deutlich zu erkennen sind. Das ist so weit weg, dass es kaum möglich

erscheint, dass der Buckel mit der flachen weißen Form verbunden ist, die neben dem Gummiboot immer noch hochsteigt. Zwei Blaslöcher öffnen sich auf dem weit entfernten Buckel, und mit einem Zischen schießt eine Dampfwolke neun Meter hoch in den Himmel. Der Wal gleitet so schnell durch das Wasser, dass man mit dem Gummiboot kaum mithalten kann. Der Blauwal hebt seinen Kopf wiederholt und erzeugt ein paar weitere Blasen. Doch dann durchbricht die Schwanzflosse die Oberfläche und wird nach oben gehoben, wobei das Wasser in Bächen abströmt. Sie ist so breit wie der Tragflügel eines Kleinflugzeugs. Der nächste Tauchgang wird in die Tiefe führen. Vielleicht dauert er eine ganz Stunde, und es ist nicht vorauszusagen, wo der Blauwal das nächste Mal auftauchen wird.

Der Blauwal, das größte aller Tiere, lebt von Krill – von Tieren also, die zu den kleinsten zählen. Es handelt sich um garnelenartige Krebse, die höchstens fünf Zentimeter lang werden. Er fängt sie zu Millionen auf einmal, indem er seine Kiefer öffnet, sodass sich der von Barten besetzte Mund mit Wasser füllt. Dann schließt er seine Kiefer zu Hälfte und stößt das Wasser mit seiner gigantischen fleischigen Zunge nach außen. Die Zunge eines Blauwals wird so groß wie ein Elefant. Wenn das Wasser aus dem Mund gestoßen wird, passiert es die hornigen Barten, die vom

Gaumen herabhängen und die wie ein Sieb wirken. Zurück bleibt der Krill, der mit der Zunge von den Barten abgestreift und dann geschluckt wird.

Kein Lebensraum auf dem Festland weist ähnliche Bedingungen auf. Doch wie orientieren sich die Tiere in dieser von Wasser erfüllten Leere? Wie finden sie ihren Weg um den Globus, wie Nahrung und einen Partner? Wahrscheinlich verfügen sie über einen sehr guten Geschmacks- oder Geruchssinn, mit dem sie winzige Spuren chemischer Stoffe wahrnehmen, die für unterschiedliche Meeresteile typisch sind. Dies allerdings wird nur von begrenztem Nutzen bei der Begegnung mit einem Artgenossen sein.

Blauwale haben zwar Augen, doch sind sie sehr klein. Selbst in klarem Wasser sieht man nicht weit, und in der Tiefe kann man mit dem Gesichtssinn überhaupt nichts mehr anfangen.

Doch Blauwale können hören. Wale haben zwar keine Ohrmuscheln mehr, und die Öffnung des Kanals, der zu diesem Sinnesorgan führt, misst selbst bei den größten Arten nicht mehr als einen Zentimeter im Durchmesser. Trotzdem hören die Tiere sehr gut. Schallwellen pflanzen sich im Wasser schneller und weiter fort als in Luft. Ein lautes Geräusch im Meer kann über Hunderte von Kilometern ohne Verzerrung wahrgenommen werden. Blauwale hören offensichtlich das ferne Donnern von Wellen, die sich an einem Strand brechen, die hochfrequenten Knack-

und Zwitscherlaute von Krebstieren, das Röhren von Motoren und sich drehenden Propellern. Heute vermutet man, dass sie sich wie Fledermäuse, aber in einem viel größeren Maßstab, mit Hilfe von Schallwellen zurechtfinden. Ein Blauwal, der durch den Nordatlantik südwärts wandert, scheint die Echos seiner Rufe zu hören, die vom Kontinentalschelf vor Nordirland zurückgeworfen werden. Doch vor allem können sich Blauwale gegenseitig hören.

Der Buckelwal ist ein kleinerer Vetter des Blauwals. Er organisiert sein Sozialleben mit Hilfe von Schallwellen. Während der Fortpflanzungszeit befinden sich die Männchen in mittleren Wassertiefen und erzeugen lange Tonsequenzen – tiefe Klagelaute, laute Schreie, aufsteigende Glissandi, hohe Piepstöne und stakkatoartiges Grunzen. Mehrere Buckelwale, die kilometerweit von einander entfernt sind, können zur selben Zeit singen. Und alle Tiere einer Population singen dieselben Phrasen in derselben Sequenz. Doch jedes Individuum entscheidet für sich, wie oft es jede Phrase wiederholen will, bevor es zur nächsten übergeht. Ein vollständiger Gesang kann zehn Minuten dauern und ein Wal wiederholt ihn vielleicht 24 Stunden lang ohne Unterbrechung. Es hat den Anschein, dass die Buckelwalweibchen wie die Weibchen der Vögel ihre Partner anhand von deren Gesängen auswählen.

Die Männchen produzieren sich auch, indem sie mit den Flossen auf die Wasseroberfläche schlagen und sogar hochspringen und sich mit ihrem Gewicht von fünfzig Tonnen auf die Wasseroberfläche fallen lassen, was sich wie ein Kanonenschuss anhört. Wenn Weibchen erscheinen, kämpfen rivalisierende Männchen untereinander. Die eigentlich Paarung dauert dann aber nur ungefähr eine Minute.

Das Kalb wird ungefähr ein Jahr später geboren. Gleich nach der Geburt drängt die Mutter ihr Jungtier zur Oberfläche für den ersten Atemzug. Dann trinkt es. Dazu öffnet sich ein Schlitz an der Körperseite, und eine Zitze erscheint. Das Kalb packt sie mit dem Mund, und die Mutter spritzt durch Kontraktion eines Muskels Milch in den Mund des Babys. Sie ist außerordentlich nährstoffreich und enthält 46 Prozent Fett. Die fetteste Kuhmilch bringt es im Vergleich auf fünf Prozent. Junge Blauwale verdoppeln ihr Geburtsgewicht angeblich in sieben Tagen. Ein menschliches Baby braucht dazu rund 120 Tage. Mit der Geburt im Wasser überwanden die Wale das letzte Hindernis, das die Säugetiere von einer vollkommenen Anpassung an das Leben im Meer trennte.

Eine Gruppe von Walen ging zu einer speziellen Ernährungsweise über. Anstatt die Zähne zu verlieren und sie durch siebartige Barten zu ersetzen, behielten sie die Zähne bei. Die früheste bekannte Art hatte noch Zähne, die in Schneidezähne, Eckzähne und Backenzähne differenziert waren. Diese verloren bei den späteren Arten ihre Formunterschiede und entwickelten sich zu einförmigen konischen Zapfen. Bisweilen sind sie nach hinten gekrümmt, was ideal ist, um glitschige Fischkörper festzuhalten. Die primitivsten dieser Zahnwale sind heute die Flussdelfine, die in

einigen großen Flüssen der Welt leben, dem Ganges und dem Indus, dem Jangtze und dem Amazonas. Sie sind winzig im Vergleich zu den mächtigen Bartenwalen, und keine Art misst mehr als 2,70 Meter. Ihre Halswirbel, die bei den anderen Delfinen miteinander verschmolzen sind, sind getrennt, sodass die Tiere ihre Köpfe seitwärts bewegen können. Auch die Fingerknochen im Inneren der Brustflossen sind noch voneinander getrennt und somit unterscheidbar.

Der Gangesdelfin lebt in Gewässern, die durch den mitgeführten Schlamm so trübe sind, dass niemand, der darin schwimmt, weiter als einige Zentimeter sieht. Der Delfin kann das erst recht nicht, denn er ist blind. Seine Augen sind winzig und enthalten nicht einmal mehr Linsen. Der Gangesdelfin findet seinen Weg, indem er den Kopf seitwärts bewegt und dabei eine Reihe von hoch frequenten Klicklauten abgibt, die Menschen nicht wahrnehmen können. Die Laute entstehen im Inneren des Schädels und werden dann durch die so genannte Melone am Vorderkopf fokussiert, verstärkt und nach außen abgegeben. Wenn ein Strahl dieser Ultraschallwellen auf einen Gegenstand trifft, wird er reflektiert und von einer Fettansammlung im Unterkiefer aufgenommen, die sich nach oben gegen das Ohr des Delfins erstreckt. Obwohl das Tier also nichts sieht, hat es in seinem Kopf eine genaue Karte von der Umgebung.

Oben: Amazonasdelfin,
Südamerika

Der Gangesdelfin ernährt sich auf eine ganz eigene Weise. Er legt sich dazu auf eine Seite und durchpflügt mit der Brustflosse den Bodenschlamm und erhöht die Frequenz seiner Klicklaute. Wenn man sie für uns hörbar machen würde, würden sie wie das Geknatter eines Maschinengewehrs klingen. Der Delfin ortet damit Krabben, Garnelen und bodenbewohnende Welse und schnappt nach ihnen.

Alle Zahnwale, die großen und die kleinen, die Delfine und die Tümmler, die Grindwale, die Entenwale und die Schwertwale, insgesamt über siebzig verschiedene Arten, verwenden Schallwellen, um sich zu orientieren, um Beute zu fangen und um miteinander zu kommunizieren.

Die Großen Tümmler, die vor der Küste von South Carolina leben, bilden kleine Gruppen von ungefähr einem halben Dutzend Tieren. In den gewundenen Kanälen zwischen den flachen, der Küste vorgelagerten Inseln fangen sie Fische. Bei Ebbe werden schmale Schlammstreifen zwischen dem freien Wasser und den Binsenbeständen weiter im Landesinneren frei. Die Delfine schwimmen ungefähr in einem Halbkreis von einem Ende einer solchen Schlammbank zum anderen, wobei sie sich ihr immer mehr nähern. Dann bilden sie plötzlich und in vollkommener Synchronisation eine Linie, wobei sich ihre Körperseiten fast berühren. In dieser Formation schwimmen sie auf die Schlammbank zu und treiben Schwärme von Kleinfischen vor sich her. Sie schwimmen so schnell und so kräftig, dass sie dabei eine Bugwelle

erzeugen, die sie selbst und die Fische aus dem Wasser auf die Schlammbank spült. Das Wasser fließt ab, und die Tümmler legen sich auf eine Körperseite, um nach den Fischen zu schnappen. Merkwürdigerweise drehen sich dabei alle stets auf die linke Körperseite, doch niemand weiß warum. Würde sich ein Tümmler aber anders verhalten, dann würde er nach den gleichen Fischen schnappen wie sein Nachbar, und andere Fische könnten dabei entkommen. Nach ihrem Mahl winden sich die Tümmler mit heftigen Bewegungen zurück ins Wasser und schwimmen weiter den Fluss hoch, um dasselbe Verhalten an der nächsten Schlammbank zu zeigen. Wenn sie sich ihr nähern, hält ein Tier in der Regel erst Ausschau. Er hebt sich dabei hoch aus dem Wasser und schaut sich um. Wahrscheinlich vergewissert es sich damit, dass am Ort ihres nächsten Angriffs keine Gefahr droht.

Welches die nächste Schlammbank sein wird, ist nicht einfach vorherzusagen. Man kann zwar leicht erkennen, welche Schlammbank die richtige Größe hat, doch dies ist sicher nicht die einzige Entscheidungsgrundlage für die Tümmler. Ohne Zweifel berücksichtigen sie auch die Form des Flussbetts, den gerade aktuellen Wasserstand und den Fischreichtum in der Nähe. Vom Boot aus kann man diese Dinge nicht beurteilen. Immerhin geben uns die Möwen, die über den Tümmlern

Oben: Große Tümmler treiben Fische auf
eine Schlammbank, South Carolina

fliegen, einen Hinweis. Eine kleine Gruppe folgt jeder Jagdgesellschaft und hofft dabei, dass für sie etwas abfällt. Sie kennen den Fluss und die Tümmler am besten. Sie fliegen in einer Höhe von sechs Metern und sehen trotz des trüben Wassers genau, wohin sich die Tümmler richten. Wer Bilder aufnehmen will, tut gut daran, den Möwen zu folgen. Doch selbst sie täuschen sich mitunter. Sie fliegen voraus und versammeln sich an der nächsten wahrscheinlichen Schlammbank. Dann müssen sie aber erkennen, dass sich die Delfine abwenden und den Schlamm auf der anderen Flussseite aufwühlen. Würden die Tümmler stets in derselben Aufeinanderfolge dieselben Plätze aufsuchen, so hätten es die Möwen längst gelernt. Doch die Tümmler entscheiden sich offensichtlich nach den gerade herrschenden Umständen.

Wie einigen sie sich untereinander, wo sie als Nächstes Fische fangen? Wie teilt das Tier, das Ausschau hält, dem Rest der Gruppe mit, dass keine Gefahr droht? Wie verstehen die Tümmler die Intentionen der anderen auf so vollkommene Weise, dass sie die Fische synchron zusammentreiben und an den Strand werfen?

Es gibt kaum Zweifel daran, dass sie das mit Schallwellen tun. Neben ihren hochfrequenten Sonarlauten geben die Tümmler eine große Vielfalt von Pfeif- und Quietschtönen ab, die wir sehr wohl hören und mit einem Unterwassermikrofon aufnehmen können. Delfine gehören in der Tat zu den stimmfreudigsten Säugetieren. Mit Rufen halten die Mitglieder einer Gruppe selbst im offenen Meer und über weite Entfernung Kontakt miteinander. Sie hören die gegenseitigen Rufe auf Entfernungen von 800 Metern. Jedes Individuum hat dabei seinen eigenen typischen Ruf, sozusagen ein Pfeifen mit Unterschrift. Es wird in die Stimmlaute miteingefügt. Die Tümmler können daran erkennen, welchen ihrer Gefährten sie gerade hören. Es besteht sogar die Möglichkeit, dass ein Individuum die Aufmerksamkeit eines anderen erregt, indem es ihn bei seinem Namen ruft. Allerdings ist es noch nicht klar, wie viele Informationen sich die Tümmler mitteilen können. Wir Menschen können die Tiere allerdings so trainieren, dass sie auch komplizierte Befehle verstehen. So ist es durchaus möglich, dass sich Tümmlergruppen untereinander sehr komplexe Dinge mitteilen können. Die Forschungen über dieses Gebiet sind noch längst nicht abgeschlossen.

Die ersten Säugetiere gingen ins Wasser, um dort Nahrung zu finden. Es gab viel davon – Fische, Weichtiere, Krebstiere und Pflanzen. Doch heute herrscht dort eine größere Vielfalt als je zuvor. Heute leben im Wasser auch andere Säugetiere. Grauwale sind zwölf Meter lange Filtrierer. Jedes Frühjahr sammeln sich die Tiere des Ostpazifiks in den warmen seichten Lagunen von Baja California vor der Küste Mexikos, wo die Mütter ihre Kälber auf die Welt bringen. Danach beginnen sie mit einer langen Wanderung der Westküste Nordamerikas entlang bis in die Arktis, wo sie sich von ungeheuren Mengen Garnelen, Würmern und anderen Wirbellosen ernähren, die in den Meeressedimenten schwärmen. Die Männchen und die Weib-

chen, die sich nicht fortgepflanzt haben, führen den Zug an und schwimmen mit ungefähr vier Knoten. Die Wanderung nach Norden führt bis zu 9500 Kilometer weit. Die jungen Wale können sie erst im Alter von mehreren Monaten unternehmen. Als Letzte ziehen also die Weibchen mit ihren Kälbern weg. Sie sind langsam unterwegs, denn ein Kalb schwimmt nur halb so schnell wie ein erwachsenes Tier. Vor der Küste Kaliforniens lauern ihnen Gruppen von Schwertwalen auf.

Schwertwale sind in der Regel sehr stimmfreudig. Wenn sie aber merken, dass sich ihnen ein Grauwalweibchen mit seinem Kalb nähert, verfallen sie in Schweigen. Sie beginnen mit der Verfolgung des Paares. Bald bemerken die beiden, dass sie verfolgt werden. Die Mutter erhöht ihre Geschwindigkeit und ermuntert ihr Kind, so schnell wie möglich zu schwimmen. Die Schwertwale haben aber keine Schwierigkeiten zu folgen. Sie stören das Kalb dauernd und wechseln sich dabei ab. Sie müssen dabei sehr vorsichtig sein, denn das Weibchen könnte sie mit einem Schwanzschlag ernsthaft verletzen. Nach drei oder vier Stunden ist das Kalb so erschöpft, dass es nicht mehr weiterkann. Die Schwertwale drängen sich dann zwischen das Kalb und seine Mutter. Wenn sie es von ihr getrennt haben, schwimmen sie über dem Kalb, um es am Atmen zu hindern. Schließlich ertrinkt der junge Wal,

Oben: Schwertwal hält
Ausschau, Antarktis

209

Nächste Seiten: Schwertwale
beim Angriff auf das Junge
eines Grauwals

und die Schwertwale haben ihr Fressen. Oft nehmen sie dabei nur die Zunge. Der restliche Kadaver sinkt langsam auf den Meeresboden. Die Parallelen zwischen den Schwertwalen und den Löwenrudeln, die sich von Gnuherden und deren Kälbern bei der Wanderung quer über die afrikanische Savanne ernähren, liegen auf der Hand. Säugetiere sind heute im Meer so zu Hause, dass sie die alten Kämpfe, die sie früher auf dem Festland untereinander ausgefochten haben, nun auf dem offenen Meer austragen.

Oben: Eine Schule von
Schwertwalen, Alaska

8

Leben in den Bäumen

Ein hungriges Tier, das im Wald nach Nahrung sucht, die Bodenstreu durchwühlt, in Löchern herumschnüffelt und Baumrinden abzieht, richtet seine Aufmerksamkeit früher oder später auch nach oben. Wenn es sich um einen Insektenfresser handelt, hat er vielleicht eine Gruppe von Termiten verfolgt, die erst am Boden entlangkriecht, dann aber senkrecht einen Baumstamm hinaufläuft und schließlich in den Zweigen verschwindet. Sucht das Tier nach Blättern, so hat es sicher die saftigen Stücke direkt oberhalb seiner Reichweite entdeckt. Früchtefresser blicken wohl mit Bedauern auf die bunten süßen Früchte, die über ihren Köpfen hängen. Sollte es einem Tier angesichts dieser Verlockungen gelingen, nach oben zu klettern, so wäre die Belohnung groß. Ganze Armeen fleischiger Raupen fressen eine Schneise durch das saftige Laub. Puppen in Seidenkokons verbergen sich in den Ritzen der Rinde. Kleine Frösche sitzen in den Kelchen von epiphytischen Kannenpflanzen. Überall gibt es Echsen und Schlangen und Eier in Vogelnestern. Deswegen haben viele Säugetiere klettern gelernt.

Einige sind noch nicht besonders gut im Klettern. So unwahrscheinlich es klingen mag, auch Kängurus in Nordaustralien und Neuguinea versuchten es. Ihre Hinterbeine erscheinen kaum dazu geeignet. Sie sind lang und kräftig und für lange Sprünge gut geeignet. Aber als besonders beweglich kann man sie nicht bezeichnen. Der lange Schwanz mag wie auf dem Boden als Gegengewicht dienen, doch er vermag kaum mehr als das, und in den Bäumen erscheint er eher lästig zu sein als eine Hilfe. So klettert denn das Baumkänguru ziemlich vorsichtig. Auf Zweigen bewegt es sich mit abwechselnden Schritten seiner Hinterbeine. Nur wenn ein Ast besonders breit ist, riskiert es ein paar Hüpfer, wobei es die Vorderbeine vor der Brust trägt. Diese sind kurz, aber gerade lang genug, damit es einen Baumstamm umfassen kann. Beim Herunterklettern geht das Baumkänguru immer mit dem Schwanz voran. Es hält sich dabei mit den Vorderbeinen fest und rutscht mit den

213

Hinterbeinen, bis es ungefähr 1,80 Meter vom Boden entfernt ist. Dann stößt es sich vom Stamm ab und dreht sich in der Luft so, dass es mit etwas Glück aufrecht in der typischen Känguruhaltung landet. Bisweilen sieht der Abstieg noch etwas weniger würdevoll aus. Wenn es sich bedroht fühlt und durchs Unterholz flüchten will, verliert es nicht selten den Halt und fällt von hoch oben auf den Boden. Das Baumkänguru würde gewiss nicht lange Zeit überleben, wenn es in den Wäldern, in denen es sich aufhält, größere Fleischfresser gäbe.

Die meisten Säugetiere, die in den Bäumen leben, sind aber deutlich erfolgreicher und gewandter. Das Problem der Fortbewegung haben sie auf verschiedene Weisen gelöst. Einige entwickelten unabhängig voneinander eine Anpassung, von der das Baumkänguru noch weit entfernt ist. Es handelt sich um den Greifschwanz. Die Wirbel an der Schwanzspitze vermehrten sich und wurden kürzer als die an der Basis. Dadurch sind sie sehr beweglich. Die Muskeln auf der Unterseite sind größer und kräftiger als auf der Oberseite. Mit diesen beiden Modifikationen kann ein Tier seinen Schwanz um einen Ast wickeln und ihn so fest packen, dass bei den meisten Arten das gesamte Körpergewicht daran hängen kann.

Der Binturong gehört zu diesen Tieren mit Greifschwanz. Es handelt sich um eine Schleichkatze, die hoch oben in der Baumschicht südostasiatischer Wälder über-

wiegend von Früchten lebt. Er sieht aus wie ein neunzig Zentimeter langer Kamin-vorleger und bewegt sich sehr sicher und absolut vertrauensvoll in seinem luftigen Reich. Er pflückt hier eine Frucht und dort ein Blatt und tut dies von einem Ast herabhängend genauso sicher, wie wenn er auf ihm steht.

In Südamerika sind Ameisebären auf die Bäume gegangen. Der Tamandua ist eine kleinere Version des Großen Ameisenbären. Sein Schwanz sieht allerdings ganz

anders aus. Er dient als Greifschwanz und trägt nicht das zottelige Fell des großen Vetters, sondern ist nur dünn behaart. Der Zwergameisenbär ist weniger als dreißig Zentimeter lang und hat einen hellen pelzigen Körper. Wenn er sich bedroht fühlt, wickelt er seinen Schwanz um einen Ast und erhebt sich auf seine Hinterbeine. Dabei schlägt er mit den langen Krallen der Vorderbeine auf das, was er in seiner Kurzsichtigkeit für einen Feind hält. Der Wickelbär, ein Verwandter des Waschbären, verwendet seinen Greifschwanz, um sich festzuhalten, wenn er sich weit auf die Äste hinauswagt. Auch unter den Nagetieren gibt es einen Baumbewohner mit Greifschwanz, den südamerikanischen Greifstachler. Er ernährt sich von Schößlingen, Blättern und Früchten. Er ist das einzige Plazentatier mit einem Schwanz, der sich nach oben rollt. Dementsprechend befindet sich auf der Oberseite des Schwanzes stachellose Haut, die den festen Griff gewährleistet.

Das Herumklettern mit einem Greifschwanz mag zwar sicher sein, bedeutet aber bisweilen, dass man sehr lange Wege zurücklegen muss, um eine Mahlzeit zu finden. Die Früchte hoch oben in einem Nachbarbaum sind vielleicht nur wenige Meter entfernt, aber um dorthin zu gelangen, muss das Tier erst absteigen, eine Strecke auf dem Waldboden zurücklegen, was vielleicht gefährlich sein kann, und dann den anderen Baum wieder hochklettern. Wer springen kann, nimmt die Abkürzung. Unser europäisches Eichhörnchen entscheidet sich immer für diese Lösung, wenn es kann. Es springt dabei fast vier Meter weit – eine erhebliche Entfernung für ein derart kleines Tier.

In Amerika wurden einige Hörnchen zu noch viel besseren Akrobaten. Mit einem einzigen Sprung legen sie fast fünfzig Meter zurück – im Gleitflug. Vor dem Start halten sie nach einem möglichen Landepunkt Ausschau und schaukeln dabei seitwärts, wahrscheinlich um die Entfernung abzuschätzen. Dann springen sie in die Luft, breiten ihre vier Beine aus und entfalten dabei ein Hautsegel, das sich von den Armgelenken bis zu den Fußknöcheln erstreckt und ihnen das Gleiten ermöglicht. Den langen behaarten Schwanz ziehen sie hinter sich her, denn er dient als Ruder. Diese Gleithörnchen können Kurven fliegen, indem sie die Lage ihrer Arme und

Beine und somit die Spannung ihres Hautsegels verändern. Nahe am Landepunkt bremsen sie ab und bewegen Kopf und Schwanz nach oben, sodass sie senkrecht auf der Rinde landen. Dann klettern sie sofort den Stamm hoch, um die Höhe wieder zu gewinnen, die sie während des Gleitfluges verloren haben.

Die amerikanischen Gleithörnchen werden ungefähr so groß wie die europäischen nicht gleitenden Verwandten. In Asien leben jedoch einige Riesen, deren Rumpf ohne Schwanz fast fünfzig Zentimeter lang wird. Sie können rund hundert Meter weit gleiten. Sie leben in Baumhöhlen und sind zwischen den Zweigen so zu Hause, dass sie nur noch selten oder nie mehr auf den Boden absteigen. Ihre Gleitfähigkeit hat jedoch auch ihren Preis. Die Flugmembran ist so groß, dass sie beim Laufen hinderlich wird. Wenn das Riesengleithörnchen watschelnd auf einem Ast geht, sieht es aus, als sei es in einen großen Mantel gehüllt. Die Gleithörnchen verlassen deswegen tagsüber selten ihre Höhlen, weil dann Adler und andere Räuber unterwegs sind, denen sie leicht zum Opfer fallen könnten. Sie verlassen ihren Unterschlupf jedoch in der Dämmerung und jagen einander von Zweig zu Zweig und von Baum zu Baum. Dabei bieten sie dem Zuschauer ein unvergessliches Schauspiel.

Der beste Gleiter unter allen ist ein weiteres südostasiatisches Tier, der Riesengleitflieger oder Pelzflatterer. Er wird ungefähr katzengroß. Seine Flughaut erstreckt sich nicht von den Arm- zu den Fußgelenken, sondern von den Finger- zu den Zehenspitzen und reicht bis zum Hals und zum Schwanzende. Mit dieser Membran gelangt das Tier mit einem eleganten leisen Flug sechzig Meter weit. Es ernährt sich ausschließlich vegetarisch. Das Fell auf der Oberseite der Flughaut zeigt hübsche cremefarbene oder braune Flecken, von denen jeder mit einem schwarzen Hof umgeben ist. Durch dieses Muster ist der Riesengleitflieger im Zentrum von Palmen oder im Geäst sehr gut getarnt. Er hängt dabei mit dem Kopf nach unten, wobei er sich mit allen vier Beinen festhält. Seine lose Flughaut ist so groß und die dünnen Beine sind so extrem an ihre Funktion als Spannvorrichtungen angepasst, dass der Pelzflatterer auf dem Boden absolut hilflos ist.

Doch um was für ein Tier handelt es sich eigentlich? Seine Zähne, die bei den meisten Säugern wertvolle Hinweise auf die Verwandtschaft liefern, sind hier nicht hilfreich, da sie sich von denen aller anderen Säuger unterscheiden. Die Schneidezähne des Oberkiefers liegen an den Seiten und lassen in der Mitte eine Lücke frei. Die zweiten Schneidezähne weisen zwei Wurzeln auf. Die Schneidezähne des Unterkiefers wachsen nicht nach oben, sondern nach vorne und sind kammartig gezähnt. Bis heute weiß man nicht, ob der Riesengleitflieger sich damit sein Fell putzt oder sie bei der Ernährung braucht. Obwohl kein lebendes Tier vergleichbare Zähne aufweist, sind fossile Schädel mit sehr ähnlichem Gebiss nicht selten in nordamerikanischen Schiefern und Sandsteinen, die vor sechzig bis siebzig Millionen Jahren abgelagert wurden, gefunden worden. Es sieht aus, als sei der Riesengleitflieger der letzte lebende Vertreter einer sehr altertümlichen und erfolgreichen Gruppe, die entstand, als sich die Säugetiere noch am Anfang ihrer Expansion befanden.

Ungefähr zur selben Zeit experimentierte eine Gruppe von Insektenfressern aus der Verwandtschaft der Spitzmäuse mit dem Flug. Ihre Flughäute wurden von den Fingern der Hände ausgespannt. Dabei konnten sie die volle Bewegungsfähigkeit des Schultergelenks beibehalten. Sie schlugen mit den Armen. Es waren die Fledermäuse. Heute allerdings sehen wir am tropischen Himmel oft Fledermäuse, die viel größer werden als die Insekten fressenden. Es sind die Flughunde.

Flughunde unterscheiden sich deutlich von den Insekten fressenden Fledermäusen. Sie leben überwiegend oder ausschließlich von Früchten. Kein Flughund verfügt über ein hoch entwickeltes Echoortungssystem. Nur eine Art orientiert sich in gewissem Umfang mit Hilfe niederfrequenter Rufe. Stattdessen finden sich die Flughunde mit den Augen zurecht. Diese sind groß und stehen in einem deutlichen Kontrast zu den winzigen Augen der eigentlichen Fledermäuse. Auch im Gehirn findet man grundlegende Unterschiede zwischen den beiden Gruppen. Sie sind so erheblich, dass einige Forscher die Ansicht vertreten, die Flughunde seien mit den Fledermäusen überhaupt nicht verwandt und stammten vielmehr von Vorfahren

der heutigen Riesengleitflieger ab. Molekularbiologische Untersuchungen zeigen jedoch, dass die Flughunde und die Fledermäuse dieselben Vorfahren haben. Es steht allerdings fest, dass die Flughunde erst dann erschienen, als einige Insekten fressende Fledermäuse schon den Luftraum erobert hatten.

Die Flughunde werden nicht ganz so groß wie Hunde. Trotzdem passt der Name recht gut, weil ihre Gesichter hunde- oder fuchsähnlich aussehen und weil die meisten Arten ein rötliches Fell tragen. Der Rumpf der größten Arten misst rund dreißig Zentimeter, die Flügelspannweite liegt bei 1,50 Meter. An den Daumen ist noch je eine Kralle vorhanden, und die Zeigefinger spannen nicht die Flughaut aus, sondern dienen beim Herumklettern in Geäst als Haken.

Flughunde ruhen sich im Freien in großen Gruppen aus. Bisweilen umfassen sie mehr als eine Millionen Tiere. Diese «Camps», wie die Australier sie nennen, sind lärmige, übel riechende Orte. Die Flughunde hängen kopfüber von den Bäumen, die wegen ihrer Besiedler die meisten Blätter verloren haben. Die Tiere hängen dicht gepackt, wickeln sich in ihre Flughäute und sehen wie riesige schwarze Früchte aus. Wenn die Temperatur steigt, fächeln sie sich mit den halbgeöffneten Flughäuten

Kühlung zu. Dann scheint der ganze Baum zu zittern. Sie zanken sich untereinander, wobei immer mal wieder ein Tier von seinem Platz vertrieben wird, herumfliegt und einen freien Hängeplatz am nächsten Ast sucht. In der normalen Ruhestellung würden sie bei der Urinabgabe ihr Fell beschmutzen. Bevor sie das also tun, ziehen sie sich hoch, verankern sich mit dem zweiten Finger am Ast und hängen mit dem Kopf nach oben. Bisweilen bleibt aber ein Flughund in seiner normalen Ruheposition und lässt es zu, dass sein Urin über den Körper läuft. Vielleicht will er sich dann von Hautparasiten befreien. Das nächste Tropengewitter wird jedoch wieder für die Reinigung sorgen.

Eine derart große Zahl von Tieren, die man über Kilometer hinweg sehen, hören und riechen kann, zieht unweigerlich Räuber an. Greifvögel hocken oft auf Nachbarbäumen und betrachten faul ihr nächstes Mahl. Und wenn man genau hinsieht, erkennt man häufig eine Baumpython. Sie hat ihre Körperwindungen inmitten der Kolonie über einen Ast geschlungen und wartet vielleicht auf einen jungen Flughund, der noch nicht fliegen kann. Doch trotz dieser Räuber hat es den Anschein, dass ein einzelner Flughund inmitten von Hunderten von Gefährten weniger angegriffen wird, als wenn er allein von einem Baum hängen würde.

In der Abenddämmerung gehen die Flughunde auf Nahrungssuche. Die größeren Arten sind so schwer, dass sie erst zwei- oder dreimal mit ihren Flügeln schlagen müssen. Damit bringen sie ihren Körper von der senkrechten in eine waagrechte Stellung, lassen dann mit den Füßen los und verlieren auf diese Weise nicht zu viel Höhe beim Start. Einige Flughunde ernähren sich fast ausschließlich von Blütennektar, und einige Baumarten hängen von ihnen als Bestäuber ihrer Blüten ab. Zu diesen Pflanzen gehören einige Mangroven, ferner Kakteen, Wildbananen und Eukalyptusbäume. Ihre Blüten öffnen sich nur nachts und sind weiß oder cremefarben, sodass sie von den Flughunden in der Dunkelheit gesehen werden. Viele Blüten heben sich deutlich von den Zweigen und Blättern ab, damit die Flughunde, die vor ihnen flattern, nicht mit den Flügeln anstoßen. Andere Blüten hängen von langen Stängeln herab. Die Blüten produzieren nicht nur reichlich Nektar, sondern auch einen sehr starken, oft muffigen Duft, sodass die Flughunde sie schon aus weiter Entfernung entdecken.

Die meisten Flughunde trinken aber nur gelegentlich Nektar. Ihre Hauptnahrung machen Früchte aus. Sie fliegen dreißig Kilometer weit oder mehr, um Bäume mit reifenden Früchten zu finden. Viele Früchte sind so wasserreich und enthalten so wenig Nährstoffe, dass ein einzelnes Tier an einem Abend so viel davon fressen kann, wie seinem Körpergewicht entspricht. Es spuckt dabei unverdauliches Fleisch aus, schluckt nur den Saft und entledigt sich schnell unerwünschter Flüssigkeit. Auf dem Weg zu ihrem Ruheplatz geben sie auch die Samen ab. Flughunde spielen bei der Erhaltung des Regenwaldes eine sehr wichtige Rolle.

Links: Der Epaulettenflughund
frisst eine Feige, Westafrika

Es gibt noch einen dritten Zweig altertümlicher Baumbewohner, und einige Zoologen glauben, dass eine Verwandtschaft zu den Riesengleitfliegern besteht. Die Tiere entwickelten einen anderen Weg, um mit den Händen ihre Sicherheit in den Bäumen zu gewährleisten. Sie setzen sie weder als Haken noch als Flügel, sondern als Klammern ein. Die schlanken Loris Südindiens und Sri Lankas gehören zu ihren Nachkommen. Sie bewegen sich nachts durch Bäume und Büsche und sind weniger als dreißig Zentimeter lang. Ein Schwanz ist nicht mehr vorhanden. Der Schlanklori trägt ein weiches graues Fell mit schwarzen Flecken um die großen Augen sowie eine weiße Linie, die auf dem Gesicht zwischen den Augen bis zur kleinen zugespitzten Schnauze verläuft. Die Bezeichnung «Loris» stammt von dem niederländischen Wort für Clown, weil es mit seinem Aussehen an ihn erinnert.

Die Hände des Loris sind bemerkenswert. Der Daumen ist stark vergrößert, der Zeigefinger hingegen zu einem kleinen Auswuchs reduziert. Dies bedeutet, dass die Loris damit ziemlich dicke Äste fest packen können. Die Füße sind auf eine ähnliche Weise modifiziert. Die zweite Zehe ist sehr klein, trägt aber eine Kralle, mit der das Tier sein Fell reinigt. Der Schlanklori bewegt sich langsam und überlegt; er lässt nur selten eine Gliedmaße los, bevor die übrigen drei nicht sicher festhalten. Und sein Griff ist geradezu spektakulär. Wenn wir einen Gegenstand über eine Minute lang

packen, so ermüden unsere Muskeln und tun am Ende weh. Die Loris hingegen haben in den Arm- und Fußgelenken ein besonderes Blutgefäßnetz, das die Muskeln in den Händen und Füßen mit reichlich Sauerstoff versorgt. Die Muskeln können somit dauernd Energie umwandeln, und die Loris können sich 24 Stunden lang ohne Unterbrechung an einem Ast festhalten. Man kann einen Lori praktisch nicht von einem Ast lösen, wenn er das selbst nicht will. Sobald es gelungen ist, eine Gliedmaße zu lösen, hält er sich mit einer anderen wieder fest.

Der Schlanklori hat einen etwas größeren Vetter, den Plumplori. Er kommt von Assam bis nach Südostasien, Indonesien und die Philippinen vor. Seine Beine sind nicht so schlank und auch nicht so lang. Doch auch er bewegt sich langsam und vorsichtig im Geäst. Tatsächlich beruht seine Jagdmethode auf seinem Bewegungsablauf. Wenn die Loris ein Insekt entdeckt haben, bewegen sie sich langsam zu ihm hin und halten sich dabei mit ihren Hinterbeinen fest. Dann heben sie beide Hände und packen erst im letzten Augenblick plötzlich zu. Beide Loriarten markieren ihre Territorien mit einem Duft. Dabei bewegen sie ihr Hinterteil über die Äste und geben an festen Stellen auch einige Urintropfen ab.

In Westafrika gibt es ein Tier, das sich ähnlich verhält wie die Loris. Es bewegt sich sehr überlegt und heißt deswegen in einigen englischsprachigen Ländern Afrikas «softly-softly». Wir kennen es als Potto. Seine Hände und Füße sind wie bei den Loris umgebaut. Die Daumen und die großen Zehen sind kräftig ausgebildet und entfernen sich räumlich von den anderen Fingern oder Zehen. Obwohl sich der Potto in der Regel langsam bewegt, kann er sich doch sehr schnell umdrehen und einen Störenfried beißen. Er verfügt aber auch über eine andere ungewöhnliche Waffe. Drei Halswirbel haben Kämme, die mit Hornspitzen über die Haut hinausragen. Bei einer Bedrohung vergräbt der Potto sein Gesicht in den Händen und krümmt seine Schultern. Er schwankt seitwärts und schlägt dann plötzlich und heftig mit dem Hals zu. Das wirkt deswegen so beunruhigend, weil es unerwartet kommt.

Die Halsdornen des Pottos scheinen neben der Verteidigung noch eine andere Aufgabe zu haben. Männchen und Weibchen haben große Duftdrüsen im Genitalbereich. Die des Weibchens sind paarig angelegt und so groß, dass man sie schon als Pseudoscrotum bezeichnet hat. Die Paare ruhen nachts eng aneinander geschmiegt und die Halsdornen des einen liegen in der Leistengegend des anderen. Die Dornen stimulieren anscheinend die Duftdrüsen. Das eine Mal wird das Weibchen so eingerieben, das andere Mal das Männchen. Diese gegenseitige Markierung ist ein einzigartiges Verfahren zur Paarbindung und zeigt uns, welche wichtige Rolle Gerüche im Leben der Pottos spielen.

Die Loris und die Pottos sind ohne Zweifel affenähnliche Wesen. Ihre Finger und Zehen tragen, einmal abgesehen vom zweiten Finger, nicht Krallen, sondern flache Nägel. Die Augen sind groß und nach vorne gerichtet, und die Stirn erscheint

ziemlich hoch. Doch haben beide auch zugespitzte Schnauzen mit feuchten Nasenlöchern, ähnlich wie Hundeartige oder Zibetkatzen. Es sieht so aus, als wären sie auf halbem Weg der Entwicklung zu den Affen stehen geblieben. Aus diesem Grund bezeichnen wir sie als Halbaffen.

Auch die Galagos gehören zu dieser Gruppe. Sie leben in West- und Ostafrika. Einige sind nur mausgroß, andere werden so groß wie eine Hauskatze. Im Gegensatz zu den Loris und Pottos verfügen sie noch über einen langen Schwanz. Sie springen hervorragend, obwohl sie auch Greifhände und Greiffüße besitzen. Die Schwänze dienen ihnen als Ruder bei ihren weiten Sprüngen durch das Geäst.

Auch für die Galagos sind Düfte sehr wichtig. Wenn sie nachts ihre Schlafhöhlen verlassen, urinieren sie als Erstes auf ihre Hände. Dann reiben sie mit den Händen die Fußsohlen ein. Dieses Verhalten wird vor der Futtersuche mehrmals wiederholt. Auch in der Zeit, in der sie sich durch die Bäume bewegen, streichen sie ungefähr alle Stunde ihre Handflächen und Fußsohlen mit Urin ein. Einigen Zoologen zufolge verstärkt das die Haftfähigkeit der Füße bei den weiten Sprüngen, denn der Urin wird beim Trocknen klebrig. Die Galagos bewegen sich auf regelmäßigen Wechseln im Wald. Sie springen vom selben Zweig ab und landen an genau derselben Stelle wie am Vortag. Es ist deswegen kaum anzunehmen, dass ihnen die Duftmarken bei der Routenfindung helfen. Vielmehr markieren die Tiere damit ihr Revier.

Wenn man Galagos in Gefangenschaft einen neuen Zweig oder ein anderes Objekt in den Käfig gibt, markieren sie ihn mit Urin. Es wird damit zu einem Teil ihres Territoriums, selbst menschliche Nasen können das riechen. Wenn man die Umgebung der Buschbabys nach unseren hygienischen Vorstellungen regelmäßig

desinfiziert, werden sich die Halbaffen nie zu Hause fühlen. Erst wenn man aus mehreren Metern Entfernung riecht, dass hier Galagos wohnen, pflanzen sie sich fort.

In Afrika leben mehrere Galagoarten. Der Zwerggalago ist ein mausgroßer Kobold. Der Riesengalago wird so groß wie eine schwere Hauskatze. Sonst sehen sich die beiden Arten sehr ähnlich. Sie haben große orangefarbene Augen, ein

graues oder braunes Fell und einen cremefarbenen Bauch. Da sie nachts aktiv sind, sind helle Farben und auffällige Zeichnungsmuster für die Identifikation der Art ohne Wert. Dafür kann man sie an ihren Rufen unterscheiden. Sie kommunizieren mit hochfrequenten Quietsch- und Zwitscherlauten. Forscher fanden heraus, dass die Rufe eine sehr viel größere Vielfalt zeigen, als man bisher vermutete. Es hat den Anschein, als gäbe es sehr viel mehr Galagoarten als bisher bekannt. Diese neuen Spezies harren noch der Beschreibung.

Zu jener Zeit, als sich die Halbaffen gerade entwickelten, trennte sich die riesige Insel Madagaskar von der Ostküste Afrikas. Später erschienen die Affen in Afrika und verdrängten viele afrikanische Halbaffen. Das wird wohl der Grund sein, warum die heute noch überlebenden alle nachtaktiv sind. Die Affen konnten aber nicht nach Madagaskar gelangen. Dort blühte hingegen eine andere Halbaffen-gruppe auf, die Lemuren. Da sie nicht auf Konkurrenz stießen, besetzten sie viele der ökologischen Nischen, die auf dem afrikanischen Festland Affen und andere Säuger für sich eroberten.

Die kleinsten Arten sind dort die Mausmakis. In Körperform und Größe sehen sie den afrikanischen Zwerggalagos ähnlich. Die größte Lemurenart, der Indri,

übertrifft die meisten afrikanischen Affen. Er hat als einziger in seiner Familie den Schwanz eingebüßt. Er verlässt die Bäume selten. Er hangelt sich nicht wie ein Menschenaffe mit den Armen von Ast zu Ast. Er läuft auch nicht wie ein gewöhnlicher Affe den Zweigen entlang. Stattdessen springt er ähnlich wie die Galagos. Seine Beine sind um ein Drittel länger als die Arme. Die mächtigen Beinmuskeln erlauben ihm weite Sprünge. Er fliegt dabei mit senkrechtem Rumpf durch die Luft und landet in dieser Position auf einem Baumstamm. Mit einem einzigen Sprung legt er neun Meter zurück. Und sobald er gelandet ist, kann er sofort wieder starten, ohne seine Gliedmaßen neu zu ordnen. Wenn man Indris im Wald beobachtet, scheinen sie wie ein Ball von Stamm zu Stamm zu fliegen.

Indris sind wunderschöne Tiere. Sie tragen weiße Beinkleider mit schwarzen Handschuhen und Schuhen, ein schwarzes Cape über den Schultern und eine schwarze Gesichtsmaske, aus der überrascht gelbgrüne Augen blicken. Es sind reine Vegetarier und sie fressen den ganzen Tag. Sie leben in kleinen Familiengruppen, die einen Bereich im Wald ihr eigen nennt. Bei einer Bedrohung schreien sie fürchterlich. Jeden Morgen und jeden Abend erheben sie mit einem langen klagenden Gesang Anspruch auf ihr Territorium. Daran beteiligen sich Männchen wie Weibchen. Die Tiere singen mehrere Minuten lang, und man kann sie fast zwei Kilometer weit hören.

Jede Familie markiert ihr Territorium mit Urin, den sie auf Äste verspritzen, und mit Sekreten aus dem Mund. Wenn das Weibchen brünstig ist, markiert das Männchen sein Territorium über 30-mal pro Tag. Das Weibchen aber ist dem Männchen übergeordnet, und das ist die Regel bei den madegassischen Lemuren. Abgesehen vom Partner befinden sich in der Gruppe auch mehrere Jungtiere. Die Mutter frisst mit ihren Töchtern erst in den höheren Zweigen der Bäume, während alle Männchen demütig unten warten. Gelegentlich verliert ein Männchen die Geduld und versucht hochzuklettern und am Frühstück der Weibchen teilzunehmen. Wahrscheinlich kriegt es wegen seiner Frechheit dann eins über die Ohren.

Der Indri hat eine Reihe von Verwandten, die sich in der Körperform sehr ähnlich sehen und die noch Schwänze haben. Die meisten sind weiß mit Ausnahme des Kopfes. Die eine Art hat eine braune Kappe, die andere eine goldene, bei einer dritten ist der Kopf vom Hals an ganz schwarz, und eine vierte Art ist reinweiß. In den Halbwüsten im Südteil der Insel bewohnen diese Lemuren eine merkwürdige Dornbuschsteppe, die von Didieriea dominiert wird, einer kaktusähnlichen Pflanze, die es nur auf Madagaskar gibt. Sie hat zwölf Meter lange säulenförmige Stämme mit bräunlichen Blüten. Auf der ganzen Länge trägt sie in abwechselnden Längsreihen kleine kreisrunde Blätter und sehr spitze Dornen. Die Sifakas hüpfen von einer pflanzlichen Säule zur anderen, segeln dabei mit senkrechtem Rumpf durch die Luft und packen den nächsten Stamm gleichzeitig mit Händen und Füßen.

Rechts: Larvensifaka,
Südwestmadagaskar

Manchmal sind die Sifakas gezwungen, auf den Boden zurückzukehren, um von einem Gehölz zum anderen zu gelangen. Der Größenunterschied zwischen den kurzen Armen und den langen Beinen macht es ihnen fast unmöglich, auf allen vieren zu laufen. Deswegen stehen sie aufrecht. Aber sie gehen nicht. Sie haben Schwierigkeiten, ihre Beinbewegungen zu koordinieren. Deswegen gehen sie auf dem Boden, wie sie es in den Bäumen tun – sie hüpfen. Um das Gleichgewicht zu wahren, heben sie ihre Arme auf Schulterhöhe oder sogar über die Köpfe hinaus. Wer einmal zusehen kann, wie eine Familie schneeweißer Sifakas von einem Gehölz zum anderen geht, wird wegen der Eleganz der Bewegung und der disziplinierten Fußarbeit unweigerlich an eine klassische Balletttruppe erinnert.

Sifakafamilien verteidigen ihr Territorium nicht mit Rufen wie die Indris, sondern mit Duftmarken. Der besonders hübsche Diademsifaka mit seiner schwarzen Kappe, den goldfarbenen Armen und Beinen und den schwarzen Händen und Füßen tut das besonders ausgiebig. Wenn Weibchen mit dem Fressen fertig sind, setzen sie eine Duftmarke auf einen Zweig und gehen weg. Unmittelbar danach begibt sich ein Männchen dorthin, schnüffelt und beißt bisweilen in die Duftmarke. Dabei entfernt es einen Teil der Baumrinde. Dann reibt es diese Stelle mit einem Sekret aus seinen Brustdrüsen ein. Schließlich klettert das Männchen nach oben und setzt mit seiner Afterdrüse eine weitere Duftmarke. Der Grund für dieses Verhalten liegt wahrscheinlich in der Tatsache, dass die Sifakas im Unterschied zu den Indris promisk leben. Die Weibchen paaren sich mit allen Männchen, die ihr Interesse wecken. Die Zeit der Empfängnisbereitschaft verkünden sie mit Marken, die einen kräftigen, anhaltenden Duft verströmen. Wenn ledige Männchen diesen Duft riechen, dringen sie in das Revier ein und paaren sich mit dem Weibchen, sofern das möglich ist. Wenn das ortstreue Männchen seine eigene Marke darüber setzt, will es damit wahrscheinlich die Einladung seines Weibchens rückgängig machen.

Eine Lemurenart verbringt den größten Teil ihrer Zeit auf dem Boden, der Katta. Die Art ist die bestbekannte der ganzen Familie. Da sie nicht streng vegetarisch lebt wie ihre Verwandten, sondern alles Mögliche zu sich nimmt, ist die Haltung in Zoos einfach. Der Schwanz ist schwarzweiß geringelt und fast doppelt so lang wie der Rumpf. Kattas tragen ihren Schwanz in der Regel senkrecht und bewegen ihn elegant beim Laufen. Alle Halbaffen sind mit ihren feuchten Nasen sehr empfindlich auf Gerüche und setzen sie auch im Sozialleben ein. Doch die Kattas tun dies auf eine einzigartige, spektakuläre Weise: Sie kämpfen damit.

Kattas leben in Familiengruppen, die ungefähr ein Dutzend Tiere umfassen. Ihr Sozialsystem ist einzigartig unter den Säugetieren. Wie üblich bei den Lemuren sind die Weibchen den Männchen übergeordnet. Bei den Kattas hat jedes Geschlecht seine eigene Hierarchie. Alle Weibchen, selbst das jüngste, sind allen Männchen, selbst dem ältesten, übergeordnet. Das gibt es bei keinem anderen Säugetier. Beide

Links: Diademsifaka,
Nordmadagaskar

Geschlechter markieren das Gruppenterritorium auf unterschiedliche Weise. Die Weibchen stellen sich auf ihre Vorderbeine und heben ihren Hinterteil, wobei sie einen Baumstamm mit den Sekreten der Afterdrüse einschmieren. Die Männchen tun dies mit den Drüsen an den Handgelenken. Sie haben dort eine längliche Hornschwiele. Das Männchen packt dabei einen jungen Baum mit seinen Händen und reißt mit einer seitlichen Bewegung der Hornschwiele die Rinde auf. Das knackende Geräusch ist dabei zu hören. Dabei wird die Rinde aufgeraut, um die Duftmarke aufzunehmen.

Während der Fortpflanzungszeit wird die olfaktorische Kommunikation deutlich aggressiver. Ein streitlustiges Männchen biegt seinen Schwanz über den Rücken und tränkt ihn mit Duft aus den Handschwielen. Mit diesen Waffen gehen die Männchen als Gruppe gegen den Feind vor. Wenn die Kämpfe beginnen, wedeln sie mit ihren Schwänzen über den Köpfen. Duftwellen dringen in die Nase des Feindes, der schließlich so beeindruckt ist, dass er das Weite sucht. Man muss allerdings dazu sagen, dass menschliche Beobachter den Kattaduft nicht wahrnehmen können und die Interpretation nur aus dem Verhalten der Tiere ableiten.

Links: Kattaweibchen mit einem Jungen auf dem Rücken beim Markieren des Territoriums

Oben: Aye-Aye oder Fingertier, Madagaskar

Nicht nur durch das Fehlen anderer Säugetiere konnten die Lemuren ihre ökologische Spannweite ausdehnen. Auch die Spechte überquerten die Straße von Mosambik nicht. Die Hauptnahrung dieser Vögel sind die Larven holzbewohnender Käfer. Die Spechte meißeln mit ihren Schnäbeln an den entsprechenden Stellen die Rinde auf und stoßen dort auf die fetten Maden, die ihren Weg durch das Holz bahnen. Um an solches Futter heranzukommen, muss das Tier erstens wahrnehmen, wo die Larven sitzen, und zweitens muss es Holz aufmeißeln können. Das Fingertier oder Aye-Aye hat beide Spezialisierungen entwickelt. Es ist der bizarrste Angehörige der Lemurenfamilie. Das Aye-Aye wird ungefähr gleich groß wie ein Katta, hat aber ein zotteliges grau meliertes Fell und einen buschigen Schwanz. Seine Hände sind außergewöhnlich gestaltet. Die flachen Nägel, die die Hände der Halbaffen so menschenähnlich machen, sind zu langen Krallen ausgezogen. Der Mittelfinger ist grotesk verlängert, dürr, fast ohne Fleisch und mit einer langen Kralle am Ende. Das ist das Organ, mit dem das Aye-Aye Larven fängt.

Das Aye-Aye ist ein nachtaktiver Einzelgänger. Wenn es einen erfolgversprechenden Ast gefunden hat, hört es ihn sorgfältig ab und klopft dabei mit seinem Mittelfinger auf das Holz. Der Lärm stört möglicherweise die Larve, sodass sie sich bewegt. Das Fingertier hört das leise Geräusch. Ähnlich wie ein Arzt, der seinen Patienten perkutiert, kann es durch Klopfen feststellen, wo sich Hohlräume im Holz befinden. Hat das Fingertier einen Tunnel gefunden, so wird es zum Holzschnitzer. Seine Vorderzähne sind besonders lang und meißelförmig und haben offene Wurzeln. Wie die Zähne der Nager wachsen sie also nach, wenn sie abgetragen werden. Kein anderer Halbaffe hat solche Zähne. Tatsächlich sind sie so ungewöhnlich und sehen so ähnlich wie die eines Eichhörnchens aus, dass die ersten europäischen Wissenschaftler das Aye-Aye zu den Nagetieren stellten.

Das Fingertier braucht mit seiner Ausrüstung nicht lange, um das Holz um den Larvengang freizulegen. Dann wird der dürre Mittelfinger zur Ahle. Das Aye-Aye führt ihn in den Gang ein und bewegt ihn dort so lange, bis die Kralle auf den weichen Larvenkörper trifft. Dann zieht es ihn heraus und frisst ihn.

Ein Halbaffe steht ziemlich abseits in dieser Gruppe. Es ist der Koboldmaki, der auf der anderen Seite des Indischen Ozeans lebt, in Malaysia, Borneo, Sulawesi und auf den Philippinen. Auf den ersten Blick sieht er einem kleinen Galago sehr ähnlich. Koboldmakis werden ungefähr so groß wie Zwerggalagos und haben dasselbe lange Fell und einen langen Schwanz. Dazu kommen große Augen, Greifhände mit flachen Nägeln an den Fingern und bewegliche faltige Ohren, die auf einen ausgezeichneten Hörsinn hindeuten. Dennoch unterscheiden sich die Koboldmakis in mehreren Punkten von allen anderen Halbaffen.

Der erste Punkt betrifft die Ernährungsweise. Alle anderen Halbaffen fressen mindestens bis zu einem gewissen Grad Früchte und andere pflanzliche Stoffe. Die

Links: Das Aye-Aye
holt eine Larve
aus ihrem Fressgang

243

Koboldmakis hingegen mögen nur andere Tiere. Insekten wie Käfer und Zikaden, Nachtschmetterlinge und Heuschrecken machen den größten Teil ihres Speisezettels aus. Die Halbaffen stürzen sich aber auch mit großem Genuss und sichtlicher Wildheit auf kleine Echsen, Nestlinge und sogar Schlangen.

Zweitens spielt der Geruch im Leben der Koboldmakis nur eine untergeordnete Rolle. Wo die Galagos ihre Höhlen damit imprägnieren, die Pottos die Paarbindung damit verstärken und die Kattas damit kämpfen, verwenden die Koboldmakis den Duft nur zum Markieren ihres Territoriums.

Der Gesichtssinn hingegen ist sehr viel stärker entwickelt als bei anderen Halbaffen. Die Augen des Koboldmakis sind außergewöhnlich groß. Tatsächlich sind sie im Verhältnis zum Rumpf die größten aller Säugetiere. Ein einzelnes Auge wiegt etwas mehr als das gesamte Gehirn des Koboldmakis. Wären unsere Augen proportional zum Schädel so groß wie bei den Makis, so erreichten sie die Größe einer Grapefruit. Dazu kommt, dass die Augen der Koboldmakis besonders empfindlich sind. Die Netzhaut im Augenhintergrund hat in der Mitte eine senkrechte Furche, die das Auflösungsvermögen erhöht. Der Hals ist so beweglich, dass er sich nach links und nach rechts um 180 Grad drehen lässt. Wenn der Koboldmaki das Geräusch eines sich bewegenden Insekts hinter sich hört, dreht er seinen Kopf sofort. Er sieht so gut und zeigt eine so schnelle Reaktion, dass er ein fliegendes Insekt mit der Geschicklichkeit eines Cricketspielers aus der Luft holen kann.

Da ist noch ein weiterer Unterschied, doch erscheint er so trivial, dass man ihn kaum erwähnen möchte. Die Nasenlöcher der Koboldmakis sind seitwärts gerichtet und kreisförmig. Fellhaare wachsen bis zu ihren Rändern, umgeben sie und trennen sie von der Oberlippe. Die Nasenlöcher anderer Halbaffen sind hingegen kommaförmig, dauernd feucht und mit der Oberlippe über einen Streifen unbehaarter Haut verbunden. Dieser Unterschied im Aufbau der Nase verrät, dass die Koboldmakis weniger als andere Halbaffen auf ihren Geruchssinn angewiesen sind.

Die einzigen kletternden Baumbewohner mit Nasen wie denen der Koboldmakis sind die Affen. Für die Evolutionsforscher ist dies von großer Bedeutung. Sie behaupten nämlich, die Koboldmakis seien die einzigen Halbaffen, die diese Bezeichnung auch wirklich verdienen. Im Unterschied zu den anderen erscheinen sie wie Vorläufer der Affen, wie ein früher Zweig am großen Ast, an dem sich schließlich die Affen entwickelten. Und natürlich führte dieser Ast auch zu uns Menschen.

9

Soziale Kletterer

Affen sind die buntesten unter allen Säugern. Das ultramarinblaue Hinterteil eines Mandrills sieht atemberaubend aus. Die malvenfarbenen Augenlider des Ceylon-Hutaffen sind unvergleichlich. Das goldgelbe Löwenäffchen hat ein Fell aus reinstem Rotgold. Das Scrotum der Grünen Meerkatze ist blau und das nackte Gesicht des Uakaris rot wie ein gekochter Hummer. Deswegen nennt man es auch Scharlachgesicht. Diese Farben spielen beim Paarungsverhalten oft eine große Rolle, und das deutet ohne Zweifel darauf hin, dass Affen auch über den nötigen Farbsinn verfügen. Tatsächlich sind Affen, Menschenaffen und wir Menschen die einzigen Säugetiere, die das gesamte Farbspektrum wahrnehmen können. Wie entwickelte sich aber diese Fähigkeit und warum?

Es liegt auf der Hand, dass der Farbsinn von beträchtlichem Nutzen ist für Affen, die Früchte fressen. Sie können damit reife und bekömmliche von unreifen Früchten unterscheiden, die ihnen möglicherweise Verdauungsprobleme bereiten. Und diese Fähigkeit ist sogar für die Pflanzen wichtig. Mit dem süßen saftigen Fruchtfleisch sollen die Affen zum Konsum ermuntert werden. Sie verschlucken dabei die darin enthaltenen Samen, welche nach ein paar Stunden in einiger Entfernung von der Elternpflanze mit dem Kot wieder ans Tageslicht kommen. Auf diese Weise besiedeln sie neue Lebensräume. Diese Strategie verfehlt ihr Ziel, wenn die Früchte gefressen werden, bevor die Samen richtig ausgereift sind. Aus diesem Grund bleibt die Frucht sauer und auch grün. Erst in der Reife verändert sie ihre Farbe und signalisiert damit, dass potenzielle Samenverbreiter sie nun fressen können. Kirschen, Erdbeeren und Äpfel werden dabei rot, Brombeeren glänzend schwarz und Aprikosen verfärben sich orangerot.

Dieses System entwickelte sich nicht speziell für die Affen. Es funktionierte schon längst, bevor sie auf unserem Planeten erschienen. Die ersten Blütenpflanzen entstanden vor rund hundert Millionen Jahren. Zu jener Zeit gab es schon zahlreiche

Vögel und Insekten. Wir sind deswegen ziemlich sicher, dass sie die ersten Kunden dieser Blütenpflanzen waren. Viele Jahrmillionen später entwickelte sich ein früher Zweig der Säugetiere, die baumbewohnenden Vorfahren der Affen. Sie hielten wahrscheinlich Ausschau nach Insekten, denn dies war die Standarddiät für die meisten frühen Säugetiere. Doch zuckerhaltige Früchte stellten auch für sie und nicht nur für die Vögel eine Verlockung dar. Das Bedürfnis, reife Früchte zu erkennen und Verdauungsprobleme zu umgehen, war möglicherweise einer der Auslöser dafür, dass die Affen als Erste die Fähigkeit zur Farbwahrnehmung entwickelten.

Als die Affen diese Fähigkeit entwickelt hatten, nutzten sie sie auch noch auf andere Weise, zunächst in einem sozialen Kontext. Das tun heute noch viele Arten mit spektakulären Ergebnissen. Der rote Uakari beispielsweise sieht so merkwürdig und dramatisch aus, dass man richtig erschrickt, wenn man ihm plötzlich von Angesicht zu Angesicht in den Wäldern des Amazonas begegnet. An der Farbe erkennen sich ohne Zweifel die Artgenossen, doch die besondere Tönung hat auch noch eine Bedeutung im Sozialleben jedes Individuums. Diese Affen leben in Gruppen von bis zu dreißig Tieren. Darunter sind mehrere erwachsene Männchen. Das Rot ihrer Gesichter und Skalpe ist stark unterschiedlich ausgeprägt. Neuesten Forschungen zufolge ist ein Männchen umso resistenter gegen Malaria, je kräftiger das Rot leuchtet. Die auffälligsten Männchen sind noch nie an Malaria erkrankt. Die Weibchen paaren sich bevorzugt mit solchen Männchen. Auf diese Weise gewährleisten sie, wenn auch unbewusst, dass ihre Nachkommen eine bessere Chance haben, malariaresistent zu werden. Bei den helleren Männchen ist dies nicht gegeben. Doch diese außergewöhnlichen Affen sind heute erst wenig erforscht, und es könnte durchaus sein, dass ihre Gesichtsfärbung noch weitere, bisher unbekannte Funktionen erfüllt.

Das Leben in den Bäumen verlangte von den frühen Affen noch eine weitere Anpassung des Gesichtssinns. Sie mussten nun Distanzen abschätzen und entscheiden können, ob sich ein Ast in Reich- oder Sprungweite befindet. Deswegen entwickelten die Affen schon früh in ihrer Geschichte ein paar nach vorne gerichtete Augen mit räumlichem Sehvermögen.

Diese Fortschritte in der Sehfähigkeit – räumliches Sehen und Farbsinn – widerspiegeln sich in Form und Größe des Affengehirns. Fossile Gehirne geben uns einen guten Hinweis darauf, wie das Gehirn, das sie einmal enthielten, geformt war. So wissen wir, dass die ersten Affen Gehirne besaßen, die proportional größer waren als die ihrer primitiven Vettern, der Lemuren und der Galagos. Im Lauf der Zeit wurden die Gehirne nicht nur größer, sondern veränderten auch ihre Proportionen. Der Abschnitt, der mit der Verarbeitung von Signalen von den Augen befasst ist, dehnte sich aus, während der Bereich, der sich mit Düften befasst, zurückging. Vor

ungefähr 25 Millionen Jahren war das Affengehirn gleich groß und gleich geformt wie das der heutigen südamerikanischen Kapuzineraffen. Diese Tiere bestätigen übrigens die Vermutungen über die verringerte Bedeutung des Geruchssinns bei ihren Vorfahren. Er ist im Vergleich mit anderen Säugetieren wie den Lemuren oder Hunden nur noch rudimentär entwickelt und kaum besser als der unsrige.

Kapuzineraffen ernähren sich sehr vielfältig: Blütenknospen, Blattschößlinge, Vogeleier, kleine Reptilien, selbst Kleinsäuger wie Hörnchen gehören auf ihren Speiseplan. Alles fressen zu können ist nicht notwendigerweise ein Zeichen für besondere Intelligenz, sondern deutet nur auf ein tolerantes Verdauungssystem hin. Doch Kapuzineraffen verfügen über eine zusätzliche Fähigkeit, die einen lebhaften, neugierig veranlagten Geist verrät. Sie finden Nahrung an Stellen, die andere Tiere ignorieren würden. Und wenn ein Individuum eine solche Entdeckung gemacht hat, übernehmen sie schnell die anderen Tiere seiner Gesellschaft. So entwickeln unterschiedliche Trupps von Kapuzineraffen auch einen ganz eigenen Geschmack, und man kann hier von einer eigenen Tischkultur sprechen.

In den Mangrovensümpfen an der Atlantikküste Costa Ricas haben die Kapuzineraffen entdeckt, dass Muscheln trotz ihrer fest verschlossenen Schalen ein besonders köstliches Futter enthalten. Bei Ebbe klettern die Affen von den Mangrovenbäumen und sammeln auf der schwarzen Schlammfläche im Gewirr der Stelzwurzeln Muscheln. Diese sind fest geschlossen, und die Kiefer der Kapuzineraffen sind nicht kräftig genug, um sie knacken zu können. Doch sie haben einen anderen Weg entdeckt, um an das Fleisch zu kommen. Der Trupp nimmt die Muscheln mit und hämmert unterwegs dauernd auf ihnen herum. Schließlich werden die Muskeln der Muschel schlaffer. Sofort steckt ein Kapuzineraffe einen Finger oder einen Zahn zwischen die beiden Muschelhälften, reißt sie auseinander und schlürft das noch lebendige Fleisch. Junge Kapuzineraffen sitzen oft neben Erwachsenen und warten darauf, dass diese irgendwelche essbaren Reste fallen lassen. Sie nehmen aber noch mehr auf: Sie beobachten und lernen dabei, dass auch sie mit etwas mehr Geduld und Arbeit ein köstliches Essen aus diesen sonst wenig versprechenden Objekten gewinnen können.

Die südamerikanischen Affen zeigen eine größere Vielfalt als die Affen Afrikas oder Asiens. Der Satansaffe hat im Gegensatz zum Kapuziner einen stark eingeschränkten Speiseplan. Er frisst fast nur Samen und Früchte. Er gehört zu den auffälligsten Affengestalten und hat einen mächtigen buschigen Schwanz, einen ebenso buschigen Bart, der weit nach unten hängt, sowie eine knollenartige Anschwellung auf dem Kopf.

Fruchtfleisch ist nicht besonders nahrhaft. Eine Pflanze steckt gerade nur so viele Nährstoffe hinein, um mögliche Kuriere zum Konsum zu bewegen. Das Fleisch der Früchte besteht im Wesentlichen aus Fasern, die mit süßem Wasser getränkt sind. Die wirklich wertvollen Nährstoffe liegen im Inneren der Samen und dienen ihnen beim Keimen als Reserve. Zunächst einmal sind diese Nährstoffe gut geschützt.

Verhältnismäßig kleine Samen wie etwa die Nüsschen einer Brombeere brauchen keine besonders robuste Schale, da sie selten gekaut, sondern einfach zusammen mit dem Fruchtfleisch verschluckt werden. Sie brauchen als einzigen Schutz eine Hülle, die bei der Passage durch den Magen und den Darm vor den Verdauungssäften des Affen schützt. Größere Samen brauchen jedoch eine viel widerstandsfähigere Schale. Eine solche finden wir bei viele tropischen Samen, etwa bei der Mango oder bei der Avocado. Die meisten Affen fressen einfach das Fruchtfleisch und werfen dann den Stein im Inneren weg. Das gilt aber nicht für den Satansaffen, und besonders nicht, wenn Früchte gerade Mangelware sind. Seine Schneidezähne im Ober- und Unterkiefer sind nach vorne gerichtet, wobei sich das obere Paar mit dem unteren überkreuzt. Sie können also mit den Zähnen fast genauso effizient umgehen wie ein Papagei mit seinem Schnabel.

In den großen Regenwäldern Südamerikas gibt es keinen Winter, und die Bäume können das ganze Jahr über blühen. Deswegen finden die Satansaffen fast immer Früchte. Das Fruchtfleisch versorgt sie mit Kohlenhydraten und das Innere des Samens mit Eiweißen. Damit kommen sie zurecht. Trotzdem müssen sie oft erhebliche Entfernungen zurücklegen, denn die Fruchtbäume liegen oft weit auseinander.

Blasskopfsakis sind dauernd in Bewegung und besonders gut an das Fortkommen in der Kronenschicht angepasst. Ihre Hinterbeine sind erheblich länger als die Vorderbeine. Damit können sie von Baum zu Baum springen. Sie erreichen dabei solche Sprungweiten, dass die Einheimischen sie Monos voladores, fliegende Affen, nennen. Der Längenunterschied zwischen den Vorder- und Hinterbeinen bedeutet, dass ihnen das Gehen auf allen vieren nicht mehr so leicht fällt. Auf waagrechten Ästen hoch oben in den Bäumen laufen sie deswegen oft aufrecht und heben dabei die Arme über den Kopf.

Auch bei den Klammeraffen sind die Vorder- und Hinterbeine ungleich lang, doch in ihrem Fall erreichen die Arme die größere Länge. Sie sind also weniger an

das Springen als an das Hangeln angepasst. Sie kommen sehr schnell vorwärts und verwenden ihre Hände als Haken, mit denen sie sich an Ästen festhalten. Dazu sind ihre Finger extrem lang. Der Daumen hingegen liegt weit von den übrigen Fingern getrennt oder ist stark reduziert oder gänzlich verschwunden. Der muskulöse Schwanz gilt wie bei anderen Baumbewohnern, etwa dem Tamandua, dem Binturong und dem Wickelbär als fünfte Hand. Auf der Unterseite, nahe der Schwanzwurzel, ist die Haut nackt und mit winzigen Leisten, vielen Nerven und Schweißdrüsen ausgestattet – wie die Hände. Dieses zusätzliche Greiforgan wird sogar länger als die Arme und ist so beweglich, dass die Affen beim Fressen so aussehen als hätten sie fünf Gliedmaßen. Die deutsche Bezeichnung Klammeraffe spricht für sich, und die Engländer nennen diese Tiere «spider monkeys» – Spinnenaffen.

Die südamerikanischen Brüllaffen leben von Blättern, der häufigsten Nahrung in der Baumschicht. Sie haben für die Verdauung keine so komplexen Verfahren entwickelt wie die Blattfresser, die auf dem Boden leben. Sie käuen nicht wieder und nehmen auch nicht ihren eigenen Kot auf. Immerhin verfügen sie über einen Blinddarm und einen verbreiterten Dickdarm wie die Elefanten und die Pferde. Hier leben Mikrobenkulturen, die Zellulose abbauen. Trotzdem müssen die Brüllaffen vorsichtig sein bei der Wahl der Blätter. Dabei hilft ihnen der Farbsinn. Wenn Regenwaldbäume ihr frisches Laub ausschütten, ist es oft von bitteren Giftstoffen geschützt. Ausgewachsen sind sie faseriger und weniger verdaulich. Zwischen diesen beiden Stadien liegt eine kurze Zeit, in der sie essbar und verdaulich sind. Sie sehen dann rötlich gelb aus, und der Grund dafür ist ein Stoff, der bei der Photosynthese eine Rolle spielt. Junge Blätter in diesem Zustand stellen die beste Nahrung dar. Die Brüllaffen können sie mit Hilfe ihres Farbsinns leicht identifizieren und greifen sie mit ihren geschickten Fingern aus Büscheln älterer, weniger gut verdaulicher Blätter heraus. Trotzdem ist die Verdauung von Blättern eine langwierige Angelegenheit. Deswegen verbringen Brüllaffen mindestens die Hälfte der Tagesstunden dösend nach ihre Blättermahlzeiten.

Doch selbst wenn Brüllaffen jeden Tag größere Blättermengen vertilgen, enthält die Nahrung doch so wenig Nährstoffe, dass ihnen nicht viel Energie übrig bleibt. Die spektakuläre Gymnastik der Blasskopfsakis, der Monos voladores, ist nichts für sie. Solche Blattfresser bewegen sich auch gar nicht weit. Regenwaldbäume blühen nicht alle zur selben Zeit und werfen auch nicht im selben Augenblick ihr gesamtes Laub ab. Das tun nur die Bäume in unseren gemäßigten Breiten. Statt dessen herrscht das ganze Jahr über ein kontinuierlicher Wechsel. Deswegen gibt es fast immer zarte neu ausgeschüttete Blätter in der nächsten Umgebung. Deswegen müssen die Brüllaffen keine größeren Reisen unternehmen.

Brüllaffen leben in Gruppen zusammen und markieren die Grenzen ihres Territo-

riums. Sie warnen damit andere Gruppen vor dem Eindringen. Sie markieren dabei aber nicht Zweige mit irgendeinem Duft wie die Halbaffen. Stattdessen heulen sie. Das Männchen hat in der Kehle ein spezielles Organ, mit dem es die lautesten Töne unter allen Festlandsbewohnern erzeugen kann. Im Wald ist das Heulen fünf Kilometer weit zu hören. Die ganze Familie heult mit, am Morgen und am Abend, und das ergibt einen bemerkenswert klagenden Gesang, der durch den Wald hallt. Damit zeigen die Affen an, dass sich hier eine Familie aufhält und dass sie die Blätter in der betreffenden Baumschicht beansprucht.

Eine südamerikanische Art, der Nachtaffe, hat es geschafft, der Konkurrenz mit den anderen Arten aus dem Weg zu gehen. Er wurde nachtaktiv und geht zu einer Zeit auf Futtersuche, in der alle anderen Affen fest schlafen. Die Nachtaffen haben riesige Augen, mit denen sie selbst in sehr dunklen Nächten noch hervorragend sehen. Der Farbsinn ist nachts allerdings kaum von Bedeutung, und so verloren die Augen der Nachtaffen die Zapfen und damit die farbtüchtigen Elemente in der Netzhaut. Stattdessen haben sie nur Zäpfchen, die auf Schwarzweiß reagieren. Erstaunlicherweise fehlt ihren Augen das Tapetum, jene reflektierende Schicht in den Augen der Galagos oder der Katzen, die das Licht zurück auf die Netzhaut werfen. Forscher schließen daraus, dass der Nachtaffe erst vor verhältnismäßig kurzer

Zeit zur nächtlichen Aktivität übergegangen ist. In seiner dunklen Welt musste er den Geruchssinn wieder beleben, den andere Affenarten deutlich vernachlässigt haben. Nachtaffen markieren ihre Wechsel im Geäst mit Duftstoffen. Sie verwenden dazu ein kleines Haarbüschel direkt unter dem Schwanz, das mit einer öligen Substanz getränkt wird.

An einen Bereich in der Baumschicht kommen die meisten Affen nur schlecht heran. Es ist das Gebiet direkt unter der höchsten Blattschicht. Die Zweige sind dort so dünn, dass sie kaum ein Tier tragen können. Die Marmosetten hingegen wurden so klein, dass sie sich ohne Gefahr auch auf die äußersten Zweige hinauswagen können. Mit ihren winzigen Händen können sie nur dünne Zweige greifen. Anstatt sich somit wie ihre größeren Verwandten an Ästen festzuhalten, laufen sie auf ihnen mit allen vieren. Zum Festhalten haben sie mit Ausnahme der großen Zehen richtige Krallen entwickelt.

Das Zwergseidenäffchen, das zu den Marmosetten gehört, ist die kleinste Affenart. Es wiegt nur siebzig Gramm – nicht einmal doppelt so viel wie eine Hausmaus. Eine Zikade oder eine Spinne ist für einen normal großen Affen kaum der Beachtung wert. Doch für das Zwergseidenäffchen ist ein solches Beutetier schon eine richtige Mahlzeit, und es packt solche Brocken, wo immer es nur kann. Seine Hauptnahrung allerdings wird von den meisten anderen Affen völlig ignoriert.

Zwergseidenäffchen leben in Familiengruppen von ungefähr sechs Tieren. Jede Gruppe verteidigt einen Abschnitt im Wald als eigenes Territorium. In dessen Innerem stehen ein oder zwei merkwürdige Bäume. Ihre Stämme zeigen deutlich voneinander entfernte kreisrunde Gruben, wobei jede von einem erhabenen Ring umgeben ist. Wer nicht gerade mit der Flora des oberen Amazonas vertraut ist, wird vielleicht vermuten, dass diese Ringe Blattnarben entsprechen. In Wirklichkeit gehen sie auf die Zwergseidenäffchen zurück. Es sind Saftgruben. Die Tiere nagen Löcher in die Baumrinde und bewirken durch diese Verletzung, dass süßer Saft austritt. Der Baum entwickelt Narbengewebe. Doch die Marmosetten erneuern und vergrößern dauernd die Wunden, bis um jede ein Ring aus Narbengewebe entstanden ist. Die Zwergseidenäffchen besuchen jeden Tag solche Bäume in ihrem Territorium und ernähren sich vom Saft, der sich in den Gruben ansammelt. Dabei nagen sie an den Rändern weiter, um sicherzustellen, dass der Baum sie auch in Zukunft mit Nahrung versorgt.

Die Zwergseidenäffchen sind so klein und schutzlos, dass sie Greifvögeln oder Wildkatzen leicht zum Opfer fallen, wenn sie an ihren Futterquellen arbeiten. Dort halten sie sich immerhin drei Viertel der Tageszeit auf. Es überrascht deswegen nicht, wenn sie hervorragend getarnt sind und ein unauffälliges braunes Fell tragen.

Andere Marmosetten und ihre nahen Verwandten, die Tamarins, die ein verborgenes Leben im Blatterdach führen, entwickelten im Lauf der Zeit einen auf-

Rechts: Zwergseidenäffchen, Amazonas

fälligen Gesichtsschmuck. Offensichtlich verfehlt er nicht seine Wirkung auf die Weibchen und dient heute zur Arterkennung – ähnlich wie das Gefieder vieler Vögel. Die Ohren der Marmosetten wurden zu richtigen Erkennungszeichen. Bei einigen Arten sind sie mit Quasten geschmückt, bei anderen nackt. Einige weisen schwarze Haarbüschel, andere weiße auf. Kämme auf dem Kopf dienen demselben Zweck. Das Lisztäffchen, eine weitere Tamarinart, hat eine weiße, senkrecht stehende Mähne wie sein Namenspatron, und die Bezeichung Kaiserschnurrbarttamarin spricht schon für sich. Beim Braunrückentamarin ist die Körpermitte dunkler als der Vorder- und Hinterkörper. Der Schultermantel ist braun, der Rückenmantel schwarz, manchmal sogar tief rostrot. Diese Art zeigt viele Zeichnungsmuster. Das goldgelbe Löwenäffchen aus der nächsten Tamarinverwandtschaft zeigt ein rotgoldenes Fell mit einem wundervollen Metallschimmer.

Der Regenwald liefert nicht so viel Nahrung, dass diese winzigen Affen große Populationsdichten aufrechterhalten könnten. Die Marmosetten bilden deswegen nicht so große Trupps wie die Kapuziner, sondern sie leben in Familiengruppen. Wegen ihres Kleinwuchses passen sie in die Höhlungen von Baumstämmen. Eine

Rechts: Kaiserschnurrbarttamarin
Folgende Doppelseite, v.o.l.n.u.r.:
Schnurrbarttamarin, Weissbüscheläffchen, Gelbkopf-
büscheläffchen, Lisztäffchen

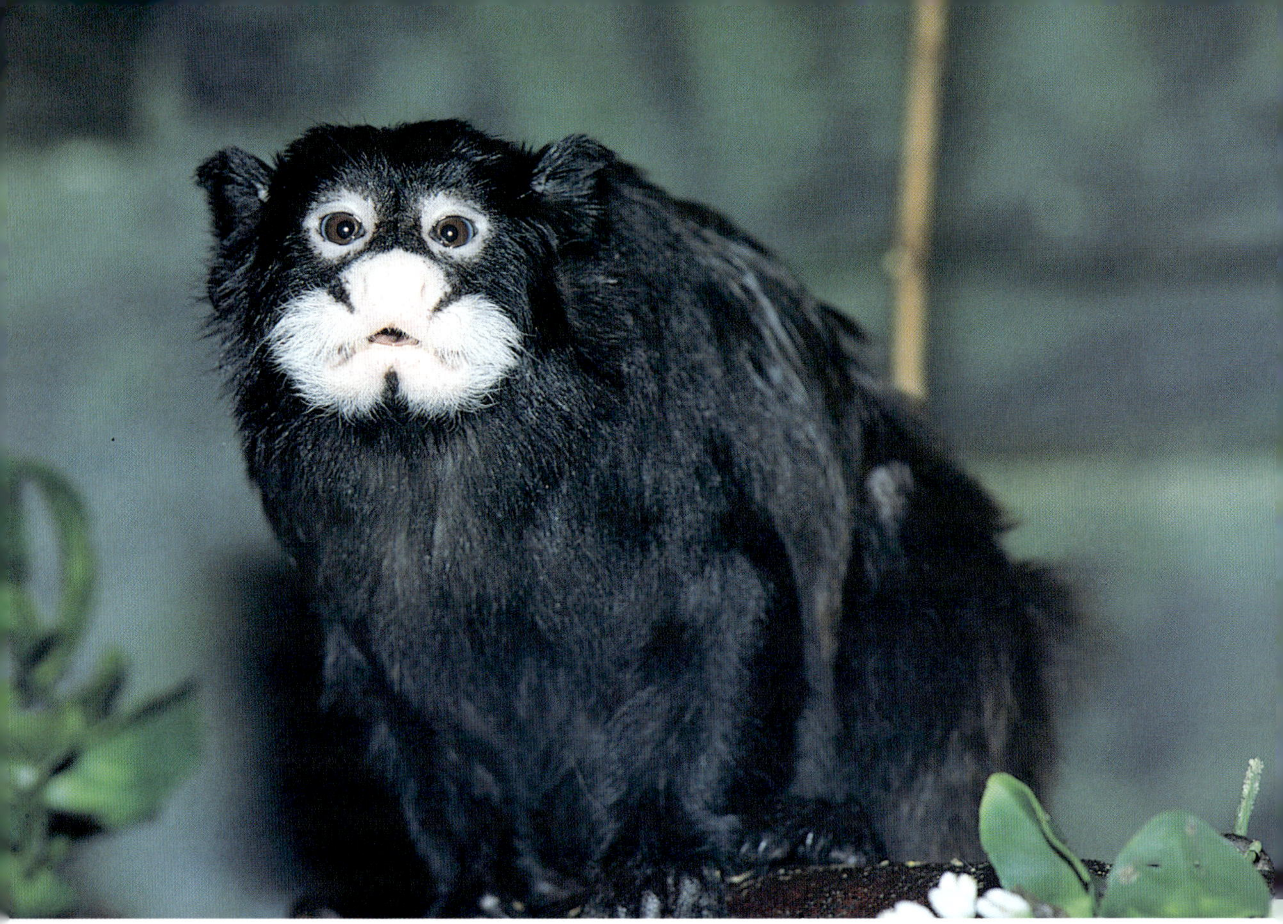

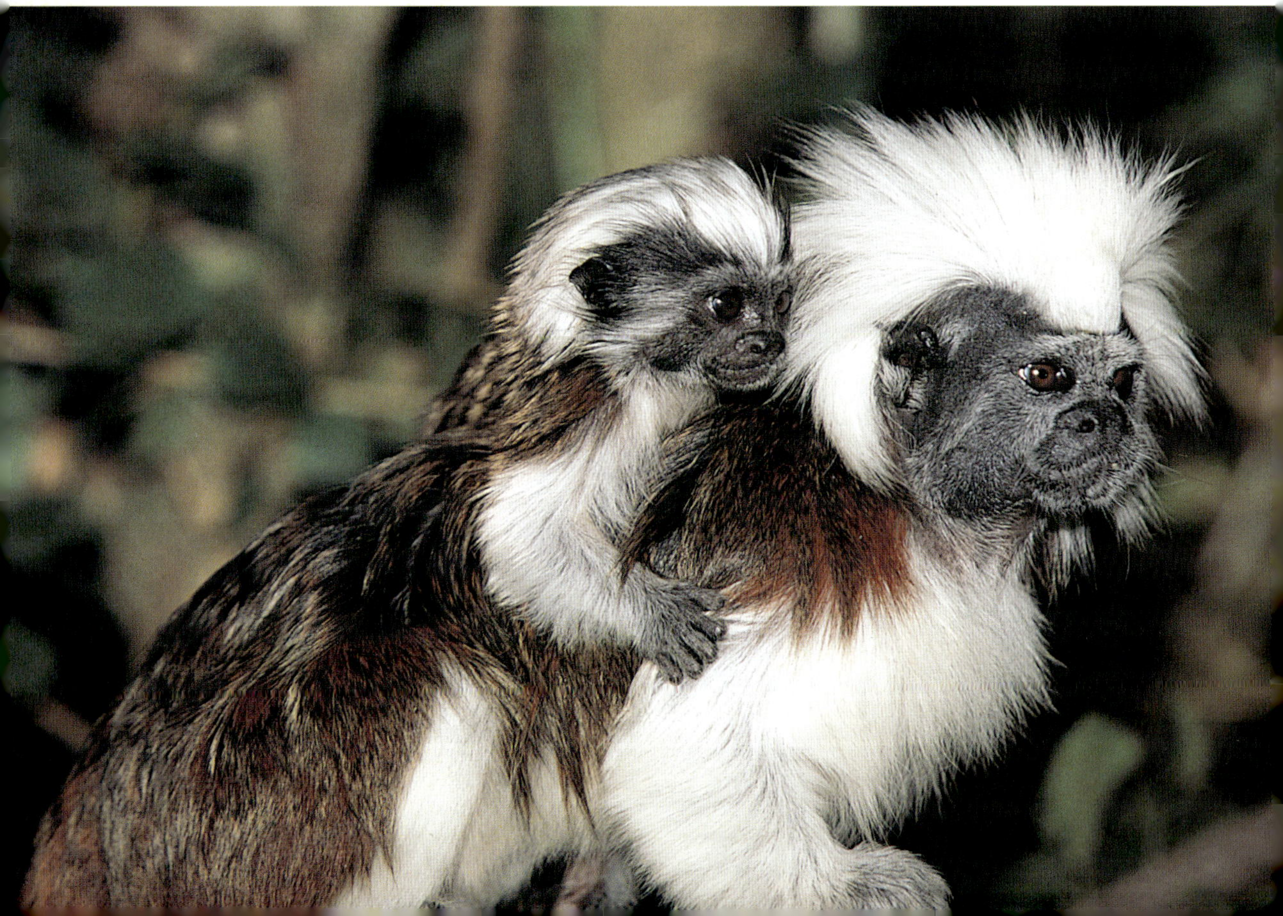

Familie besitzt bis zu dreißig solcher Löcher, die in ihrem ganzen Territorium verstreut liegen, und die Tiere nutzen sie zu unterschiedlichen Zeiten. Im typischen Fall setzt sich eine Marmosettenfamilie aus einem fortpflanzungfähigen Weibchen, einem oder zwei erwachsenen Männchen sowie aus ungefähr zwei Nachkommen zusammen. Die Gruppe zeigt einen sehr engen Zusammenhalt, und die Tiere gehen offensichtlich sehr liebevoll miteinander um. Wenn ein Mitglied der Gruppe nach einiger Zeit einem anderen begegnet, grüßen sich beide, krümmen dabei ihre Rücken, schwenken ihre Schnurrbarthaare und pflegen sich gegenseitig das Fell, wobei sie miteinander mit hochfrequenten Zwitscherlauten plaudern. Beide erwachsenen Männchen paaren sich mit dem Weibchen, das fast immer Zwillinge auf die Welt bringt. Sie sind nicht eineiig, doch mit DNA-Analysen hat man nachgewiesen, dass sie denselben Vater haben.

Die Aufzucht von Zwillingen macht ziemlich viel Mühe, denn die Babys werden nicht in den Nesthöhlen zurückgelassen. Sie werden vielmehr von den Eltern herumgetragen und halten sich an deren Fell fest. Das Weibchen muss viel fressen, um genügend Milch für die Zwillinge zu produzieren. Der Transport der Babys wäre eine erhebliche Last für die Mutter. Deswegen übergibt sie ihre Jungen anderen Mitgliedern der Familiengruppe. Sie werden mit Begeisterung angenommen, und manchmal entstehen sogar kleine Streitigkeiten darüber, wer sich nun als Nächster um die Babys kümmern und ihr Fell pflegen darf. Wenn sie hungrig werden, werden sie wieder der Mutter übergeben, damit sie Milch saugen können.

Wenn die Zwillinge nach ein paar Wochen entwöhnt werden, sammeln die jungen Weibchen in der Gruppe, also die älteren Schwestern der Neugeborenen, Nahrung auch für sie und die Eltern. Diese jungen Weibchen können durchaus über zwei Jahre alt sein. Doch so lange sie mit der Familie leben, wird ihre Sexualität unterdrückt. Nur wenn ein Weibchen weggeht und ein freies Territorium für sich findet, kann es sich fortpflanzen. Da es aber bei der Aufzucht seiner jüngeren Brüder und Schwestern mithalf, lernte es all die Fähigkeiten, die notwendig sind, um eine gute Mutter zu werden. Marmosetten und Tamarins sind die einzigen Affen, die dieses kooperative Fortpflanzungssystem kennen.

Die altweltlichen Affen Afrikas und Asiens unterscheiden sich von ihren neuweltlichen, amerikanischen Verwandten durch einige grundlegende und scheinbar triviale Eigenschaften. Eine davon verwenden die Taxonomen bei der Benennung der Gruppen. Die Nasen der südamerikanischen Affen sind flach und breit mit zur Seite hin gerichteten Nasenlöchern. Die afrikanischen und asiatischen Affen haben eher dünne, gerade Nasen mit engen Nasenlöchern, die nach vorne gerichtet sind. Deswegen nennt man die südamerikanischen Affen auch Platyrrhinen, wörtlich Plattnasen, und die Altweltaffen Katarrhinen oder Schmalnasen. Es gibt für beide Gruppen noch weitere anatomische Merkmale. Die Altweltaffen besitzen zwei Vor-

Rechts: Guerezas, Westafrika

backenzähne, die Neuweltaffen drei. Das Trommelfell liegt bei den asiatischen und afrikanischen Affen wie bei uns tief im Schädel am Ende einer Röhre. Bei den Neuweltaffen befindet sich das Trommelfell so nahe an der Kopfoberfläche, dass man es leicht im Ohr sehen kann. Dazu kommen noch weitere, nicht immer obligatorische Merkmale. Hat der Affe einen Greifschwanz, so stammt er aus Südamerika. Aus unerklärlichen Gründen hat kein Altweltaffe dieses Merkmal entwickelt.

Die alte Welt hat wie die neue ihre spezialisierten Blattfresser. In Afrika sind das die Stummelaffen. Sie verdauen ihre Nahrung in großen unterteilten Mägen, die Kolonien Zellulose abbauender Bakterien enthalten. Wie die Klammeraffen haben sie die Daumen zurückgebildet oder stark reduziert. Man unterscheidet ungefähr ein Dutzend Arten. Der Affentradition folgend sind sie prächtig gefärbt. Eine Gruppe zeigt ein schwarzes Fell mit weißen Flecken. Die spektakulärste Art ist der Guereza, der in den Waldgebieten von Kongo bis nach Kenia lebt. Das prächtige Tier hat ein schwarzes Fell mit einem langen Mantel weißer Haare, die von den Körperseiten herabfallen, ferner einen rein weißen Schwanz. Eine andere Gruppe umfasst Arten mit rötlich gelben Fellen. Sie haben keine so langen Mäntel, schwanken aber erheblich in der Gesichtsfärbung. Die Wangen und Kopfhaare zeigen unterschiedliche Kombinationen von Grau, Schwarz oder Rot.

Die Farbvarianten bei den Stummelaffen haben mehr mit der Geografie als mit der Kommunikation zu tun. Die schwarzweißen Arten leben hoch oben in den Gebirgen Äthiopiens und Kenias und haben einen längeren Mantel und dickeres Fell als die Arten in den Tiefebenen des Kongo. Das war zu erwarten. Sie brauchen ein dickeres Fell, um sich in der Höhe warm zu halten. Die Roten Stummelaffen wurden auf eine ganz andere Weise von den geografischen Verhältnissen verändert. Als Afrika vor ungefähr 30 000 Jahren auszutrocknen begann, wurde das riesige Waldgebiet, das den größten Teil im Zentrum dieses Kontinents bedeckt hatte, durch Grassavannen aufgesplittert. Für die Populationen Roter Stummelaffen in solchen Waldresten, die untereinander kaum oder überhaupt nicht mehr verbunden sind, bedeutete dies Inzucht. In der Folge veränderten sie langsam ihre äußere Erscheinung, wie dies viele Arten tun, die auf Inseln isoliert leben. Nach und nach unterscheiden sie sich von der Elternart auf dem Festland und entwickelten sich zu einer neuen Art.

Auch Asien hat seine Blattfresser – die Languren Indiens, Chinas und Südostasiens. Die Goldstumpfnase, eine blattfressende Verwandte der Languren, lebt in Südchina und ist westwärts bis Tibet und südwärts bis nach Burma und Nordvietnam verbreitet. Sie zeigt ein hell orangefarbenes Fell über den Schultern, eine weiße Schnauze und eine blaue Himmelfahrtsnase. Dieses einzigartige Tier wurde erst im 19. Jahrhundert von europäischen Wissenschaftlern entdeckt. Ein franzö-

sischer Zoologe nannte es dann Rhinopithecus roxellanae. Roxellana war im 16. Jahrhundert eine berühmte russische Kurtisane gewesen. Sie soll rotes Haar und eine entzückende Stupsnase besessen haben – allerdings wohl keine blaue, wie man sich denken kann. Ein weiterer Stumpfnasenaffe lebt in Yünnan. Diese Art ist aber überwiegend schwarz. Eine dritte, graue Art lebt nur auf einem Berg in der Provinz Guizhou in China.

Auch auf Borneo lebt ein Blattfresser, der spektakuläre Nasenaffe. Die Weibchen haben eine Stupsnase, die der der guten Roxellana nicht unähnlich sieht. Die Männchen allerdings entwickelten auf diesem Gebiet ungeheure Dimensionen. Ihre Nasen werden so groß, dass sie bis zum Kinn hinunterhängen. Beim Fressen muss das Männchen seine Nase beiseiteschieben. Da nur die Männchen über dieses ungewöhnliche Merkmal verfügen, muss es wohl bei der Fortpflanzung eine gewisse Bedeutung haben.

Die nicht spezialisierten alles fressenden Affen der alten Welt, die am ehesten den neuweltlichen Kapuzinern entsprechen, sind die Meerkatzen. Die meisten unter ihnen sind primär Waldbewohner, und in ein und demselben Gebiet können bis zu

Oben: Goldstumpfnase, China

sechs unterschiedliche Arten leben. Jede findet ihr Futter jedoch auf eine andere Weise. Die eine ernährt sich nur in den obersten Ästen, eine andere nahe am Boden. Eine dritte Art lebt nur an den Ufern von Flüssen, die durch den Wald fließen. Unter diesen Umständen ist es für jede Meerkatze wichtig zu wissen, ob ein anderes Individuum, das sie im Wald gesichtet hat, zur selben Art gehört oder zu einer anderen. Die Meerkatzen tragen wie die Marmosetten ihre Unterscheidungsmerkmale im Gesicht. Die Weißnasenmeerkatze trägt, wie schon der Name vermuten lässt, einen weißen Fleck auf der Nase, die Blaumaulmeerkatze ein weißes Abzeichen auf der Oberlippe. Die Rotnasenmeerkatze hat rote Ohren und gelbe Wangen, die Rotschwanzmeerkatze ein Stück blaue Haut um die Augen, weiße Wangen und einen roten Schwanz. Die Brazzameerkatze ist eine der schönsten Arten: schwarzes Gesicht mit rein weißer Schnauze, orangefarbene Kopfkrone, weißer Bart, weiße Streifen an beiden Oberschenkeln, blaues Scrotum.

Wie alle Affen leben auch die Meerkatzen in Gruppen. Bei der Grünen Meerkatze werden sie bis fünfzig Individuen stark. Bei der Verteidigung ist das von

großer Bedeutung. Viele Augenpaare sehen viel eher eine herannahende Gefahr als nur eines. Unter solchen Bedingungen ist eine schnelle Kommunikation zwischen Individuen lebensnotwendig. Farbsignale, wie bunt sie auch sein mögen, werden wohl nicht unmittelbar von allen wahrgenommen. Schallsignale eignen sich da viel besser. Gefahren können aber in unterschiedlichen Formen und aus den verschiedensten Richtungen daherkommen. Wenn sich eine Schlange einer Gruppe Grüner Meerkatzen nähert, die auf dem Boden gerade ihr Futter sucht, bewirkt ein Warnruf, dass sich die Tiere in die Bäume in Sicherheit bringen. Das wäre aber gerade die falsche Reaktion, wenn die Gefahr von einem Adler am Himmel ausgeht. Deswegen haben Affen mehrere verschiedene Alarmrufe. Bei den Grünen Meerkatzen sind es mindestens fünf. Sie geben nicht nur die Richtung der Gefahr an, sondern auch den Grad der Gefährdung.

Die Individuen eines Trupps erkennen einander an der Stimme. Sie kennen sogar die Stimmen von Mitgliedern benachbarter Gruppen und reagieren sehr stark, wenn ein Forscher Stimmlaute eines Individuums an einem unerwarteten Ort abspielt. Die Mütter kennen nicht nur die Stimmen ihrer eigenen Kinder, sondern auch die anderer Artgenossinnen. Die Jungtiere rufen nach Hilfe. Die Männchen bedrohen Rivalen mit der Stimme. Ein dominantes Männchen wird mit einem Bellen jugendliche zankende Männchen zur Ordnung rufen. Mit einem anderen Ruf warnt es vor dem Herannahen einer rivalisierenden Gruppe. So haben die Forscher bei den Grünen Meerkatzen ein Vokabular von mindestens 36 verschiedenen Rufen festgestellt.

So beeindruckend dies ist, von einer echten Sprache kann nicht die Rede sein. Sprachen haben eine Syntax und eine Grammatik. «Die Katze saß auf der Matte» bedeutet nicht dasselbe wie «Die Matte saß auf der Katze». Bisher hat noch niemand nachweisen können, dass ein Affe die Bedeutung seiner Rufe verändert, wenn er die Reihenfolge ändert, in der er sie abgibt. Trotzdem setzen Affen ihre Rufe auf sehr subtile Weise ein. Sie können damit sogar lügen. Ein Zoologe berichtete einmal von einem besonderen Vorfall. Ein Tier sah dem anderen zu, wie es mühselig eine große Knolle ausgrub. Gerade als es dabei war, die Frucht seiner Bemühungen aus dem Boden herauszureissen, gab der Beobachter Schlangenalarm. Der Gräber schoss in die Bäume, während der Beobachter hinüberlief und sich die Knolle holte.

Auch Gesten können sehr viel mitteilen. Aggression bringen Affen zum Ausdruck, indem sie ein anderes Tier anstarren und die Augenbrauen heben. Eine verbreitete Demutsgeste ist die Präsentation des Hinterteils – sozusagen ein Angebot zur Paarung. Freundlichkeit wird durch Schmatzen mit den Lippen wie beim Essen und durch gegenseitige Fellpflege zum Ausdruck gebracht.

Solche Gesten werden noch modifiziert, um die spezifische und sogar individuelle Färbung mit einzubeziehen. Wenn eine Brazzameerkatze ihre Aggressivität

zeigt, schüttelt sie den Kopf und lenkt die Aufmerksamkeit auf ihre weiße bärtige Halswamme. Die Monameerkatze hingegen bewegt sich auf und ab und zeigt ihre weiße Brust. Beim Herumstreifen auf der Futtersuche in der offenen Savanne kommt es vor, dass ein älteres Männchen der Grünen Meerkatze auf ein jüngeres trifft, das gerade an einer angenehmen Stelle sitzt, vielleicht nahe einem Weibchen oder im Schatten. Wenn das ältere Tier auf seiner Ranghöhe besteht, wird es zum jüngeren Tier hinübergehen. Vielleicht verzieht sich der Junior demütig und überlässt seinen Sitzplatz. Zögert er noch, so entsendet das dominante Männchen ein etwas stärkeres Signal. Es starrt ihn an und hebt seine Augenbrauen, um die hellen Augenlider freizulegen. Wenn das immer noch nicht die gewünschte Wirkung hat, paradiert der Ältere vor dem Junior auf und ab und stellt sich sogar auf seine Hinterbeine. Dabei ist das lebhaft blaue Scrotum und der auffällig scharlachrote Penis vor dem Hintergrund des weißen Bauches zu sehen. Wenn das immer noch nicht nutzt, dann folgt ein richtiger Kampf.

Auf der anderen Seite der Sahara, in Nordafrika, leben Verwandte der Meerkatzen, die Makaken. Die Tiere, die in den Nadelwäldern des marokkanischen Atlas leben, bilden den isolierten Zweig einer Gruppe, die heute überwiegend in Asien vorkommt. Ihre Verbreitung erstreckt sich von Afghanistan über Indien, Thailand, China und Indonesien bis nach Sri Lanka im Süden und Tibet im Norden.

Oben: Japanische Rotgesichts-
makaken beim Bad
in einer heissen Quelle

Rechts: Wanderu, eine Makakenart,
Südostindien

Man unterscheidet fünfzig oder mehr Arten. Die japanische Art gehört zu den wenigen Primaten, die – abgesehen von Menschen – außerhalb der Tropen leben. Sie ist berühmt dafür, dass sie im bitterkalten japanischen Winter in heißen Quellen badet. Eine weitere Art ist der Rhesusaffe, der in der medizinischen Forschung eine wichtige Rolle spielt und nordwärts bis nach Afghanistan geht.

Eine Makakenart lebt heute noch in Europa, auf den Felsen von Gibraltar. Als das Klima früher wärmer war, kam die Art vielerorts in Europa vor, darunter auch in Großbritannien. Das wissen wir aus Fossilfunden. Zu Beginn der Eiszeit vor rund 300 000 Jahren zogen sich die Affen südwärts zurück und kamen schließlich nur noch in Südspanien vor. Ob die heutigen Gibraltaraffen, die auch Magots oder Berberaffen heißen, die letzten Nachkommen jener Reliktpopulation sind, steht nicht fest. Zuverlässige Berichte über sie reichen nur bis ins 18. Jahrhundert hinein. Einige Forscher meinen, die heutigen Tiere würden von Heimtieren abstammen, die die Römer aus Afrika mitbrachten und freiließen. Solche Importe aus Afrika kamen allerdings häufiger vor. Selbst Winston Churchill veranlasste sie, denn er wollte sichergehen, dass sich eine legendäre Prophezeiung nicht erfüllen würde, nach der die Briten Gibraltar verlassen, wenn das auch die Affen tun.

Die meisten Makaken verbringen so viel Zeit auf dem Boden, dass ihnen ihr

Schwanz nicht mehr viel nutzt. Sie können damit nicht greifen wie die südamerikanischen Affen, und sie brauchen ihn auch kaum, um das Gleichgewicht zu wahren. Bis zu einem gewissen Grad wird er als Signalträger eingesetzt. Doch bei kaltem Wetter wird er zu einem echten Risiko. Solche langen dünnen Extremitäten verlieren nämlich viel Wärme und neigen zu Erfrierungen. So haben die Makaken ihre Schwänze stark reduziert oder vollkommen eingebüßt. Die indonesische Art, die in Mangrovensümpfen lebt und dort Krebse frisst, verfügt noch über einen respektablen Schwanz. Eine andere Art, die von Indien bis Vietnam weit verbreitet ist, hat ihn verkürzt und heißt dementsprechend Bärenmakak. Die marokkanische Art der Makaken – heute gerne als Berberaffen bezeichnet – ist völlig schwanzlos.

Paviane verbringen mehr Zeit auf dem Boden als Makaken. Sie haben viele Eigenschaften eingebüßt, die andere Affen zu großen Kletterleistungen befähigten. Ihre Hinterbeine sind nicht zum Springen verlängert, sondern sind gleich lang wie die Vorderbeine. Deswegen bewegen sie sich schnell und geschickt auf allen vieren am Boden. Das Weibchen wird wie bei allen Affenarten in regelmäßigen Abständen fruchtbar. Für die Männchen ist es wichtig, den entsprechenden Zeitpunkt zu kennen. Deswegen signalisieren die Weibchen ihren Zustand jeden Monat auf eine un-

Oben: Empfängnisbereites
Pavianweibchen

missverständliche und eindeutige Weise. Wenn sie sich dem Höhepunkt der Emp-fängnisbereitschaft nähern, schwillt ihr Hinterteil an und wird hell rot. Die Männchen beobachten das genau und versuchen im richtigen Augenblick eine Paarung.

Wird ein Weibchen dabei nicht befruchtet, so wird sein Hinterteil das nächste Mal noch stärker anschwellen. In freier Wildbahn kümmern sich die Männchen allerdings so sehr um die Weibchen, dass dies nur selten geschieht. Im Zoo kann es allerdings vorkommen, dass ein Weibchen keinen Partner findet. Zyklus für Zyklus wird die Schwellung immer grotesker – ein sichtbares Zeichen für die eigentlich nicht artgerechten Haltungsbedingungen.

Wenn nach gut fünf Monaten Tragezeit ein Pavianjunges auf die Welt kommt, trägt es bereits einen Farbcode. Die erwachsenen Tiere sind je nach Art sandbraun oder olivgrün. Alle Pavianbabys jedoch sind schwarz mit hell rosafarbenen Gesichtern. Diese Uniform zeigt allen Mitgliedern eines Trupps, dass ein Kind unter ihnen ist, das besondere Fürsorge und Aufmerksamkeit braucht, damit es nicht verloren geht oder in Schwierigkeiten gerät. Mehrere altweltliche Affen ziehen auf diese Weise die Aufmerksamkeit auf ihre Jungen. Das Baby des schwarzweißen Guereza ist rein weiß, das einer silberfarbenen südostasiatischen Langurenart hell orange, und beim Bärenmakak ist es primelgelb.

Die meisten Pavianarten fressen buchstäblich alles: Insekten, Echsen, Wurzeln, Früchte. Manche betätigen sich als gefürchtete Jäger, die bei Gelegenheit auch junge Antilopen erlegen. Eine Art, die einst als echter Pavian galt, heute aber in einer eigenen Gattung steht, der Dschelada, wurde zu einem reinen Vegetarier. Er lebt hoch oben im Simien-Gebirge in Äthiopien, wo es mit Ausnahme von Gras nichts

*Links: Languren-
weibchen mit seinem
orangefarbenen Jungen, Südostasien*

277

*Oben: Ein Trupp grasender Dscheladas,
Äthiopien*

mehr zu fressen gibt für einen Pavian. Dscheladas haben aber keine scharfen Schneidezähne wie Schafe oder Kaninchen. Statt dessen pflücken sie das Gras mit ihren geschickten Händen, Büschel um Büschel. Sie sitzen im Sonnenschein aufrecht da, wobei ihre Gruppen bisweilen mehrere hundert Tiere stark sind. Langsam ziehen sie über die grasbestandenen Berghänge. Dabei entsteht allerdings ein Problem. Wie können sie am standardisierten Kommunikationssystem der Paviane festhalten, bei dem diese bei jeder freundlichen Begrüßung einander das Hinterteil zeigen oder andere Signale zur gerade aktuellen sexuellen Verfügbarkeit aussenden? Die Dscheladas müssten dazu jedes Mal aufspringen, und dabei käme das Fressen entschieden zu kurz. Wie alle Blattfresser müssen sie nämlich einen großen Teil der Tagesstunden mit der Nahrungsaufnahme verbringen. Die Dscheladas haben dieses Problem dadurch gelöst, dass sie sozusagen ihr Hinterteil auf der Brust tragen. Genau in der Mitte über dem Brustbein befindet sich ein Stück scharlachrote nackte Haut. Wenn also ein älteres Männchen durch eine Gruppe von Tieren wandert, die sich gerade ernähren, und die Demutsgesten abfordert, die ihm zustehen, so bleiben die Jungtiere sitzen, fressen weiter und zeigen ihm nur ihre Brust.

Das Dscheladaweibchen versendet mit demselben System sexuelle Einladungen. Diese schwanken natürlich im Rahmen ihres Sexualzyklus. Ihr Hinterteil ist wie bei allen Pavianverwandten nackt und rosafarben. Je nach sexuellem Zustand schwillt es auch an und verändert seine Farbe entsprechend. Doch das Weibchen trägt ein doppeltes Signal auf der Brust. Sobald sich die Brunft nähert, verbreitern sich die nackten Hautflecken vorne und hinten in geradezu furchterregendem Maße. An den Rändern der Brust schwellen rosafarbene runde Hautauswüchse an und widerspiegeln dabei ähnliche Entwicklungen auf dem Hinterteil.

Dscheladas können im Gegensatz zu den meisten anderen Affengesellschaften nicht durch dauernde gegenseitige Körperpflege besondere Freundschaften und Allianzen pflegen. Ihre Hände sind einfach zu sehr mit dem Sammeln von Gras beschäftigt. An die Stelle der Körperpflege tritt die Stimme. Die Tiere verfügen über ein großes Repertoire rhythmischer und melodischer Rufe. Sie reichen von einem dahingleitenden oder abrupten Gebell bis zu ruhigem Grunzen. Ihre fast ständigen Stimmäußerungen sind das Affenäquivalent für unsere tägliche Plauderstunde über den Gartenzaun hinweg.

Die grundlegende Einheit in der Dscheladagesellschaft bildet eine Gruppe von Weibchen. Sie haben in der Regel ein Männchen, das mit ihnen lebt und sich mit ihnen zum richtigen Zeitpunkt paart. Um seine begünstigte Position zu behalten, muss sich das Männchen der Konkurrenz stellen und gelegentlich mit Herausforderern kämpfen. Größe und Stärke werden dabei belohnt. Deswegen werden die Männchen bis eineinhalbmal so schwer wie die Weibchen und tragen eine lange Mantelmähne. Ihre Größe steht ohne Zweifel mit den Kämpfen in Zusammenhang.

Rechts: Dscheladamännchen, Äthiopien

Die Mähne allerdings erscheint eher als das Ergebnis einer Auswahl durch die Weibchen. In einem sozialen System, in dem sich nur ein Männchen mit allen Weibchen der Gruppe paart, verfestigen sich schnell körperliche Merkmale. Wenn die Weibchen eine Vorliebe für einen Partner mit besonders langen Haaren haben und daran über Generationen hinweg festhalten, dann werden die Männchen zwangsläufig längere Haare entwickeln und dies oft mit erstaunlicher Geschwindigkeit.

Doch selbst die spektakulärsten Verhaltensweisen der Dscheladas verblassen im Vergleich mit denen pavianartiger Affen, die in den düsteren Regenwäldern Westafrikas leben.

Der Drill ist ein mächtiger Affe. Das schwarze und nackte Gesicht des Männchens ist von einem weißen Haarkranz umrahmt. Die Haut sieht wie poliertes Holz aus. Die kleinen orangefarbenen Augen inmitten dieses schwarzen Gesichtes wirken überraschend. Das Fell ist sandbraun, das Hinterteil monströs, stark angeschwollen und reicht über das Ende der Wirbelsäule hinaus. Die Farbpalette reicht von Weiß bis Lila mit purpurfarbenem Außenrand.

Doch an Buntheit übertrifft ihn noch sein enger Vetter, der Mandrill, der in denselben Wäldern vorkommt. Das Männchen wiegt fast 36 Kilogramm und er-

reicht eine Schulterhöhe von fünfzig Zentimetern. Sein Hinterteil ist ähnlich spektakulär, doch das Gesicht noch viel grotesker. Ein scharlachroter Streifen verläuft von den Augen bis zur Nasenspitze. Hier verbreitert er sich und bedeckt die Nasenlöcher und die Oberlippe. Zu beiden Seiten der Nase liegen schräge nackte hellbraune Hautleisten. Die Rillen dazwischen sind purpurfarben. Dieses außergewöhnliche Gesicht wird von einem braunen Haarschopf oben, einem orangefarbenen Bart unten und sonst von weißem Fell umrahmt.

Ein derart erstaunliches extravagantes Gesicht geht weit über das hinaus, was für die Erkennung einer Tierart erforderlich ist. Man kann es auch nicht auf Variationen eines grundlegenden Musters im Inneren einer isolierten Population zurückführen. Es kann nur das Ergebnis einer Auswahl durch die Weibchen sein. Die Mandrills sind wie Dscheladas polygam. Jedes dominierende Männchen herrscht über einen Harem von rund dreißig oder mehr Individuen. Davon sind ungefähr zwanzig erwachsene Weibchen. In derselben Gruppe können auch ein oder zwei weitere Männchen leben. Sie sind aber jünger, schlanker und nicht annähernd so auffällig gefärbt. Es sind tatsächlich die brillanten Farben der dominierenden Männchen, die Weibchen anziehen und jüngere Männchen abschrecken. Damit wird verhindert, dass die Gene, die für diese prächtigen Farben verantwortlich sind, sozusagen verwässert werden. Über viele Generationen hinweg paarten sich die Weibchen mit den buntesten Männchen, denen sie begegneten. Durch diese Selektion wurde das Gesicht des Mandrills immer noch spektakulärer. Eine frühe Vorliebe für Früchte und das Bedürfnis, deren Reifegrad zu bestimmen, führte im Lauf der Jahrmillionen somit zum Affenäquivalent der Pfauenfeder.

10

Nahrung für das Gehirn

Vor ungefähr dreißig Millionen Jahren lebte ein affenähnliches Wesen in den afrikanischen Grasgebieten, die sich damals gerade über weite Teile dieses Kontinents auszudehnen begannen. Es war ungefähr paviangroß, und seine Vorder- und Hintergliedmaßen waren gleich lang. Das deutet darauf hin, dass das Tier auf dem Boden ebenso zu Hause war wie in den Bäumen. Es unterschied sich schon deutlich von seinen südamerikanischen Vettern, sowohl was die Zähne als auch den Aufbau der Ohren anbelangt. Seine Nachkommen in Afrika sollten sich nach weiteren zehn Millionen Jahren in spezialisierte Blattfresser wie den Guereza und in Allesfresser wie die Meerkatzen und die Paviane aufspalten. Doch bevor diese Arten auftraten, breitete sich ein weiterer Zweig von Nachkommen ostwärts in die tropischen Wälder Asiens aus.

Hier verlegten sie sich auf das Leben in Bäumen und entwickelten dazu ihre eigene Fortbewegungsweise. Sie verloren ihre Schwänze, und die Arme verlängerten sich so sehr, dass sie heute viel mehr schwingen und hangeln als klettern. Sie tun das mit solcher Geschicklichkeit und Geschwindigkeit, dass man sie als die besten Akrobaten unter allen baumbewohnenden Säugern bezeichnen muss. Es sind die Gibbons. Man bezeichnet sie gelegentlich auch als kleine Menschenaffen. In den Wäldern Südostasiens von Indien über die Malaiische Halbinsel bis nach Sumatra und Borneo leben bis zu 14 verschiedene Arten. Sie sind abgesehen von den Menschen die einzigen Primaten, die permanente monogame Familien bilden. Darin leben ein Männchen, ein Weibchen sowie eines, zwei oder selten drei Kinder zusammen. Diese Familien pflegen einen engen Zusammenhalt. Bei einigen Arten entfernen sich die Mitglieder selten mehr als zwanzig Meter voneinander. Gibbons knabbern gelegentlich an Blättern und fangen auch mal Insekten für die Eiweisszufuhr. Ihre Hauptnahrung jedoch besteht aus Früchten. Obwohl sie in ihren Wäldern das ganze Jahr über auf Früchte treffen, brauchen sie doch ein großes Territorium, um

die benötigten Mengen zu beschaffen. Deswegen beansprucht jede Gibbonfamilie ihren eigenen Abschnitt im Wald.

Jede Art hat zwar ihre eigene spezifische Färbung, doch insgesamt handelt es sich um verschiedene Kombinationen von Braun und Schwarz, in der Regel mit einer weißen Gesichtsumrahmung. Gibbons zeigen nicht die bunten Farben und Zeichnungsmuster wie die anderen Affen. Optische Signale sind nämlich keine so effiziente Art der Kommunikation zwischen Tiergruppen, die so weit auseinander leben. Gibbons verwenden dementsprechend ein anderes Verfahren, um ihr Territorium anzuzeigen und um sexuelle Einladungen an Familien in benachbarten Territorien auszusprechen. Sie singen wie die Brüllaffen.

Die Echos der Gibbongesänge in den nebelfeuchten Wäldern kann man bei Tagesanbruch auf über sieben Kilometer Entfernung hören. Dieser Gesang hat schon jeden geweckt, der einige Zeit in diesen Wäldern unterwegs war, und die Erinnerung an diese verzauberte Musik bleibt einem ewig im Gedächtnis. Der Gesang wird in der Regel am Morgen viele Male wiederholt, was bis zu einer Viertelstunde dauern kann. Verschiedene Arten sind an ihren spezifischen Varianten und ihren eigenen charakteristischen Stimmen zu erkennen. Das Siamangmännchen, das in Malaya und Sumatra lebt, trägt an der Kehle eine Tasche, die sich beim Sin-

gen aufbläht und als Resonanzboden die Rufe verstärkt. Bei den meisten Arten übernimmt das Weibchen den Schlusssatz nach dem männlichen Gesang. Die Paare einiger Arten singen im Duett, wobei jeder seinen eigenen Teil dazu beiträgt. Es gibt aber auch einstimmige Gesänge zu zweit. Als bester Sänger gilt der Zwergsiamang, der auf den Mentawei-Inseln vor der Westküste Sumatras lebt. Männchen und Weibchen singen dort für sich allein. Der «große Ruf» des Weibchens dauert bis 45 Sekunden. Er beginnt mit einer langen Reihe klarer, langsam ansteigender Noten. Dann folgen Triller, die in ein übersprudelndes Crescendo eingebaut werden. Wenn der Gesang seinen Höhepunkt erreicht, springt das Weibchen in die Luft und saust von Ast zu Ast, wobei es Blätter abreißt und sie auf den Boden wirft. Das Ganze sieht aus wie eine Szene in einem Schmierentheater.

Futtersuche und Vorwärtskommen im obersten Stockwerk des Waldes begrenzen die eigene Körpergröße. Ein großes und schweres Tier kann nicht mit der Geschwindigkeit von Gibbons durch das Geäst hangeln. Zunächst einmal würden die Zweige und Äste brechen. Es gibt aber andere Arten der Fortbewegung, besonders wenn man sich damit begnügt, etwas weiter unten in den Bäumen zu leben. Die Orang-Utans, die in Sumatra und auf Borneo neben den Gibbons leben, wiegen bis zu 90 Kilogramm. Wie die Gibbons sind sie zunächst Fruchtesser. Doch große Tiere haben auch viel Appetit, und in einem Gebiet ist für eine ganze Familie selten genug zu essen da. In der Folge führen die Orang-Utans ein weitgehend einzelgängerisches Leben und halten keine permanenten Territorien. Stattdessen streifen sie einfach durch den Wald. Dies hat Auswirkungen auf die relative Größe der beiden Geschlechter. Wenn ein Weibchen empfängnisbereit wird, werden das mehrere Männchen in der Nachbarschaft bemerken. Sie werden von ihr angezogen und beginnen zu streiten. Dabei kann es zu bösen Kämpfen kommen. Deswegen wird das mächtigste Männchen in der Nachbarschaft wahrscheinlich den größten Teil der nächsten Nachkommen zeugen. Über viele Generationen hinweg wurden die Orangmännchen sehr viel größer als die Weibchen. Auf Borneo entwickeln die Männchen als Gesichtsumrahmung fleischige Backenwülste. Die Männchen aus Sumatra haben lange Bärte und Schnurrbärte. Beide entwickeln ein zotteliges rotes Fell aus langen Haaren und werden so groß und schwer, dass es für sie leichter ist, eine Strecke auf dem Boden zurückzulegen als ins Geäst zu klettern.

Orang-Utans sind eindeutig sehr intelligente Menschenaffen und verfügen über eine erhebliche manuelle Geschicklichkeit. Jeden Abend bauen sie hoch oben in den Bäumen Schlafnester und biegen dabei Äste zu einer federnden Plattform zusammen. Bei Regen bauen sie auch ein Dach. Beim Trinken führen sie einen langen be-

haarten Finger in eine mit Wasser gefüllte Baumhöhle ein und heben ihn dann hoch, damit das Wasser auf ihre zugespitzten Lippen tropfen kann. Mit gleichem Geschick holen sie Honig aus Bienennestern in Baumhöhlen. Um Ameisen oder Termiten zu fangen, brechen sie Zweige ab und zerfasern bisweilen das eine Ende, dann verwenden sie diese Werkzeuge, um ein Nest zu öffnen. Die jungen Orangs bleiben drei oder vier Jahre bei ihrer Mutter und lernen solche Fertigkeiten von ihr.

Oben: Ein Orang-Utan
spielt mit Wasser, Borneo

Trotzdem erscheint ihr Verhaltensrepertoire gering im Vergleich mit anderen Menschenaffen. Vielleicht liegt der Grund eher in ihrem einzelgängerischen Wesen als in einem Mangel an Intelligenz. Beweise für diese Ansicht stammen aus den Sumpfwäldern an der Nordspitze Sumatras. Hier wird der Wald regelmäßig überflutet, und in der Folge entwickeln viele Bäume große Mengen an Früchten. Deswegen leben hier doppelt so viele Orang-Utans pro Quadratkilometer Wald als anderswo. Im Besonderen leben sie von den Samen des Neesia-Baumes. Die Neesia selbst hängt aber für die Verbreitung ihrer Samen nicht von Tieren ab. Diese Aufgabe übernimmt vielmehr das Wasser, das regelmäßig den Wald überflutet. Die Samen sind deswegen nicht in süßes Fruchtfleisch gehüllt, das Tiere zum Konsum bewegen soll. Vielmehr tragen sie als wirksamen Schutz vor Räubern eine harte Schale mit Stechhaaren.

In den meisten Teilen Sumatras ignorieren die Orang-Utans die Neesia-Früchte, doch nicht in diesen nördlichen Wäldern. Hier haben sie entdeckt, wie man sie öffnen kann. Die Technik ist ziemlich kompliziert. Als Erstes müssen die Stechhaare entfernt werden, die die Schale überziehen. Dazu entrindet der Orang-Utan einen Zweig. Den hält er mit den Zähnen, während er die unangenehmen Haare entfernt. Dann öffnet er die Frucht, indem er ein Stück Holz in eine Spalte rammt und die Schale so weit öffnet, dass er die Samen mit einem Finger herausholen kann. Ohne Zweifel erfand vor vielen Jahren ein besonders innovatives Individuum diese Technik. Da hier die erwachsenen Tiere durch das reiche Nahrungsangebot gelegentlich gemeinsam essen, konnte sich das Verfahren durch Imitation ausbreiten. Die nördlichen Orang-Utans verfügen somit über eine Kultur, die anderen Gruppen fehlt. Das eingeschränkte Verhaltensrepertoire dieser Menschenaffen könnte somit in Zusammenhang mit der Tatsache stehen, dass der Nahrungsmangel ein Leben in Gruppen unmöglich macht.

Afrika hat auch einen riesengroßen Menschenaffen, den Gorilla. Er wird noch größer als das Orang-Männchen. Ein erwachsener Silberrücken wiegt über 180 Kilogramm und damit doppelt so viel wie ein Orang-Utan. Er ist damit der größte und schwerste aller lebenden Primaten. Mit seinem Haarschopf auf dem Kopf und der unglaublich breiten Brust kann er wirklich Schrecken verbreiten, besonders wenn er seine Familie beschützt und Anstalten unternimmt, Eindringlinge anzugreifen. In seiner Familiengruppe ist er jedoch nur ein friedlicher Vegetarier.

Die Unterart, die in den dichten Wäldern des westlichen Kongo lebt, isst größere Mengen an Früchten und klettert oft zum Sammeln nach oben, sofern die Bäume das Gewicht aushalten können. In den Gebirgen des Ostens hingegen wachsen längst nicht so viele Früchte, sodass die östliche Unterart, der Berggorilla, fast ausschließlich von Blättern leben muss, etwa von Riesensellerie, Nesseln und Lianen. Wegen des geringen Nährwerts seiner Nahrung verbringt der Berggorilla den

größten Teil des Tages mit der Futtersuche. Er baut sich nachts ein Schlafnest, eine Art federnder Matratze aus gebogenen Zweigen. Sonst zeigen die Tiere keine besondere Neigung zu Innovationen und müssen in der Tat auch keine neuen Techniken für die Nahrungssuche erfinden.

Der häufigste afrikanische Menschenaffe, der Schimpanse, unterscheidet sich hier deutlich. Er isst alles. Ein Berggorilla lebt zur Hauptsache nur von einem halben Dutzend verschiedener Pflanzenarten, und in seinem ganzen Leben sammelt er nicht mehr als fünfzig. Schimpansen hingegen essen Teile von über 300 Arten und nehmen an einem einzigen Tag Blätter oder Früchte von über zwanzig Pflanzenarten auf.

Sie sammeln auch Insekten wie Ameisen und Termiten. Sie jagen Kleinechsen und vergreifen sich an Vogeleiern und Nestlingen. Sie lieben auch Fleisch und gehen regelmäßig auf die Jagd, wobei sie Affen, junge Paviane und Ducker erlegen. Mit dieser Ernährungsweise können sie es sich erlauben, in großen Gruppen zu leben. Einige Trupps bestehen nur aus ungefähr zwölf Tieren, andere jedoch umfassen deren hundert. Neuentdeckungen breiten sich in solchen Gemeinschaften schnell aus. So haben die Schimpansen gelernt, Termiten zu fangen, indem sie mit Stäbchen in deren Nestern stochern. Um Wasser aus Baumlöchern zu gewinnen, zerknüllen

sie eigens dazu Blätter. Sie sammeln Nüsse und bringen sie an besondere Stellen im Wald, wo sich ein geeigneter Stein befindet, der als Amboss dienen kann. Sie bringen eine Nuss in die richtige Stellung und schlagen mit einem Stück Holz oder einem Stein auf sie ein.

Die Größe ihrer Gesellschaften ermöglicht auch eine Zusammenarbeit, sodass sie an Nahrung gelangen, die einem einzelnen Tier verschlossen bliebe. Schimpansen jagen in Gruppen. In den dichten Wäldern der Elfenbeinküste erbeuten sie regelmäßig Affen. Einem einzelnen Schimpansen würde dies kaum gelingen, da er doppelt so schwer ist wie die meisten Affen. Diese können auf Ästen entkommen, die unter dem Gewicht eines Schimpansen brechen. Deswegen müssen die Schimpansen bei der Jagd zusammenarbeiten.

Ihre Jagdmethode ist bewährt. Wenn sie einen Trupp von Roten Stummelaffen, ihre Hauptbeute, im Kronendach ausgemacht haben, folgen sie ihm. Die Affen müssen sich erst in ein Stück Wald begeben, das den Jägern zusagt. Dann läuft ein erfahrenes älteres Männchen ruhig und unauffällig voraus und bezieht Stellung oben auf einem der Bäume. Daraufhin klettern auch die anderen Männchen, nun eher auffällig, zu beiden Seiten des Stummelaffentrupps schnell nach oben. Die Affen bekommen es nun mit der Angst zu tun. Der Rest der Schimpansengruppe geht nämlich auf dem Boden auf sie zu. Gleichzeitig sind sie auf beiden Seiten von jungen Männchen in den Bäumen bedroht. So gibt es nur einen Ausweg. Sie springen durch das Geäst direkt auf das alte Männchen zu, das verborgen auf der Lauer liegt. Wenn sie in seine Reichweite gelangen, springt es plötzlich hervor, packt einen Affen und tötet ihn schnell mit einem Biss in den Rücken. Die Schimpansen auf dem Boden sind nun vor Aufregung völlig aus dem Häuschen. Der erfolgreiche Jäger bleibt nicht oben in den Bäumen sitzen, sondern bringt den kleinen Kadaver auf den Boden. Jäger und Zuschauer versammeln sich, um ihren Anteil zu erhalten. Es ist aber unwahrscheinlich, dass jeder auch nur einen Mundvoll bekommt. Der Körper des Stummelaffen ist sehr klein. Trotzdem wird er zwischen Männchen und Weibchen, zwischen Jägern und Unbeteiligten aufgeteilt. Und nicht selten bekommt das erfolgreiche Männchen noch nicht einmal einen Bissen ab.

Die Schimpansen sind unsere nächsten Verwandten im Tierreich. Oft wird gesagt, dass wir 98 Prozent des Erbgutes mit ihnen gemeinsam haben. Diese Zahl kann man aber leicht missverstehen. Die Elemente auf der DNA darf man sich nicht wie die Zutaten eines Kuchenrezepts vorstellen. Gene sind den Instruktionen für den Computer vergleichbar, und jede Instruktion kann die Natur der bildlichen Darstellung zum Beispiel radikal verändern. Trotzdem besteht ohne Zweifel eine enge Verbindung zwischen Schimpansen und Menschen. Beide müssen einen gemeinsamen Vorfahren haben.

Es ist allerdings schwer zu sagen, wann die Nachkommen dieses Vorfahren sich in zwei Entwicklungslinien aufteilten. Wahrscheinlich fand dies vor rund fünf Millionen Jahren statt. Einige Zeit danach machte der menschenähnliche Zweig eine bedeutende Entwicklung durch. Dessen Vertreter begannen mit dem aufrechten Gang. Die deutlichsten Beweise dafür wurden 1978 in Tansania entdeckt. Eine Gruppe von Paläontologen fand dort eine Schicht Vulkanasche, die der benachbarte Vulkan Sadiman ausgespuckt haben musste. Radioaktive Messungen lassen eine ziemlich genaue Datierung zu. Das Ereignis fand vor 3,6 Millionen Jahren statt. Die Asche war reich an Karbonaten, und ein Regenguss, der kurze Zeit danach niederging, verwandelte die Schicht in eine Art Gips. Mehrere Tiere durchquerten die Schicht, während sie noch feucht war, und ihre Fußspuren erhärteten. Die Forscher fanden dort die Spuren von Antilopen, die Abdrücke eines primitiven Pferdes und große kreisrunde Vertiefungen. Deren Ränder waren durch das Gewicht des Tieres seitlich aufgeworfen. Wahrscheinlich gingen sie auf ein Nashorn zurück. Und unter diesen Spuren entdeckten die Paläontologen zu ihrem Erstaunen eine lange kontinuierliche Spur menschlicher Fußabdrücke. Es waren deutlich zwei Individuen unterwegs, eines eindeutig größer als das andere. Vielleicht war das große Individuum ein Mann, das andere eine Frau. Ihre beiden Spuren liegen so nahe beieinander, dass sie sich dabei berührt haben konnten. Vielleicht gingen sie Hand in Hand. Die größeren Trittsiegel sind deutlich verwaschener als die kleinen. Erfahrene Fährtensucher haben daraus geschlossen, dass ein drittes etwas kleineres Individuum genau hinter dem großen ging und dessen Spuren nutzte. Vielleicht brannte die feuchte Asche etwas und war unangenehm. Vielleicht ging ein Kind in den Fußstapfen des Mannes. An einer Stelle sieht man, wie die Frau – wenn denn die Bezeichnung zutrifft – innehielt. Vielleicht blickte sie zurück. Dieser kurze Augenblick im Leben einer Familie vor 3,6 Millionen Jahren blieb uns jedenfalls perfekt erhalten.

Man kann aus den Fußabdrücken zwei wichtige Schlussfolgerungen ziehen. Zunächst existiert keine weite Lücke zwischen der großen Zehe und den übrigen Zehen. Das bedeutet, dass diejenigen, die die Spuren hinterließen, nicht mehr gewohnheitsmäßig in den Bäumen kletterten wie Menschenaffen. Sie lebten viel mehr auf dem Boden. Zweitens gibt es keinerlei Abdrücke von Fingerknöcheln. Diese Lebewesen gingen ohne Zweifel aufrecht.

Kaum ein Problem der menschlichen Evolution ist stärker umstritten als die Frage, was denn unsere Vorfahren dazu brachte, vom vierfüßigen zum aufrechten Gang überzugehen. Es gibt dazu mehrere Theorien. Vielleicht konnten unsere Vorfahren damit Dinge in der Hand halten, etwa die gesammelte Nahrung, ein im Lauf der Zeit immer besser zugeschlagenes Steinwerkzeug, oder gar ein Baby, das nun nicht mehr über die Greifhände und Greiffüße verfügte, um sich wie ein Menschenaffenbaby im Fell seiner Mutter festzukrallen. Vielleicht erlaubte der aufrechte

Rechts: Die Fussspuren
von Laetoli, Tansania

Gang einen besseren Blick über die grasbestandenen Ebenen, um lauernde Raubtiere früher zu erkennen. Sollte das Klima damals so heiß gewesen sein, wie einige Forscher annehmen, konnte man damit auch die Körperoberfläche minimieren, die der Sonne direkt ausgesetzt war – nämlich nur Kopf und Schultern anstelle des gesamten Rumpfes.

Da ist noch eine weitere Theorie, die von vielen Forschern jedoch abgelehnt wird. Vor ungefähr sechs Millionen Jahren zerrissen Erdbewegungen einen Teil Afrikas. Meerwasser drang vom Roten Meer her ein. Höher gelegene Bereiche wurden zu Inseln, und große Gebiete entwickelten sich zu seichten Lagunen. Wenn dies wirklich zutraf, so gab es an den Rändern und in den flachen Bereichen solcher Lagunen ohne Zweifel sehr viel Nahrung in Form von Muscheln, Krebstieren und kleinen Fischen. Intelligente neugierige Primaten hätten sicher sehr schnell diese neue Nahrungsquelle genutzt. Ohne Zweifel hätten diese frühen Menschen sehr schnell einen Weg gefunden, um die Muscheln und die Krebstiere zu öffnen, wie dies auch Kapuzineraffen und Krabben fressende Makaken tun. Vielleicht wagten sich einige auch in tiefere Gewässer vor, um Nahrung zu suchen oder um neue Futtergründe an den Ufern benachbarter Inseln zu erschließen. Für sie wäre ein aufrechter Gang von großem Nutzen gewesen, nicht zuletzt deswegen, weil Frauen ihre Babys über dem Wasserspiegel hätten tragen können.

Ein lebhaftes Bild einer solchen Szene aus der Realität stammt von einigen Inseln im Delta des Kongoflusses. Hier lässt man Schimpansen, die früher in Gefangenschaft lebten, in der Natur frei, damit sie lernen, in der Wildnis für sich zu sorgen, bevor sie in die vollständige Freiheit entlassen werden. In dieser Zeit erhalten sie einen täglichen Nachschub an Bananen. Wenn sich ihre Betreuer jeden Morgen in Booten nähern, waten ihnen die Schimpansen aufrecht entgegen. Die Männchen halten dabei gelegentlich ihre langen Arme über die Köpfe und verschränken die Hände. Auch die Weibchen kommen hinzu und tragen ihre Kinder hoch oben an der Brust. Da das Wasser ihr Gewicht mitträgt und das Gleichgewicht zu wahren hilft, fällt den Menschenaffen der aufrechte Gang leicht. Und da ihre kurzen gebogenen Menschenaffenbeine nicht zu sehen sind, wirken sie außerordentlich menschlich – mit Ausnahme ihrer hervortretenden Kiefer und der niedrigen fliehenden Stirn mit den schweren Augenbrauenwülsten. Sie erscheinen uns unheimlich, gespenstig, wie die Rekonstruktionen, die man von den Lebewesen machte, die die Verbindung zwischen Menschenaffen und Menschen darstellen. Die Schimpansen gewinnen im Kongodelta eine zunehmende Vertrautheit mit dem Wasser. In der Regel sagt man, dass sie nicht schwimmen. Das mag unter normalen Umständen der Fall sein. Doch mindestens ein Männchen hat gezeigt, dass sie es im Bedarfsfall können. Dieses Männchen schwimmt jetzt über größere Strecken dem Boot entgegen, das die ersehnten Bananen bringt

Könnte das Leben am und gelegentlich auch im Wasser der Auslöser dafür gewesen sein, dass die Vorfahren des Menschen zum aufrechten Gang übergingen? Die Verfechter dieser Theorie zählen mehrere anatomische Hinweise auf, die darauf hindeuten sollen, dass die Menschheit tatsächlich über eine amphibische Phase verfügte. Im Vergleich zu den Schimpansen und Orang-Utans haben wir Menschen nahezu keine Körperhaare mehr. Warum verloren wir sie? Im Wasser sind Haare als Isolatoren weitgehend ohne Bedeutung. Viele wasserbewohnende Säugetiere wie Robben, Wale und Flusspferde haben sie deswegen eingebüßt. Haare haben fast immer eine Streichrichtung, in der das Wasser tropfenweise ablaufen kann. Bei einem vierfüßigen Tier liegen die Haare in einem rechten Winkel zur Wirbelsäule und verlaufen über die Flanken bis zum Bauch. Bei uns liegen die Verhältnisse jedoch anders. Die Haare verlaufen nicht parallel zu den Rippen, sondern in einem deutlichen Winkel dazu, ungefähr parallel zur Wirbelsäule. Das deutet darauf hin, dass sie schon aufrecht standen, als unsere Körper noch so haarig waren wie die eines Schimpansen. Unsere Haut unterscheidet sich auch sonst von der aller anderen Menschenaffen. Wir verfügen über reichlich Drüsen, die ein öliges Sekret abgeben. Auch diese Anpassung könnte von Nutzen sein für ein Geschöpf, das am

Oben: Schimpanse beim Waten
in seichtem Wasser, Kongo

und im Wasser lebte. Besonders überzeugend wirkt die Tatsache, dass wir Fett-schichten unmittelbar unter unsere Haut einlagern. Die einzigen Säugetiere, die solche subkutanen Fettschichten entwickeln, sind Robben und Wale. Und sie tun es, um sich vor dem kalten Wasser zu schützen. Wenn unsere Vorfahren tatsächlich viel Zeit im Wasser verbrachten, so wäre ihnen eine solche Fettschicht sicher von Nutzen gewesen.

Wenn dieser entscheidende Übergang zum aufrechten Gang tatsächlich geschah, als sich unsere fernen Vorfahren an und in Lagunen aufhielten, so könnte man auch erklären, wie eine weitere bedeutende Veränderung jener Zeit vor sich ging, näm-lich die Größenzunahme des Gehirns. Entwicklung und Betrieb eines Gehirns kos-ten eine Menge Energie. Früchte, Samen, Wurzeln und andere Pflanzenteile reichen als Brennstoff für ein menschenaffengroßes Gehirn aus. Wir Menschen jedoch besitzen gigantische Gehirne. Sie sind unter allen Säugetieren proportional zum Körper bei weitem die größten. Für den Betrieb unseres Gehirns müssen wir zwan-zig Prozent der gesamten Energie aufwenden, die wir aus unserer Nahrung be-ziehen, selbst wenn das Gehirn nur zwei Prozent der Körpermaße ausmacht. Die Entwicklung eines großen Gehirns konnte nur bei Lebewesen stattfinden, die über reiche Nahrungsquellen verfügten. Eine solche Nahrungsquelle könnten zum Bei-spiel Muscheln gewesen sein.

Welches auch der Auslöser für die Entwicklung des aufrechten Ganges gewesen sein mag, es steht ohne Zweifel fest, dass diese aufrecht gehenden Menschenaffen viel Nahrung brauchten. Fleisch irgendwelcher Art wäre wohl am besten gewesen. Wie hätten sie sich aber welches beschaffen können, wenn sie nicht die Küsten-gebiete verließen und sich in die Savannen vorwagten? Sie waren längst nicht schnell genug, um eine Antilope einzuholen. Sie besaßen keine dolchartigen Eck-zähne wie die Löwen, und es fehlten ihnen auch Reißzähne, um das Fleisch von den Knochen zu lösen. Sie hatten auch keine mächtigen Kiefermuskeln, mit denen sie Knochen zerbrechen konnten wie die Hyänen. Stattdessen setzten sie die Ge-schicklichkeit ihrer Hände ein, um Waffen zu fertigen, und ihre hohe Intelligenz, um Jagdverfahren zu entwickeln. So wurden sie zu Fleischessern.

Viele Naturvölker können mit für uns unvorstellbarer Geschicklichkeit Tiere ausfindig machen, sie verfolgen und erlegen. Einige wenige unter ihnen halten noch am alten Nomadenleben fest. Ihre Kenntnisse von den Tieren, die sie verfolgen, grenzen ans Übernatürliche. Ein solches Volk lebt in der Kalahari-Wüste. Früher nannte man sie Buschmänner. Ihre Sprache enthält bis zu sieben verschiedene Schnalz- oder Klicklaute, für die es in den europäischen Sprachen keine Buchstaben gibt. Heute kennzeichnet man sie sehr ungenau durch ein Ausrufezeichen. Das Volk, von dem die Rede ist, bezeichnet sich in unserer Schreibweise als !Kung. Seine Beobachtungsgabe übersteigt unser Vorstellungsvermogen. Selbst einem völlig verwaschenen Abdruck im Sand können sie entnehmen, welches Tier ihn hinterließ, welches Geschlecht es hatte, in welchem Zustand es sich befand und zu welcher Zeit es vorbeizog. Und sie können die Spur später von den Spuren anderer Individuen derselben Art unterscheiden.

Auf der Jagd verwenden die !Kung oft kleine Pfeile mit vergifteten Spitzen. Ein Treffer führt am Ende zum Tode. Doch dieser kann lange Zeit auf sich warten lassen. Ein Jäger muss der Spur oft tagelang folgen, bevor das Tier zusammenbricht. Bei einer noch älteren und noch mühseligeren Jagdmethode werden keine Waffen, sondern nur ein für uns unvorstellbares Durchstehvermögen gebraucht. Wenn der Jäger ein mögliches Beutetier, ein Elen oder eine Giraffe, aufgestöbert hat, erschreckt er es, sodass es davonläuft. Er folgt ihm dann mit stetigem Schritt. Die Verfolgung kann Tage dauern, schließlich bricht das Tier, das seither weder gefressen noch getrunken hat, zusammen. Doch auch der Jäger hat gelitten und befindet sich selbst nahe am Kollaps, sodass er kaum mehr die Kraft hat, um das Tier zu töten. Dieses Verfahren haben die !Kung vielleicht aus den frühesten Phasen der Menschheitsgeschichte in unsere Zeit hinübergerettet.

Doch das Erlegen eines Beutetiers ist nur die halbe Arbeit auf dem Weg zu einem Mahl. Das Fleisch der meisten Wildtiere ist zu zäh, als dass wir es mit unseren Zähnen kauen könnten. Um aus einer Beute ein Essen zu bereiten, setzt der Jäger der !Kung eine Fähigkeit ein, die uns Menschen vorbehalten ist. Er macht Feuer. Er

dreht dabei einen zugespitzten Holzstab schnell zwischen seinen Handflächen und presst dabei die rotierende Spitze auf ein weiteres trockenes Holzstück. Dadurch entsteht erst ein rauchendes schwarzes Pulver. Wenn der Jäger sachte hineinbläst, züngeln Flammen hoch. Wenn das Feuer richtig brennt, wird der Tierkadaver darauf gelegt. Durch die Hitze brechen die Fleischfasern auf und werden weicher, sodass man sie leichter kauen kann. Auch zähe pflanzliche Nahrung wie Samen und Knollen werden nach der Hitzebehandlung bekömmlicher. Durch die Fähigkeit, Feuer zu machen, konnten die frühen Menschen plötzlich völlig neue Nahrungsquellen nutzen.

Anscheinend pflegten die frühen Menschen über Zehntausende von Jahren hinweg diese Lebensweise: Sie jagten Tiere und sammelten Früchte, Samen und Wurzeln. Zunächst war die neue Art selten, doch dann wuchs ihre Individuenzahl, und sie breitete sich über Afrika aus. Vor ungefähr einer Million Jahren verließen diese Geschöpfe den Kontinent, umrundeten das östliche Ende des Mittelmeers und wanderten westwärts nach Europa und ostwärts nach Asien. Obwohl diese Wesen eindeutig Menschen waren mit einer Körperhaltung und -proportionen wie bei uns, unterschieden sich ihre Gesichter doch noch erheblich. Sie hatten eine niedrige Stirn mit mächtigen Augenbrauenwülsten und, was vielleicht am auffälligsten war, massive hervortretende Kiefer. Sie gehörten zur Art des aufrecht gehenden Menschen, zum Homo erectus, aber noch nicht zum modernen Menschen, dem Homo sapiens.

Langsam entwickelten sie ein immer größeres Gehirn. Als sich auch der Schädel vergrößerte, veränderten sich die Proportionen des Gesichts. Vor 50 000 Jahren sahen ihre Schädel fast genau so aus wie die heutigen. Solche Menschen lebten in Höhlen von Frankreich und Spanien. Sie besaßen nun eine Vielzahl effizienter Werkzeuge, etwa Holzspeere, mehrfach gezähnte Harpunen für den Fang glitschiger Fische und Steinwerkzeuge unterschiedlicher Größe, angefangen von kleinen Schabern bis zu elegant zugeschlagenen dreieckigen Handäxten. Vor 30 000 Jahren malten sie im Licht brennender Fackeln jene Tiere an die Höhlenwände, mit denen sie ihr Land teilten.

Bis auf den heutigen Tag wissen wir nicht genau – und werden es vielleicht auch nie wissen –, warum sich die Höhlenbewohner die Mühe machten, diese einzigartigen Zeichnungen anzufertigen. Eine sehr wahrscheinliche Erklärung ist, dass sie mit der Jagd in Zusammenhang standen, von der diese Menschen abhingen. Die abgebildeten Tiere – Pferde, Rinder und Wisente – dienten ihnen auch als Jagdbeute. Das wissen wir aus Knochenfunden. Die Bilder einiger Tiere zeigen Linien in ihren Flanken, die man als Speere interpretieren könnte. Andere Zeichnungen tragen Marken, wie wenn sie buchstäblich von einer Waffe durchbohrt worden wären. Eine berühmte Malerei in der Höhle von Lascaux zeigt einen Wisent, der teilweise ausgeweidet wurde. Man nimmt deswegen an, dass die Höhlenmalereien zu einem

Ritual gehörten, das Erfolge bei der Jagd gewährleisten und die Vorkommen dieser Jagdtiere erhalten sollte.

Noch hatten die Menschen zu jener Zeit nichts unternommen, um die Häufigkeit oder die Verbreitung der Tiere und Pflanzen zu verändern, von denen sie sich ernährten. Immerhin hatten sie sich eine Hilfe für die Jagd rekrutiert. Hunde waren die ersten Tiere, die dem Menschen dienten. Die Beziehung begann vielleicht als Partnerschaft zu beiderseitigem Nutzen. Mensch und Wolf jagten dieselben Beutetiere. Die Wölfe konnten sie mit ihren empfindlichen Nasen viel besser aufspüren als die Menschen. Der Mensch wiederum konnte mit seinen Speeren ein Tier verwunden, ohne ihm ganz nahe zu kommen. Vielleicht jagten beide Arten zusammen und teilten sich in den Erfolg. Die menschlichen Familien kochten ihren Anteil an der Beute, während die Wölfe in den Camps herumliefen, die Reste fraßen und die Wärme und den Schutz des nächtlichen Feuers genossen. Diese partnerschaftliche Beziehung konnte sich umso leichter herausbilden, als die Wölfe von Natur aus soziale Tiere sind, die ein dominantes Individuum akzeptieren. So kamen die menschlichen Jäger dazu, Hunderudel als Helfer zu haben.

Oben: Paläolithische Höhlenmalerei eines ausgeweideten Wisents, Lascaux, Frankreich

Die Menschen waren zu jener Zeit immer noch Nomaden, die dorthin zogen, wo die Jagd am meisten versprach. Wenn die Tierherden weiterzogen, folgten ihnen die Menschen. Das tun sie teilweise heute noch. In Skandinavien folgen die Samen oder Lappen den Wanderungen ihrer Rentierherden. In Westafrika folgen die Peul, die Bororo und andere Völker weiterhin den Rinderherden auf ihre jahreszeitlichen Wanderungen, die mit der Futtersuche in Zusammenhang stehen. Diese Menschen behaupten, sie besäßen die Tiere, deren sie folgen, und sie hätten sie gezähmt und domestiziert. Die Herden allerdings ziehen umher, wie sie es immer getan haben, und die Menschen müssen ihnen dabei zwangsweise folgen.

Wo die Weiden ergiebiger waren, konnten die Menschen die Bewegungsfreiheit der Tiere, die sie aßen, stärker eingrenzen. Erste Haustiere waren wohl die Jungen von getöteten Muttertieren. Die Jäger brachten die Jungtiere wahrscheinlich ins Lager, wo die Frauen sie aufzogen, indem sie ihnen vielleicht sogar Milch aus der eigenen Brust gaben. Solche Tierwaisen wuchsen in der Siedlung auf und hatten keine Angst vor den Menschen, als sie erwachsen wurden. So kam es, dass menschliche Gruppen schließlich Herden von Schafen und Ziegen, von Rindern und Pferden besaßen, die mit ihnen lebten und umherzogen.

Pflanzen gehörten weiterhin zum Speiseplan des omnivoren Menschen. Vor

Links: Samenfrau
mit Rentierherde, Lappland

303

Oben: Hirte der Bororo
folgt seiner Herde
von Langhornrindern, Kamerun

zehntausend Jahren sammelten die Menschen des östlichen Mittelmeers unter anderen die Samen eines Wildgrases. Das war keine leichte Sache. Wenn man das Gras erntet, bevor die Samen reif sind, sind diese so klein ausgebildet und so hart, dass sich der Genuss kaum lohnt. Wenn man jedoch mit dem Pflücken länger wartet, fallen die Samen schon vom Stängel, sodass man sie einzeln vom Boden auflesen muss. Tatsächlich ist die Ernte von Grassamen vielleicht nur während zweier Tage wirklich sinnvoll. Wenn der Zeitpunkt richtig war, machte es somit Sinn, alle Samen einzusammeln, ins Lager zurückzubringen und einen Teil davon für spätere Zeiten aufzuheben.

Eines dieser Wildgräser, der Emmer, wurde wohl deswegen am häufigsten gesammelt, weil dessen Samen deutlich länger am Stängel verbleiben als bei anderen Gräsern. Wenn die Menschen Emmerbüschel in ihre Lager zurückbrachten, fielen zwangsläufig einige Samen heraus und keimten später. Bis zur bewussten Aussaat im Frühjahr und zur Ernte im Sommer war dann nur noch ein kleiner Schritt. Der unauffällige Emmer war der Vorfahre des Weizens. Ungefähr zur selben Zeit, vor ungefähr zehntausend Jahren, entdeckten Menschen in Ostasien eine andere Grasart mit ähnlichen Eigenschaften, den Reis. Anfänglich wuchs er in Waldlichtungen. Doch im Lauf von Jahrhunderten entwickelte man den Anbau in flachen überfluteten Feldern.

Indem die Menschen die Kontrolle über den Nachschub an Nahrung übernahmen und Pflanzen und Tiere nach ihren eigenen Bedürfnissen umformten, konnten sie sich in dauerhaften Siedlungen nahe nebeneinander niederlassen. Damit war es nicht mehr die natürliche Produktivität des bewohnten Territoriums, die über die Größe der menschlichen Gemeinschaften entschied. Da immer mehr Nahrung zur Verfügung stand, konnten auch die Gesellschaften wachsen. So entwickelten sich die ersten Städte. Einige Menschen konnten sich nun von der täglichen Mühsal der Nahrungsproduktion lösen. Sie entwickelten dafür besondere Fähigkeiten und Technologien: Sie formten Metalle, woben Textilien und stellten Töpferwaren her. Die Ergebnisse ihrer Arbeit tauschten sie gegen Nahrungsmittel ein. Damit begann die Arbeitsteilung, die innerhalb weniger Jahrtausende dazu führte, dass der Mensch die gesamte Welt dominierte.

Bisweilen allerdings versagen jene grundlegenden Verfahren zur Nahrungsproduktion. Das scheint in Zentralamerika der Fall gewesen zu sein. Vor eintausend Jahren gab es dort inmitten der Wälder große Städte. Ihre Bewohner, die Maya, hatten eine komplexe, sehr raffinierte Kultur entwickelt. Ihre Astronomen verstanden den Sonnenzyklus und konnten mit großer Genauigkeit bestimmte Himmelsereignisse vorhersagen. Ihre Mathematiker entwickelten als Erste in der Welt das Konzept der Zahl Null. Die Maya führten genaue, detaillierte Kalender und schrieben ihre Geschichte in Büchern und auf steinernen Monumenten auf. Dazu

verwendeten sie ein System komplexer Glyphen, die erst vor kurzem entziffert wurden. Und sie bauten Tempel, die bis zum Bau des ersten Wolkenkratzers in Chicago 1886 zu den größten Gebäuden der gesamten neuen Welt zählten.

Doch vor ungefähr fünfhundert Jahren kam es zur Katastrophe. Innerhalb eines Jahrhunderts verschwand die Population buchstäblich. Die Tempel wurden aufgegeben, und die umgebenden Wälder überwucherten sie wieder. Was war der Grund für diese Katastrophe? War es eine schreckliche Epidemie? Ein Bauernaufstand gegen Gelehrte, Priester und Adlige, die so viele Reichtümer angehäuft hatten? Vernichteten schädliche Insekten die Pflanzen, von denen die Menschen abhingen? Für alle diesen Hypothesen gibt es keine Belege.

Die Antwort wurde erst in den letzten paar Jahren deutlich. Schon als Europäer im 19. Jahrhundert die ersten vom Wald überwucherten Tempel fanden, nahmen sie an, diese spektakulären Gebäude seien rituelle Zentren gewesen, in denen nur Priester und Adlige wohnten. Nur gelegentlich seien sie von der übrigen Bevölkerung aufgesucht worden. Die gewöhnlichen Leute hätten in verhältnismäßig geringer Zahl in kleinen Gehöften inmitten des Waldes gehaust, wo sie einen Wanderfeldbau betrieben. Sie rodeten Felder und zogen weiter, wenn die Fruchtbarkeit des Bodens erschöpft war. Durch Ausgrabungen wissen wir aber heute, dass die Steintempel nicht die einzigen Gebäude an diesen Orten waren. Früher waren sie von dicht beieinander stehenden Holzhütten umgeben. Einige dieser Städte sollen bis zu 40 000 Einwohner gehabt haben. Wie konnten so viele Menschen auf derart kleinem Gebiet genügend Nahrung produzieren?

Das gelang ihnen durch eine intensive Landwirtschaft. Sie terrassierten die Berghänge. In den Ebenen legten sie ein dichtes Netz von Feldern und Kanälen an. Heutzutage liegen diese Gebiete unter tropischer Vegetation. Ihre Umrisse sind bei richtigem Lichteinfall aber noch von der Luft aus zu erkennen. Pollenkörner in Schlammablagerungen verraten uns, welche Pflanzen in jenen Zeiten angebaut wurden. Sie sagen uns zum Beispiel, dass in der Zeit, in der man die Tempel errichtete, der größte Teil des umgebenden Waldes schon gefällt und durch Felder ersetzt war. Grabungen in den Fundamenten von Gebäuden und in den benachbarten Feldern verraten eine deutliche Bodenerosion. Einige Häuser scheinen völlig von loser Erde zugeschüttet worden zu sein, die aus den Feldern herausgewaschen wurde.

Der Boden in tropischen Regenwäldern ist ganz im Gegensatz zu den gemäßigten Laubwäldern sehr arm an Nährstoffen. Nach der Rodung erlaubt er nur einige Jahre lang vernünftige Ernteerträge. Dann muss man ihn regelmäßig und für längere Zeit brachliegen lassen. Als die Bevölkerung der Maya ständig wuchs, mussten sie ihre Felder immer intensiver bebauen und dauernd neue Gebiete roden, um weiteres Ackerland zu gewinnen. Schließlich kam der Zeitpunkt, da die Felder keinen Ertrag mehr lieferten. Ausgegrabene Skelette aus späteren Perioden der

Mayazeit lassen die Anzeichen von Mangelernährung erkennen. Hunger breitete sich aus, und die Bevölkerungszahl fiel rapid. Die Städte ließen sich nicht mehr weiter aufrechterhalten und wurden aufgegeben. Schließlich eroberte der Regenwald das Territorium zurück.

In den darauf folgenden Jahrhunderten erlaubten es neue Technologien anderswo auf der Welt, noch größere Städte zu bauen. Chicago war zu Beginn des 19. Jahrhunderts eine kleine Stadt am Ufer des Michigansees. Heute umfasst sie über 500 Quadratkilometer und beherbergt über drei Millionen Menschen. Um diese Bevölkerung zu ernähren, müssen Lastwagen und Züge Zehntausende von Tieren in die Schlachthöfe der Stadt transportieren. Die Ebenen um die Stadt haben ihre einst reiche und vielfältige Vegetation längst eingebüßt. Sie werden mit einer Weizensorte bepflanzt, die eine derart starke Inzucht zeigt, dass sie heute unfruchtbar ist. Und für den Schutz dieser Pflanzen muss man chemische Gifte versprühen.

Als die Menschen im östlichen Mittelmeerraum die ersten Städte bauten, lebten auf dem gesamten Planeten rund fünf Millionen Menschen. Als die Mayas ihre Tempel in Zentralamerika errichteten, gab es ungefähr zehnmal so viele Menschen: fünfzig Millionen. Vor 200 Jahren breiteten sich viele technologische Neuerungen

Oben: Die Mayastadt Tikal,
Guatemala

über die ganze Welt aus und lösten die industrielle Revolution aus. Damals umfasste die Weltbevölkerung eine Milliarde. Heute sind es über sechs Milliarden. Und die letzte Milliarde kam im letzten Jahrzehnt hinzu. Alle diese Menschen brauchen Nahrung.

Wenn unsere Zahl zunimmt, wird der Raum für Pflanzen und Tiere geringer. Unsere Fähigkeiten und unsere technische Erfindungskraft scheinen keine Grenzen zu kennen. Nachdem wir jede Ecke unseres Planeten ausgekundschaftet haben, versuchen wir nun unseren Blick ins Weltall zu richten. Schon laufen Experimente zur Nahrungsproduktion für den Fall, dass wir das Territorium unserer Art auf den Mars ausdehnen möchten.

Nur dreieinhalb Millionen Jahre nachdem Vorfahren des Menschen ihre Fußspuren auf feuchter vulkanischer Asche in Afrika hinterlassen hatten, setzte der moderne Mensch seinen Fuß auf den Mond. Diese Zeitspanne ist nur ein Augenblick in der gesamten Evolutionsgeschichte. In dieser kurzen Zeit haben wir entdeckt, wie man die Umwelt nutzen muss, um immer mehr Nahrung für immer mehr Menschen zu erzeugen. Dadurch negieren wir aber das Lebensrecht anderer Arten in einem solchen Ausmaß, dass viele unter ihnen schon ausgestorben sind und noch viel mehr bald aussterben werden.

Vielleicht ist die Zeit gekommen, da wir unsere Intentionen verändern sollten. Anstatt die Umwelt zum Nutzen unserer Population zu kontrollieren, sollten wir unsere Population kontrollieren, um das Überleben unserer stark bedrohten Umwelt sicherzustellen.

Dank

Man könnte meinen, dass ein Naturforscher, der fürs Fernsehen arbeitet, alle Verhaltensweisen und Namen der Tiere, die er filmt, kennt und benennen kann. Natürlich ist das aber nicht so. Forschungsteams helfen ihm, die Tiere aufzuspüren, die er filmen will, und zahlreiche Feldforscher, die die betreffenden Tiere zum Teil schon jahrelang studieren, liefern ihm zahlreiche wichtige Informationen. – Auf diese Weise arbeite zumindest ich. Und wenn all diese Menschen mich nicht unterstützt hätten, wäre ich nie fähig gewesen, das vorliegende Buch zu schreiben.

Während ich an diesem Buch arbeitete, half ich gleichzeitig bei der Verfilmung der gleichnamigen BBC-Serie. Dem ganzen Team gebührt großes Lob, doch einigen möchte ich ganz speziell danken; dem Produktionsteam, mit dem ich über jede einzelne Serie stets lange Diskussionen führte; und Alex Griffiths und Dan Tapster, die sich mit großem Eifer der Recherche in Bibliotheken widmeten. Großer Dank gebührt auch Professor Colin Groves, der das Manuskript las und mich mit seinen Tipps und Informationen vor Fehlern bewahrt hat.

In den zweieinhalb Jahren, während die Serie gedreht wurde, wurden wir von vielen Feldforschern unterstützt: Sie gaben uns Ratschläge, zu welchem Zeitpunkt und in welcher Umgebung wir die Tiere am besten filmen konnten, über die wir gerne berichten wollten. Sie erzählten uns auch großzügig, was sie selbst während ihrer Forschungsarbeiten beobachtet oder entdeckt hatten. Ohne ihre Hilfe hätten die Kamerateams niemals die spektakulären Aufnahmen machen können und ich selbst hätte nie so wundervolle Momente erlebt. Mein Dank geht an: Henk Godthelp, Tanya Rankin und Peggy Rismiller in Australien; Brian Lloy und Rod Morris in Neuseeland; Toby Sinclair in Indien; Jim Brandenburg, Paul und Sue Schurke, Peter Smallwood in Nordamerika; Brock Fenton in Kanada; Natasha und David Breed, Louis Liebenberg, Olle Moita, Jessica Tombs, Klaus Zuberbühler in Afrika; Ashley Leiman auf Borneo; Judy und Louis Arroyo, Charles Foerster in Südamerika.

Ich bin ihnen allen sehr dankbar.

Ausführender Produzent
Mike Salisbury

Produzenten
Huw Cordey
Mark Linfield
Neil Lucas
Vanessa Berlowitz

Produktionsassistenz
Anuschka de Rohan
Chris Cole
Dan Eatherley
Jonathan Keeling
Kathryn Jeffs
Sean Christian
Sharmila Choudhury

Recherchen
Alex Griffiths
Dan Tapster

Produktions-Manager
Alison Brown-Humes

Produktions-Koordination
Alison Tancock
Lisa Connaire
Sue Storey

Produktions-Sekretariat
Susan Endacott

Finanzen
Chiara Minchin

Assistenz
James Aldred
Jeff Wilson
Tom Clarke

Musik
Ben Salisbury
Dan Jones

Grafik
Mick Connaire

Bild
Jonathan Prosser

Ton
Chris Watson
Graham Ross
Trevor Gosling

Regie
Andrew Netley
Dave Pearce
Jo Payne
Martin Elsbury
Pete Brownlee
Stuart Napier
Tim Coope

Synchronisation
Angela Groves
Kate Hopkins
Lucy Rutherford
Martyn Harries
Paul Fisher
Peter Davies
Stephen Williams

Fotografie
Andrew Anderson
Barrie Britton
Bill Wallauer
Brian McDairmant
Charlie Hamilton James
Dave Houghton
David Rasmussen
Doug Allan
Eric Huyton
Gavin Thurston
Jamie McPherson
Jeff Hogan
Jeff Turner
Jim Clare
Justin Maguire
Justine Evans
Mark Lamble
Mark Payne-Gill
Mark Smith
Martyn Colbeck
Michael Male
Mike deGruy
Mike Potts
Neil Bromhall
Owen Newman
Paul Atkins
Paul Johnson
Paul Stewart
Rebecca Hosking
Ron Shade
Rory McGuinness
Shane Moore
Simon King
Warren Samuels
Warwick Sloss

Bildnachweis

79 (Nature Picture Library)
Neil Bromhall

80 (NHPA) Anthony Bannister

82 (Oxford Scientific Films)
Marty Cordano

83 *oben* (Nature Picture Library)
Paul Johnson

83 *unten* (NHPA) Alan Williams

84 (Bruce Coleman)
Gordon Langsbury

87 (Bruce Coleman) M. P. L. Fogden

88 Rodney Griffiths

91 Günther Ziesler

93 *oben* André Baertschi

93 *unten* (FLPA) Gerard Lacz

94 Gerald Cubitt

95 Gerald Cubitt

96 Art Wolfe

97 Günther Ziesler

98 Erwin & Peggy Bauer

100 (Oxford Scientific Films)
Alan Root

104 (Hedgehog House)
Colin Monteath

108 Erwin & Peggy Bauer

110 (Auscape) Ferrero-Labat

111 (Nature Picture Library)
Peter Blackwell

112 (Okapia) John Cancalosi

114 (Nature Picture Library)
Derek Bromhall

115 Steve Bloom

116 (Nature Picture Library)
Peter Blackwell

118 (Natural Visions) J. M. Pearson

119 (Nature Picture Library)
Kennan Ward

120 B. & C. Alexander

123 (FLPA/Minden pictures) F. Lanting

125 (Nature Picture Library)
Brian Lightfoot

126 Alan & Sandy Carey

128 (FLPA) Gerard Lacz

129 B. & C. Alexander

130 (Hedgehog House)
D. Fernandez & M. Peck

132 (Bruce Coleman) Hans Reinhard

133 (NHPA) David Middleton

134 (Natural Science Photos) Ken Cole

135 (FLPA) E. & D. Hosking

136 (Oxford Scientific Films)
Stan Osolinski

137 *oben* (BIOS) M. & C. Denis-Huot

137 *unten* (Nature Picture Library)
Bruce Davidson

138 (Nature Picture Library)
Bruce Davidson

141 (FLPA) T. Whittaker

142 (NHPA) Nigel J. Dennis

143 (NHPA) Anthony Bannister

145 (NHPA) Andy Rouse

146 (NHPA) Andy Rouse

147 *oben* (Natural Science Photos)
Pete Oxford

147 *unten* (Bruce Coleman)
Günther Ziesler

148 (NHPA) Martin Harvey

149 (Auscape) Ferrero-Labat

150 (Oxford Scientific Films)
Belinda Wright

151 (Auscape) Ferrero-Labat

152 (Hedgehog House) Kevin Schafer

153 Erwin & Peggy Bauer

155 (Natural Science Photos) G. Kinns

157 (Bruce Coleman) Pacific Stock

158 (Nature Picture Library)
Neil P. Lucas

160 (Hedgehog House) Kevin Schafer

162 Erwin und Peggy Bauer

163 Erwin und Peggy Bauer

164 (NHPA) Andy Rouse

166 (Nature Picture Library) Jim Clare

167 (Animals Animals) Michael Dick

168 (Bruce Coleman) Werner Layer

169 (FLPA) Wendy Dennis

170 André Baertschi

171 *oben* (BIOS) Régis Cavignaux

171 *unten* (Bruce Coleman)
   Alain Compost

172 Art Wolfe

173 (Bruce Coleman) P. Kaya

175 (Animals Animals) Paul Berquist

176 *oben* Art Wolfe

176 *unten* (NHPA) Stephen Dalton

177 (Animals Animals) Pat Crowe

179 Erwin & Peggy Bauer

180 (Bruce Coleman) Rod Williams

182 (BIOS) Gilles Martin

185 (Bruce Coleman) William S. Paton

187 (Bruce Coleman) Jeff Foott

188 (Nature Picture Library) Jeff Foott

190 (Oxford Scientific Films)
   Lon E. Lauber

192 (Natural Science Photos)
   B. Cranston

193 (Hedgehog House) Tui De Roy

195 (Oxford Scientific Films)
   Tui De Roy

196 (B. & C. Alexander)
   Paul Drummond

197 (BIOS) Christian Meyer

197 (Okapia) Fred Bruemmer

198 Erwin & Peggy Bauer

200 (Bruce Coleman) Rinie Van Meurs

202 (Biofotos) Heather Angel

203 (Nature Picture Library)
   Todd Pusser

205 (FLPA) F. Nicklin

206 (Okapia) Henry Ausloos

207 Neil P. Lucas

209 (Hedgehog House) Kerry Lorimer

210 (Natur Picture Library)
   Sue Flood

212 (Auscape) François Gohier

214 (Nature Picture Library)
   Anup Shah

215 Erwin & Peggy Bauer

216 (BIOS) Jany Sauvanet

217 (NHPA) Jany Sauvanet

218 (Oxford Scientific Films)
   Alan Root

219 (FLPA) Hannu Hautala

220 (Animals Animals) Mark Stouffer

221 (NHPA) Stephen Dalton

222 Gerald Cubitt

224 (Natural Science Photos)
   C. & T. Stuart

225 (Nature Picture Library)
   Michael Pitts

226 (Oxford Scientific Films)
   Partridge Films Ltd.

228 (Animals Animals)
   C. Dani & I. Jeske

229 (BIOS) Alain Compost

231 (NHPA) Daniel Heuclin

232 (NHPA) Stephen Dalton

233 (Oxford Scientific Films)
   Konrad Wothe

234 Gerald Cubitt

235 (NHPA) Nigel Dennis

237 (Natural Science Photos)
   Pete Oxford

238 (Animals Animals)
   Patti Murray

240 (Nature Picture Library)
   Pete Oxford

241 (Animals Animals)
   C. Dani & I. Jeske
242 (NHPA) Martin Harvey
244 (Nature Picture Library)
   Martin Gabriel
246 (Auscape) Rod Williams
249 (FLPA) Foto Natura Stock
250 (Auscape) Erwin & Peggy Bauer
251 (Roving Tortoise) Tui De Roy
253 Steve Bloom
254 (NHPA) Kevin Schafer
256 (FLPA) Jürgen & Christine Sohns
257 (Animals Animals)
   Marie Read
259 (Oxford Scientific Films)
   Partridge Films Ltd.
260 Erwin & Peggy Bauer
261 (NHPA) James Carmichael Jr.
262 *oben* (Oxford Scientific Films)
   Michael Dick
262 *unten* (Natural Science Photos)
   David Lawson
263 *oben* (Nature Picture Library)
   Rod Williams
263 *unten* (BIOS) Seitre
265 (FLPA) David Hosking
267 (Nature Picture Library)
   Miles Barton
268 (Natural Science Photos)
   C. Dani & I. Jeske
269 (Natural Science Photos)
   C. Dani & I. Jeske
270 Frederick D. Attwood
272 Erwin & Peggy Bauer
273 (Auscape) Rod Williams

274 (NHPA) David Watts
275 (NHPA) Peter Pickford
276 Gerald Cubitt
277 (BIOS) Michel Gunther
279 (BIOS) Michel Gunther
280 (Animals Animals)
   Zig Leszczinski
281 (Hedgehog House)
   Kevin Schafer
284 (Animals Animals)
   John Chellmann
285 (Animals Animals)
   Phyllis Greenberg
286 (Animals Animals)
   Zig Leszczinski
287 Erwin & Peggy Bauer
288 (nature Picture Library)
   Anup Shah
290 (Oxford Scientific Films)
   Andrew Plumtre
291 (Oxford Scientific Films)
   Clive Bromhall
292 (Oxford Scientific Films)
   Stan Osolinski
295 Kenneth Garrett
297 (Nature Picture Library)
   Karl Amman
299 (Okapia) Safari/Okapia
301 (Semitour Périgord) Jean Grelet
302 B. & C. Alexander
303 (Hoaqui) E. Valentin
305 (Oxford Scientific Films)
   Keren Su
307 (FLPA) Derek Hall
308 (NHPA) G. I. Bernard

315

Register

(Die fett gedruckten Seitenzahlen beziehen sich auf die Seiten, auf denen Fotos der entsprechenden Tiere zu finden sind.)

319